자동차사고와 차량손해사정

김혜란 · 나완용 · 정태훈 · 한창평 지음

우리나라의 자동차는 산업의 발전과 사회의 발전에 매우 중요한 역할을 하였다고 본다. 산업의 발전에 따른 자동차와 관련한 유통구조의 확장, 자동차산업의 발전으로 인한 자동차에 대한 관심과 사랑, 국가의 발전과 국민의 소득증대 향상으로 인한 개인보유 자동차의 증가는 가히 폭발적이라 할 수 있다. 통계청에 의하면, 2016년 현재 전국 자동차등록대수는 2,180만대에 육박했고, 이는 전년대비 3.9% 증가하였다.

자동차가 증가하면 당연히 자동차 운행이 증가하고 그에 따른 자동차사고도 증가할 수밖에 없다. 다만, 자동차 산업기술이 발전하면서 반자율적인 사고방지 시스템들이 적용되면서 보행자 사고는 줄어가고 있는 추세이고, 자동차사고로 인한 보험금 지급에서 물적사고 보험금이 인사사고 보험금을 앞지르기 시작한 것도 벌써 몇 해 전이다.

자동차사고가 발생하면 가해자가 되거나, 피해자가 되기도, 하고 때로는 단독사고가 발생하기도 하며, 인적 손해와 물적손해를 야기하게 된다. 어느 유형의 사고가 발생하더라도 사고는 개인의 생활, 가족, 직장 등 조직생활에 여러모로 영향을 미치게 된다. 국민 대다수가 교통사고의 가해자, 피해자, 도는 단독사고의 당사자가 된 적이 있을 수 있고, 본인이 아니더라도 가족, 친지, 동료가 교통사고와 관련된 상황에 노출된 것을 볼 수 있을 것이다.

자동차사고는 우리 생활 아주 가까이에 발생가능한 상황으로 존재하는 것이 사실이다. 자동차사고와 관련된 자동차보험, 자동차 손해사정에 관련된 많은 직업군이 존재하고 본 교재는 손해사정과 관련된 직업을 꿈꾸는 이들을 위해 다음과 같이 구성하였다.

제1편 자동차사고와 법률관계로 자동차사고 시에 발생하는 자동차손해배상보장법, 민법, 형법, 행정법과 기타 관련법률을 살펴보았다.

제2편 자동차사고와 보험관계로 자동차사고가 발생하는 경우, 특별한 경우를 제외하고 보험처리를 하는 우리나라 현실에서 자동차보험의 구조와 보험약관, 배상책임의 대물배상과 자기차량손해 보장종목에 대하여 살펴보았다.

제3편 차량 손해사정 실무는 보험처리를 하기 위한 대물배상 보험종목과 자기차량 손해의 손해사정을 하기 위한 실무능력을 국가직무능력표준(NCS) 내용을 중심으로 살펴보았다. 사고접수와 계약내용 확인, 피해물 관리, 구상처리, 차량사고 현장 조사, 기타 피해물 현장조사, 차량손해액 산정, 특수차량손해액 산정, 기타 피해물 손해액 산정에서 필요한 능력들에 대하여 살펴보고, 차량손해사정 실무에 필요한 직업 기초능력에 대하여 살펴보았다.

제4편 사고자동차 손상과 진단에서는 자동차 손상과 수리비의 구성, 견적기법에 대하여 살펴보았다.

제5편 기타 손해사정 실무에서는 보험계약의 일반사항과 보험금을 청구, 과실상계, 손익상계, 이득금지의 원칙과 보험자대위, 소멸시효와 제척기간, 그리고 보험사기 방지 특별법 제정과 더불어 매우 중요해 지는 보험사기에 대하여 살펴보았다.

부록에는 민법의 필요한 부분과 교통사고처리특례법, 보험사기방지특별법, 그리고 손해사정사 시험의 기출문제를 첨부하면서, 학생들의 전문가를 향한 꿈에 동기부여와 지지를 보내고자 하였다.

본 교재에 자동차사고에 따른 손해사정에 관한 이론과 실무에 필요한 내용들을 모두 담을 수 없지만, 학습을 통하여 자동차사고의 법률적 관계, 자동차보험과의 관계, 실질적인 차량손해사정 실무를 조금이라도 이해할 수 있게 되기를 바란다.

끝으로 부족한 부분이 많이 있지만, 지속적으로 보완해 나갈 것을 약속드리며, 이 교재가 발간되기까지 수고하신 도서출판 기한재의 김형근 사장님과 홍현동 상무님, 편집부 팀원들에게 감사드립니다.

제1편 자동차사고와 법률관계

제2편 자동차사고와 보험관계

[제 1 편]

자동차사고와 법률관계

제1장 자동차사고와 법률적 책임

Ⅰ. 자동차사고의 개요

자동차사고는 자동차를 운행하는 중이거나 관리하는 중에 발생한 사고로서, 피해 유형에 따라 크게 인적사고(人的事故)와 물적사고(物的事故)로 분류한다. 자동차사고 발생 시, 인적 피해사고와 물적 피해사고를 자동차보험의 담보종목과 관련하여 다음과 같이 분류한다.

Ⅱ. 자동차사고의 피해 분류

자동차사고의 인적사고는 타인이 사상하는 대인배상Ⅰ.Ⅱ와 자기신체사고 그리고 무보험자동차에 의한 상해사고로 분류되며, 물적사고는 대물배상Ⅰ · Ⅱ, 자기차량손해, 자기재물사고로 분류되나 자기재물사고는 보험의 특수성인 도덕적 위험(Moral Risk)와 관련되며, 보험상품이 개발되지 않은 상황이다.

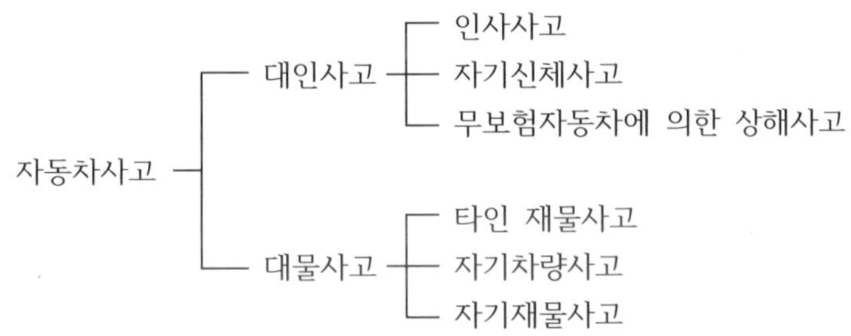

Ⅲ. 법률적 책임의 개요

자동차사고가 발생하면 민사적 책임과 형사적 책임, 행정적 책임과 그 외에도 다양한 법률적 책임을 지게 된다.

민사적 책임은, 타인에게 손해를 입힌 경우, 자동차손해배상보장법 제3조 운행자 책임과 민법 제750조 불법행위책임, 민법 제756조 사용자 책임, 국가배상법 제2조가 있다.

민법 제750조는 "고의 또는 과실로 인한 위법행위로 타인에게 손해를 가한 자는 그 손해를 배상할 책임이 있다"라고 불법행위의 내용에 대하여 규정하고 있는데, 자동차 운전자가 자동차사고로 타인에게 고의 또는 과실로 손해를 입힌 경우에 그 손해를 배상할 책임이 있다는 것이다.

형사적 책임은, 공법(公法, public law)인 형법을 위배한 경우로, 위법한 행동을 한 사람에게 법률적 불이익이나 제재를 가하기 위하여 일정한 형벌을 가하게 된다.

형법 제268조는 "업무상 과실 또는 중대한 과실로 인하여 사람을 사상에 이르게 한 자는 5년 이하의 금고 또는 2천만원 이하의 벌금에 처한다."라고 규정하고 있고, 도로교통법 제151조(벌칙)는 "차의 운전자가 업무상 필요한 주의를 게을리 하거나 중대한 과실로 다른 사람의 건조물이나 그 밖의 재물을 손괴한 때에는 2년 이하의 금고나 500만원 이하의 벌금형으로 벌한다."라고 규정하고 있다.

행정적 책임은, 도로교통법에 운전자들이 지켜야 할 각종 의무에 관한 규정을 두고 있는데 이를 준수하지 않는 경우 일정한 제재가 가하게 된다. 그리하여 자동차사고의 가해자는 교통법규를 위반하여 사고를 야기한 경우 면허정지나 면허취소, 벌금 등의 각종 행정적 처분 및 처벌을 받게 된다.

Ⅳ. 교통사고 처리과정

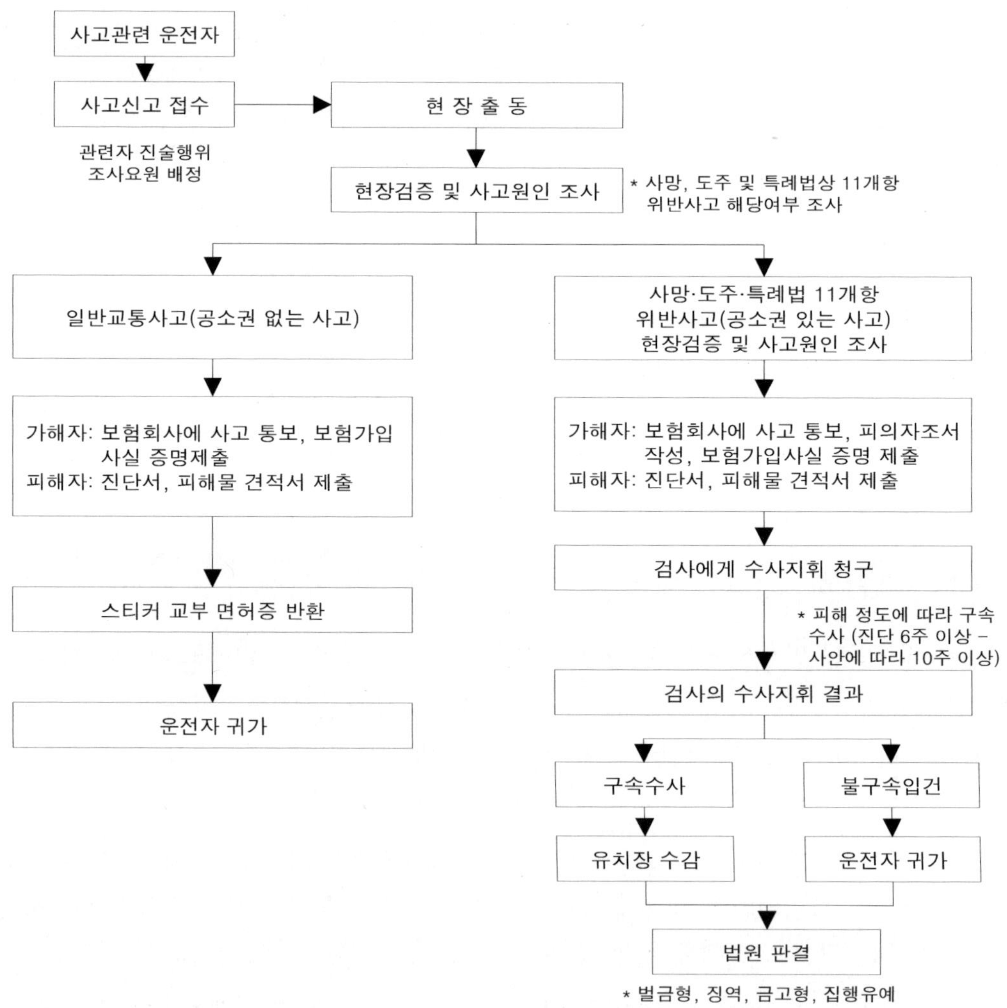

제2장

민사적 책임관계

Ⅰ. 서론

자동차사고가 발생하고 타인 즉 피해자에게 손해가 발생한 경우, 자동차손해배상보장법과 민법, 그리고 국가배상법에 따른 가해자의 법률상 손해배상책임이 발생한다. 이러한 여러 법률에 의거한 책임은 서로 우선순위가 있는데, 자동차손해배상보장법은 민법에 우선하여 적용하게 되며, 가해자가 공무원으로서 직무수행 중인 경우 국가배상법으로 그 책임을 부담하게 된다.

책임의 유무와는 달리 손해배상의 내용이나 범위, 과실상계 및 손익상계, 소멸시효, 상속 등에 관한 경우에는 민법의 규정이 대부분 적용되고 있다.

또한 자동차사고가 단독이 아닌 수인의 공동불법행위로 발생한 경우, 그 책임에 관하여 부진정 연대채무로써 그 손해배상을 부담하게 된다.

Ⅱ. 자동차손해배상보장법

1. 자동차손해배상보장법의 목적

자동차손해배상보장법 제1조는 "이 법은 자동차의 운행으로 사람이 사망 또는 부상하거나 재물이 멸실 또는 훼손된 경우에 손해배상을 보장하는 제도를 확립하여 피해자를 보호하고 자동차운송의 건전한 발전을 촉진함을 목적으로 한다."라고 규정되어 있다.

자동차사고는 대부분 순간적으로 발생하는 우연적인 사고이므로 운전자의 고의나 과실의 위법행위에 의하여 손해가 발생하였다는 것을 피해자 측이 입증한다는 것은 매우 어려우며, 피해자 측에서 그 사실을 입증하였다 하더라도 가해자 측의 변제능력 부족으로 피해자는 적정한 피해배상을 받지 못하는 경우가 많다.

그러나 민법의 특별법으로서의 자동차손해배상보장법에서는 손해배상책임의 주체를 명확히 하고, 입증책임의 전환, 승객 이외의 피해자에 대하여는 조건부(상대적) 무과실책임주의, 승객인 피해자에 대하여는 무과실책임주의, 피해자의 직접청구권, 자동차손해배상보장사업의 피해자(보유 불명 자동차사고의 피해자, 무보험자동차 및 도난자동차사고의 피해자)에 대한 손해배상의 지급제도, 보험의 강제가입제도 등을 채택하여 민법상의 법적 미비점을 보완함으로써, 자동차사고의 피해자 보호 및 구제에 기여하기 위한 것이다.

자동차손해배상보장법의 목적은 적정한 손해배상의 실시를 통하여 인적·물적사고에 의한 피해자

보호와 더불어 자동차 운송의 건전한 발전을 위한 가해자 측의 이익도 보호하는 목적을 동시에 두고 있다.

2. 손해배상책임의 주체인 운행자

가. 의의

운행자란, 자기를 위하여 자동차를 운행하는 자를 말한다(자동차손해배상보장법 제3조). 운행자에는 보유자뿐만 아니라 절취운전자나 무단운전자도 포함하는 개념이다. 자동차손해배상보장법상의 손해배상책임의 주체가 '운행자'이므로, 이러한 책임을 '운행자 책임'이라고도 한다.

나. 운행자 인정기준

운행자에 대한 인정 기준은 이원설과 일원설이 있다.

이원설은 운행자의 범위를 당해 자동차에 관하여 운행이익과 운행지배권을 가지고 있는 자로 규정해야 한다는 학설로, 이는 자동차의 운행으로 이익을 얻은 자는 그 이익에 수반하는 책임을 부담해야 한다는 보상책임원리(補償責任原理)와 위험물인 자동차를 지배하는 자는 그 지배에 따르는 책임이 있다는 위험책임원리(危險責任原理)에 근거하고 있다.

일원설은 운행자성(運行者性)을 운행지배에서만 찾으려는 학설로, 이는 위험책임원리(危險責任原理)에서 파악하려고 한다. 일원설의 경우 운행자의 개념이 축소되는 우려가 있어, 최근은 운행지배를 사실개념(자동차의 실질적인 지배권)에서 법적 개념(자동차소유권, 사용권 등)으로 보는 경향이 있다.

운행자성(運行者性)을 인정하기 위한 요소로 '자기를 위하여 자동차를 운행하는 자'로 인정하기 위해서는 '운행이익'과 '운행지배'라는 두 가지 개념이 사용된다.

1) 운행지배

운행지배는 자동차의 운행과 관련하여 현실적으로 자동차를 관리, 운영할 수 있는 것을 말하며, 최근에는 범위를 확대하여 지배가능성만으로도 족하다고 본다. 또한, 운행지배는 현실적으로 보유자와 운전자 사이에 사실상 지배관계가 존재하는 경우뿐만 아니라 간접적이거나 제3자의 관리를 통한 관념상의 지배관계가 존재하는 경우, 즉 현실적인 지배에 한하지 않고 사회통념상 간접지배 내지 지배가능성이 있다고 볼 수 있는 경우도 포함된다.

2) 운행이익

운행이익은 운행으로부터 나오는 이익을 말하지만 반드시 직접적, 경제적 이익에 한정하지 아니한다. 즉 간접적 · 정신적 이익도 운행이익으로 본다.

다. 운행자의 범위

자기를 위하여 자동차를 운행하는 자이면 족하고, 자동차의 소유자는 물론, 무단운전자, 절취운전자, 사용대차의 차주 및 대주, 임대차의 차주 및 대주 등이 포함된다.

대물배상의 경우 자동차손해배상보장법 제4조는 "자기를 위하여 자동차를 운행하는 자의 손해배상 책임에 대하여는 제3조(대인사고)에 다른 경우 외에는 민법에 따른다."고 규정되어 있다.

Ⅲ. 민법

1. 불법행위

불법행위란 고의(故意)나 과실(過失)로 말미암아 남의 권리(權利)를 침해(侵害)하는 행위(行爲)라 할 수 있으며, 민법 제750조는 "고의 또는 과실로 인한 위법행위로 타인에게 손해를 가한 자는 그 손해를 배상할 책임이 있다."라고 규정하고 있다.

자동차사고도 고의 또는 과실에 의한 불법행위로 보며, 자동차사고로 인한 타인의 침해된 손해를 배상하게 된다. 자동차사고를 낸 운전자가 회사의 직원으로서 업무 중이었다면, 사용자책임(민법 제756조)으로 별도 규정을 둠으로써 운전자와 회사대표인 사용자간의 연대책임문제를 검토해야 한다.

일반적으로 불법행위는 일반불법행위와 특수불법행위로 나뉘고 있다.

2. 일반불법행위 책임의 성립 요건

일반불법행위의 손해배상책임이 성립하기 위해서는 다음과 같은 요건이 필요하다.

가. 가해자에게 고의 또는 과실이 있을 것

자동차사고 가해자는 고의 또는 과실이 존재해야 한다. 이때 고의(故意, intention)란 특정인에게 일정한 결과가 발생하리라는 것을 알면서도 감히 그 행위를 한 경우를 말한다. 고의 또는 과실이 없으면 손해배상책임이 발생하지 않는다는 '과실책임의 원칙'에 근거한다.

과실(過失, fault)이란 부주의로 인하여 어떤 사실이나 결과의 발생을 인식하지 못하거나 예견하지 못한 심리상태를 말하며, 고의와 함께 법률상 책임조건이 된다. 이때 부주의의 정도는 보통인의 정상적 주의력을 기준으로 하여 일반적 · 객관적으로 판단되어야 한다. 과실은 주의태만의 정도에 따라서 경과실(輕過失)과 중과실(重過失)로 구분할 수 있으며, 중과실은 구체적으로 사회통념상 중대한 주의의무 태만을 의미한다.

자동차사고에 있어서 손해배상책임을 인정하는 과실은 업무상 주의의무를 기준으로 한다. 업무상 주의의무란 일정한 직업에 종사하는 자는 그의 직무에 통상 요구되는 정도의 주의를 의미하고, 만일 이를 해태한 때에는 과실이 있다고 보는 것이다. 이는 개개인의 능력과 무관한 그 직무에 종사하는 자로서 요구되는 일반인보다 높은 정도의 주의를 요구하는, 약간은 추상적인 것으로 때로는 거의 무과실책임에 가까울 정도의 무거운 주의의무를 부과하기도 한다.

나. 가해자에게 책임능력이 있을 것

가해자가 불법행위의 손해배상 책임을 지기 위해서는 책임능력을 갖추고 있어야 한다. 불법행위 성립요건으로 민법에 명시되어 있지는 않으나, 미성년자가 타인에게 손해를 가한 경우에 그 행위의 책임을 변식할 지능이 없는 때에는 배상할 책임이 없다(민법 제753조)라고 규정하고, 또한 심신상실 중에 타인에게 손해를 가한 자는 배상의 책임이 없다(민법 제754조)라고 규정함으로써 불법행위자의 책임능력을 요구하고 있다.

다만, 미성년자라고 하여 무조건 책임능력이 없는 것은 아니고, 고의 또는 과실로 인하여 심신상실을 초래한 경우에 제한하는 규정으로 구체적인 경우에 따라 판단하여야 한다.

연령이 확정된 기준은 아니지만 대체로 판례의 경향은 14세 내지 17세 정도면 책임능력을 인정하고 있다.

다. 가해행위에 위법성이 있을 것

1) 의의

어떤 행위가 범죄가 되려면 우선 법률에 규정된 구성요건(構成要件)에 해당하고, 위법하게 공동사회의 질서를 침범하였다고 인정되며, 그 행위자를 비난할 수 있어야 한다. 이를 위법성이라 하며, 이는 법규위반 뿐만 아니라 선량한 풍속, 기타 사회질서에 반하는 사회생활상 허용 불가능한 보호법익의 침해행위를 포함하는 개념이다.

가해행위가 위법하다고 하는 것은 법률이 보호할 가치 있는 이익을 위법하게 침해하는 것을 말하는데, 위법성의 유무는 피침해이익(被侵害利益)의 성질과 침해행위의 태양(態樣)과의 상관관계에서 구체적으로 판단하여야 한다.

2) 위법성의 조각사유

위법성의 법률상 조건이 갖추어졌다 하더라도 일정한 경우에는 위법성이 없는 것으로 인정되는 경우가 있는데, 이를 위법성 조각사유라 한다.

가) 정당방위

정당방위에 대하여 민법에서는 타인의 불법행위에 대하여 자기 또는 제3자의 이익을 방위하기 위하여 부득이 타인에게 손해를 가한 자는 배상할 책임이 없다. 그러나 피해자는 불법행위자에게 손해의 배상을 청구할 수 있다(민법 제761조 ①항)고 규정하고 있다. (손해배상(기) [대법원 1991.11.26., 선고, 91다17375, 판결], 손해배상 [대법원 1975.8.19., 선고, 74다1487, 판결], 손해배상(기) [대법원 1991.9.10., 선고, 91다19913, 판결]

나) 긴급피난

급박한 위난을 피하기 위하여 부득이 타인에게 손해를 가한 경우 그 가해자는 손해를 배상할 책임이 없다(민법 제761조 2항)라고 위법성 조각사유를 규정하고 있다.

다) 자구행위

청구권을 보전하기 위하여 국가기관의 구제를 기다릴 여유가 없는 경우, 권리자가 스스로 구제행위를 하는 것을 말하며, 위법성 조각 사유이다.

라) 피해자의 승낙

피해자가 가해자(타인)에게 자기의 처분할 수 있는 법익의 침해행위를 허락하는 것으로, 법익을 처분할 수 있는 자의 유효한 승낙이 있을 것과 승낙에 의한 법익 침해행위가 있을 것을 요건으로 하며, 이는 위법성 조각 사유이다.

라. 가해행위에 의하여 손해가 발생하였을 것

불법행위가 성립하려면 가해행위에 의하여 손해가 발생하여야 한다(민법 제750조). 손해는 재산적 손해에 국한하지 않고 정신적 손해도 포함된다(민법 제751조). 손해란 피해자가 누리고 있던 보호법익에 대한 침해를 말하며, 그 손해는 가해행위와 손해사이에 인과관계가 있어야 한다. 이때 인과의 정도는 상당인과관계(相當因果關係)라고 보는 것이 손해배상에 대한 학설의 통설적 입장이다.

3. 특수불법행위

가. 민법의 특수불법행위

일반불법행위책임은 가해자의 유책성을 요건으로 하고 피해자가 그것을 입증해야 하지만, 다른 특수한 요건에 의해 성립한 불법행위를 특수한 불법행위라 한다. 이는 타인의 행위에 대하여 책임을 인정하고 또 고의 · 과실의 거증책임(擧證責任) 또는 입증책임(立證責任)의 전환 또는 무과실책임을 인정하고 있다.

예컨대, ① 책임무능력자를 감독하는 자의 책임(755조), ② 피용자(被用者)의 행위에 대한 사용자의 책임(756조), ③ 수급인(受給人)의 행위에 대한 도급인(都給人)의 책임(757조), ④ 공작물 등을 점유 또는 소유하는 자의 책임(758조), ⑤ 동물점유자의 책임(759조), ⑥ 공동불법행위(760조)가 있다.

판 례

미성년자가 책임능력이 있어 그 스스로 불법행위책임을 지는 경우에도 그 손해가 당해 미성년자의 감독의무자의 의무위반과 상당인과관계가 있으면 감독의무자는 일반불법행위자로서 손해배상책임이 있고 이 경우에 그러한 감독의무위반사실 및 손해발생과의 상당인과관계의 존재는 이를 주장하는 자가 입증하여야 한다. (손해배상(기) [대법원 1994.2.8., 선고, 93다13605, 판결]

 판 례

고속도로나 자동차전용도로에서 선행사고 등으로 운행할 수 없게 된 자동차가 주행차로에 정지해 있는 사이에 뒤따라온 자동차에 의한 추돌사고가 발생하였는데, 선행차량 운전자에게 선행사고를 유발하거나 사고 후 안전조치를 취하지 않은 과실이 있는 경우, 위 과실을 후행 추돌사고로 인한 손해배상책임의 분담 범위 산정에 참작하여야 하는지 여부(원칙적 적극)(구상금 [대법원 2012.3.29., 선고, 2011다110692, 판결])

이는 자기책임, 과실책임을 원칙으로 하는 일반불법행위와 다르다.

또한, 공동불법행위(760조)는 공동행위자 각자에게 연대책임을 인정하고 또 각자의 개별적 행위와 손해와의 인과관계의 증명을 필요로 하지 않는 점에서 특수한 불법행위이다.

나. 특별법에 의한 특수불법행위

국가배상법은 국가 또는 공공단체에 공무원의 가해행위 또는 공공의 영조물에 의한 가해에 관해 배상책임을 명백하게 하는 규정하고 있다(국가배상법 2,5조).

산업기술의 새로운 전개에 의한 위험에 대해 피해자측 보호를 위해 배상책임을 정한 것이 많다. 자동차손해배상보장법에 의한 인신사고의 경우 입증책임의 전환이 되어 있어 사실상 무과실책임에 가까운 특수불법행위라 할 수 있다.

그 외 실화책임(失火責任)에 관한 법률, 원자력손해배상법 등이 있다.

4. 책임무능력자의 감독자 책임

책임무능력자의 감독자 책임은, 변식능력이 없는 미성년자와 심신상실자의 불법행위로 제3자에게 손해를 가하고, 책임능력 없음으로 인하여 책임이 주어지지 않았을 경우에는 이를 감독할 법정 의무 있는 자가 그 무능력자의 제3자에게 가한 손해를 배상할 책임이 있다.

민법에서는 감독할 법정의무가 있는 자인 친권자나 후견인, 그리고 감독의무자에 갈음하여 무능력자를 감독하는 자인 유치원교사, 초등학교 교사, 정신병원 의사 등이 감독을 게을리 하지 않았음을 입증하지 못하면 책임무능력자의 손해배상책임을 대신하도록 하고 있는데, 법정감독자의 감독의무 해태는 일반적으로 추정되어 무과실책임에 가깝게 된다.

5. 사용자책임

타인을 사용하여 어느 사무에 종사하게 한 자는 피용자가 그 사무집행에 관하여 제3자에게 가한 손해를 배상할 책임이 있다(민법 제756조 제1항). 사용자에 갈음하여 그 사무를 감독하는 자도 동일한 책임이 있다(민법 756조 제2항).

사용자책임은 두 가지 측면에서 인정근거를 찾을 수 있다. 첫째, 피해자를 보호하기 위한 것으로 피용자는 배상함에 있어 자력이 부족한 경우가 많고, 따라서 피해자에게 충분히 배상할 수 없으므로 경제적 자력이 피용자보다 충분한 사용자에게 손해배상책임을 지우고 있다. 둘째, 입법정책 차원의 보상책임 원리이다. 이는 사용자인 기업은 다수의 피용자를 고용하여 수익을 올리고 있으므로, 수익을 올리기 위한 활동을 함에 있어 회피할 수 없는 위험과 그로 인한 손해는 사용자, 즉 기업으로 하여금 부담케 하는 것이 공평의 관념에 합당하다는 것이다.

다만 사용자책임을 규정한 민법에서는 사용자가 피용자의 선임 및 그 사무 감독에 상당한 주의를 한 때 또는 상당한 주의를 하여도 손해가 있을 경우에는 그러하지 아니하다는 면책사유를 인정하고(민법 제756조 제1항 단서조항), 피용자에 대한 사용자의 구상권을 인정하는(민법 제756조 제3항) 등 입법적으로 개선할 여지가 남아 있으나 판례는 면책을 대부분 인정하지 않고 사용자의 기업책임을 현실화 하려는 경향이 있다.

구체적 판례는 "많은 사람을 고용하여 스스로의 활동영역을 확장하고 그에 상응하는 많은 이익을 추구함에 있어서는 그 피용자의 행위가 타인에게 손해를 가하는 경우도 상대적으로 많아질 것이므로, 이러한 손해를 이익귀속자인 사용자로 하여금 부담케 하는 것이 공평의 이상에 합치된다는 보상책임의 원리에 입각한 것이다(84다가979)."라고 판시하여 보상책임의 원리에 부합하며, 기업에게 많은 책임을 부담하는 것이 판례의 경향이다.

6. 공동불법행위 책임

공동불법행위 책임이란 수인이 공동의 불법행위로 타인에게 손해를 가한 때에는 연대하여 그 손해를 배상할 책임이 있는데 이를 공동불법행위 책임이라 한다. 또한 공동 아닌 수인의 행위 중 어느 자의 행위가 그 손해를 가한 것인지를 알 수 없는 때, 교사자나 방조자도 동일한 책임을 부담한다(민법 제760조 제1항, 제2항, 제3항).

7. 불법행위의 효과

불법행위가 성립하게 되면 가해자는 피해자에게 그 손해를 배상하여야 하고(민법 제750조), 이 경우 그 배상의 방법은 금전배상이 원칙이다(민법 763조). 다만, 명예훼손의 경우에는 법원은 피해자의 청구에 의하여 손해배상에 갈음하거나 손해배상과 함께 명예회복에 적당한 처분을 가해자에게 명할 수 있다(764조).

불법행위로 인한 손해배상의 청구권은 피해자나 그 법정대리인이 그 손해 및 가해자를 안 날로부터 3년간 또는 불법행위를 한 날로부터 10년간 행사하지 아니하면 시효(時效)로 인하여 소멸한다(민법 제766조).

제3장

형사적 책임관계

자동차 운전자가 과실로 사고를 발생시킨 경우, 그 행위에 대하여 법률 등에 의한 형벌을 받게 된다.

교통사고는 공법(公法, public law)인 형법을 위배한 경우로, 위법한 행동을 한 사람에게 법률적 불이익이나 제재를 가하기 위하여 일정한 형벌을 가하는 것을 형사적 책임이라 한다. 형법 제268조는 "업무상 과실 또는 중대한 과실로 인하여 사람을 사상에 이르게 한 자는 5년 이하의 금고 또는 2천만원 이하의 벌금에 처한다"라고 규정하고 있고, 도로교통법 제151조(벌칙)는 "차의 운전자가 업무상 필요한 주의를 게을리 하거나 중대한 과실로 다른 사람의 전조물이나 그 밖의 재물을 손괴한 때에는 2년 이하의 금고나 500만원 이하의 벌금형으로 벌한다"라고 규정하고 있다.

형법 제268조(업무상과실 · 중과실 치사상)

업무상 과실 또는 중대한 과실로 인하여 사람을 사상에 이르게 한 자는 5년 이하의 금고 또는 2천만원 이하의 벌금에 처한다[개정 1995.12.29].

도로교통법 제151조(벌칙)

차의 운전자가 업무상 필요한 주의를 게을리 하거나 중대한 과실로 다른 사람의 건조물이나 그 밖의 재물을 손괴한 때에는 2년 이하의 금고나 500만원 이하의 벌금에 처한다.

그러나 현대사회 구조는 자동차 사용이 필수적인 현실이고, 자동차사고가 일반적인 과실사고로 발생한 경우 자동차운전자를 모두 형사 처벌하는 것은 불합리하며, 피해의 신속한 회복을 촉진하고 국민생활의 편익을 증진하기 위한 필요성이 대두되고, 그에 따라 교통사고처리특례법을 제정하였다.

Ⅰ. 교통사고처리특례법

1. 목적

교통사고처리특례법은 업무상과실 또는 중대한 과실로 교통사고를 일으켜 사람을 사상하게 하거나 물건을 손괴한 운전자는 형법과 도로교통법 등에 의하여 형사 처벌을 받아야 하나, 교통사고 야기 운전자의 형사 처벌에 관한 특례를 정하여 일정한 경우를 제외하고는 피해자의 의사에 반하여 처벌할 수 없도록 함으로써 교통사고로 인한 피해의 신속한 회복을 촉진하고 국민생활의 편익을 촉진하고자 함이 목적이다.

교통사고처리특례법 제1조(목적)

이 법은 업무상과실 또는 중대한 과실로 교통사고를 일으킨 운전자에 관한 형사처벌 등의 특례를 정함으로써 교통사고로 인한 피해의 신속한 회복을 촉진하고 국민생활의 편익을 증진함을 목적으로 한다.

2. 교통사고 처벌의 특례

자동차의 운전자가 교통사고로 인하여 형법 제268조의 죄를 범한 때에는 5년 이하의 금고 또는 2천만원 이하의 벌금에 처한다(교통사고처리특례법 제3조 제1항).

자동차의 교통으로 형법 제268조의 죄 중 업무상 과실치상죄 또는 중과실치상죄와 도로교통법 제151조의 죄를 범한 운전자에 대하여는 피해자의 명시한 의사에 반하여 공소를 제기할 수 없다(교통사고처리특례법 제3조 제2항). 또한 교통사고를 일으킨 자동차가 보험업법, 여객자동차 운수사업법, 화물자동차 운수사업법에 따라 보험 또는 공제에 가입된 경우에도 당해 차의 운전자에 대하여 공소를 제기할 수 없다(교통사고처리특례법 제4조).

교통사고처리특례법 제3조(처벌의 특례)

① 차의 운전자가 교통사고로 인하여 「형법」 제268조의 죄를 범한 때에는 5년 이하의 금고 또는 2천만원 이하의 벌금에 처한다.

교통사고처리특례법 제4조(보험등에 가입된 경우의 특례)

① 교통사고를 일으킨 차가 「보험업법」 제4조 및 제126조 부터 제128조까지, 「여객자동차 운수사업법」 제60조 · 제61조 또는 「화물자동차 운수사업법」 제51조에 따라 보험 또는 공제에 가입된 경우에는 제3조 제2항 본문에 규정된 죄를 범한 당해 차의 운전자에 대하여 공소를 제기할 수 없다.

도로교통법 제54조(사고 발생시의 조치)

① 차의 운전 등 교통으로 인하여 사람을 사상(死傷)하거나 물건을 손괴(損壞)(이하 "교통사고"라 한다)한 때에는 그 차의 운전자나 그 밖의 승무원(이하 "운전자등"이라 한다)은 즉시 정차하여 사상자를 구호하는 등 필요한 조치를 하여야 한다.

도로교통법 제44조(술에 취한 상태에서의 운전금지)

① 누구든지 술에 취한 상태에서 자동차등(「건설기계관리법」 제26조 제1항 단서의 규정에 의한 건설기계 외의 건설기계를 포함한다. 이하 이 조, 제45조, 제47조, 제93조 제1항 제1호 내지 제4호 및 제148조의2에서 같다)을 운전하여서는 아니 된다.

가. 반의사불벌죄(反意思不罰罪)

반의사불벌죄(反意思不罰罪)란 신고자 · 피해자의 고소 없이도 수사기관이 수사하여 재판을 받게 하는 등 처벌할 수 있는 죄이지만, 그 과정에서 피해자가 처벌을 원하지 않는다는 의사표시를 표명할 경우 처벌을 하지 못하는 것을 말한다. 반의사불벌죄가 적용되는 죄로는 폭행죄, 협박죄, 명예훼손죄, 외국의 국기 국장의 모독, 과실치상 그리고 교통사고처리특례법에 의한 범죄가 있다. 낮 동안의 폭행사건만 반의사불벌죄가 적용되고 야간에는 적용되지 않았으나, 2001년 12월 폭력행위 등 처벌에 관한 법률 개정으로 야간 폭력행위에 대한 사건도 반의사불벌죄가 적용된다.

교통사고의 경우 반의사불벌죄(反意思不罰罪)는 형법 제268조의 업무상과실치상죄 또는 중과실치상죄와 도로교통법 제151조의 재물손괴죄의 운전자에 대하여 피해자의 명시한 의사에 반하여 공소를 제기할 수 없다.

따라서 '반의사불벌죄'는 피해자가 처벌을 원치 않는다는 의사표시가 없으면 피해자의 고소가 없어도 처벌할 수 있다. 이에 반해 '친고죄'는 피해자의 고소가 없으면 공소를 할 수 없는 죄이다.

나. 보험 등에 가입된 경우의 특례

교통사고를 일으킨 차가 「보험업법」, 「여객자동차 운수사업법」 또는 「화물자동차 운수사업법」에 따라 보험 또는 공제에 가입된 경우에는, 형법 제268조의 업무상과실치상죄 또는 중과실치상죄, 도로교통법 제151조의 재물손괴죄를 범한 당해 차의 운전자에 대하여 공소를 제기할 수 없다(교통사고처리특례법 제4조 제1항).

"보험 또는 공제"라 함은 교통사고의 경우 「보험업법」에 따른 보험회사나 「여객자동차 운수사업법」 또는 「화물자동차 운수사업법」에 따른 공제조합 또는 공제사업자가 인가된 보험약관 또는 승인된 공제약관에 의하여 피보험자 또는 공제조합원과 피해자간의 손해배상에 관한 합의 여부에 불구하고 피보험자 또는 공제조합원에 갈음하여 피해자의 치료비에 관하여는 통상비용의 전액을, 기타의 손해에 관하여는 보험약관 또는 공제약관에서 정한 지급기준금액을 대통령령이 정하는 바에 의하여 우선 지급하되, 종국적으로는 확정판결 기타 이에 준하는 채무명의상 피보험자 또는 공제조합원의 교통사고로 인한 손해배상금 전액을 보상하는 보험 또는 공제를 말한다(교통사고처리특례법 제4조 제2항).

보험 또는 공제에 가입된 사실은 보험회사, 공제조합 또는 공제사업자가 보험금 지급 취지를 기재한 서면에 의하여 증명되어야 한다(교통사고처리특례법 제4조 제3항).

3. 특례의 예외

가. 처벌의 특례의 예외

교통사고 시 피해자의 신속한 회복 촉진과 과실있는 자동차운전자를 포함한 국민의 편익을 도모하고자 제정된 교통사고처리특례법의 취지에 의거하여, 반의사불벌죄의 적용과 보험 등에 가입된 경우에는 공소를 제기하지 않도록 법률에 규정하였으나, 일정한 경우에는 그러한 처벌의 특례를 제외시키는 경우가 있다.

이는 도로교통법 제54조의 사고 발생 시의 조치를 하지 아니하고 도주하거나 피해자를 사고 장소로부터 옮겨 유기하고 도주한 때, 같은 죄를 범하고 술에 취한 상태에서의 운전금지조항을 위반하여 음주측정요구에 불응(운전자가 채혈측정을 요청하거나 동의한 때에는 제외한다)한 때, 피해자가 신체의 상해로 인하여 생명에 대한 위험이 발생하거나 불구(不具) 또는 불치(不治)나 난치(難治)의 질병에 이르게 된 경우, 11개 중과실사고, 보험계약 또는 공제계약이 무효 또는 해지되거나 계약상의 면책규정 등으로 인하여 보험회사, 공제조합 또는 공제사업자의 보험금 또는 공제금 지급의무가 없게 된 경우에는 처벌의 특례를 적용하지 않는다.

나. 11개 중과실사고

1) 신호 및 지시 위반

가) 관련법규

교통사고처리특례법 제3조 제2항 제1호, 도로교통법 제5조 규정에 의한 신호기 또는 교통정리를 하는 경찰공무원 등의 신호나 통행의 금지 또는 일시정지를 내용으로 하는 안전표지가 표시하는 지시에 위반하여 운전한 경우

> 교통사고처리특례법 제3조(처벌의 특례) 제2항 제1호
>
> 1. 「도로교통법」 제5조의 규정에 의한 신호기 또는 교통정리를 하는 경찰공무원등의 신호나 통행의 금지 또는 일시정지를 내용으로 하는 안전표지가 표시하는 지시에 위반하여 운전한 경우

> 도로교통법 제5조(신호 또는 지시에 따를 의무)
>
> ① 도로를 통행하는 보행자와 차마의 운전자는 교통안전시설이 표시하는 신호 또는 지시와 교통정리를 하는 국가경찰공무원(전투경찰순경을 포함한다. 이하 같다) 및 제주특별자치도의 자치경찰공무원(이하 "자치경찰공무원"이라 한다)이나 대통령령이 정하는 국가경찰공무원 및 자치경찰공무원을 보조하는 사람(이하 "경찰공무원등"이라 한다)의 신호나 지시를 따라야 한다.
>
> ② 도로를 통행하는 보행자 및 모든 차마의 운전자는 제1항의 규정에 의한 교통안전시설이 표시하는 신호 또는 지시와 교통정리를 위한 경찰공무원등의 신호 또는 지시가 다른 경우에는 경찰공무원등의 신호 또는 지시에 따라야 한다.

나) 신호위반의 내용 및 종류

① 신호위반의 내용

신호위반은 신호기 내용 위반, 경찰공무원 등의 수신호 위반, 통행금지 또는 일시정지 내용의 안전표지 지시 위반이 있다. 수신호 권한이 있는 경우와 없는 경우는 다음과 같다.

수신호 권한 있는 경우	수신호 권한 없는 경우
‣ 경찰공무원 ‣ 모범운전자 ‣ 군 · 헌병	‣ 녹색어머니 ‣ 경비원 ‣ 기타 교통보조자

② 신호위반의 종류

사전출발 신호 위반, 정지선 초과 신호 위반(현저한 경우), 황색주의 신호에 무리한 진입, 신호내용을 위반하고 진행한 경우로 구분할 수 있다.

신호위반의 주종을 이루는 황색주의 신호의 체제는 선 · 후 진행차량의 만남 방지를 위한 제도적 장치로 운영되며, 위반시 사고발생의 위험이 증대되므로, 황색주의 신호는 기본적으로 3초이나 광화문 로터리와 같이 광역교차로는 4~7초까지 연장 운영되고, 선 · 후 신호차량 간의 사고 시엔 황색주의신호 3초 역산 신호위반차량을 구증(口證)해야 한다.

③ 신호기가 표시하는 신호의 종류와 신호의 뜻(시행규칙 제5조 제2항)

신호의 종류	신호의 뜻
녹색의 등화	1. 보행자는 횡단보도를 횡단할 수 있다. 2. 차마는 직진할 수 있고 다른 교통에 방해되지 않도록 천천히 우회전할 수 있다. 3. 비보호좌회전표시가 있는 곳에서는 신호에 따르는 다른 교통에 방해가 되지 않을 때에는 좌회전 할 수 있다. 다만 다른 교통에 방해가 된 때에는 신호위반책임을 진다.
황색의 등화	1. 보행자는 횡단을 하여서는 아니 된다(삭제). 2. 이미 횡단하고 있는 보행자는 신속하게 횡단을 완료하거나 그 횡단을 중지하고 보도로 되돌아와야 한다(삭제). 3. 차마는 우회전을 할 수 있고 우회전하는 경우에는 보행자의 횡단을 방해하지 못한다. 4. 차마는 정지선이 있거나 횡단보도가 있을 때에는 그 직전이나 교차로의 직전에 정지하여야 하며, 이미 교차로에 진입하고 있는 경우에는 신속히 교차로 밖으로 진행하여야 한다.
적색의 등화	1. 보행자는 횡단하여서는 아니 된다. 2. 차마는 정지선이나 횡단보도가 있을 때에는 그 직전 및 교차로 직전에서 정지하여야 한다. 3. 차마는 신호에 따라 직진하는 측면 교통을 방해하지 아니한 우회전을 할 수 있다.
녹색화살표시의 등화	차마는 화살표 방향으로 진행할 수 있다.
적색등화의 점멸	1. 보행자는 주의하면서 횡단할 수 있다(삭제). 2. 차마는 정지선이나 횡단보도가 있을 때에는 그 직전이나 교차로의 직전에 일시정지한 후 교통에 주의하면서 진행할 수 있다.
황색등화의 점멸	1. 보행자는 주의하면서 횡단할 수 있다(삭제). 2. 차마는 다른 교통 또는 안전표지의 표시에 주의하면서 진행할 수 있다(개정).

보행등의 적색등화(삭제)	보행자는 횡단을 하여서는 아니 된다(삭제).
보해등의 녹색등화(삭제)	보행자는 횡단보도를 횡단할 수 있다(삭제).
보행등의 녹색등화의 점멸	보행자는 횡단을 시작하여서는 아니 된다. 횡단하고 있는 보행자는 신속하게 횡단을 완료하거나 그 횡단을 중지하고 보도로 되돌아 와야 한다.
적색화살표시의 등화(하향)	차마는 화살표로 지정한 차로로 진행할 수 있다.
적색X표 표시의 등화	차마는 X표가 있는 차로로 진행할 수 없다.
적색X표 표시등화의 점멸	이미 진입한 경우에는 신속히 그 차로 밖으로 진로를 변경해야 한다.

도로교통법 제2조(정의)

5. "중앙선"이라 함은 차마의 통행을 방향별로 명확하게 구분하기 위하여 도로에 황색실선 또는 황색점선 등의 안전표지로 표시한 선이나 중앙분리대 · 울타리 등으로 설치한 시설물을 말하며, 제14조 제1항 후단의 규정에 의하여 가변차로가 설치된 경우에는 신호기가 지시하는 진행방향의 가장 왼쪽의 황색점선을 말한다.

다) 신호 · 지시위반 사고의 유형

① 교차로에서 신호위반 진행사고

② 경찰관의 수신호위반 사고

③ 황색주의신호에 무리한 진입사고

④ 좌회전신호 없는 교차로에서 좌회전 중 사고

⑤ 횡단보도에서 차량정지 · 신호위반 사고

⑥ 유턴지역에서 반대차량 신호위반 사고

⑦ 진행신호 유턴(유턴 금지구역) 중 사고

⑧ 비보호좌회전지역 좌회전 중 사고

⑨ 쌍방 신호위반 사고

⑩ 보조신호등위반 사고

⑪ 횡단보도의 보행신호등위반 사고

⑫ 횡단보도 신호위반차와 자전거 타고 가던 중 사고

2) 중앙선 침범

가) 관련법규

교통사고처리특례법 제3조 제2항 규정에 위반하여 중앙선을 침범하거나 도로교통법 제57조의 규정에 위반하여 횡단, 유턴 또는 후진하는 경우

교통사고처리특례법 제3조(처벌의 특례) 제2항

2. 「도로교통법」 제13조 제3항의 규정에 위반하여 중앙선을 침범하거나 동법 제62조의 규정에 위반하여 횡단 · 유턴 또는 후진한 경우

도로교통법 제62조(횡단 등의 금지)

자동차의 운전자는 그 차를 운전하여 고속도로등을 횡단하거나 유턴 또는 후진하여서는 아니 된다. 다만, 긴급자동차 또는 도로의 보수 · 유지 등의 작업을 하는 자동차 가운데 고속도로 등에서의 위험을 방지 · 제거하거나 교통사고에 대한 응급조치작업에 사용되는 자동차로서 그 목적을 위하여 부득이한 경우에는 그러하지 아니하다.

나) 중앙선의 의의

"중앙선"이라 함은 차마의 통행을 방향별로 명확하게 구분하기 위해, 도로에 황색실선 또는 황색점선 등의 안전표시로 표시한 선이나 중앙분리대, 울타리 등으로 설치한 시설물을 말한다. 한편, 지방경찰청장이 차마의 교통을 원활하게 하기 위하여 필요한 때에 도로에 행정안전부령이 정하는 차로를 설치하는 경우, 지방경찰청장은 시간대에 따라 양방향의 통행량이 현저하게 다른 도로에는 교통량이 많은 쪽으로 차로의 수가 확대될 수 있도록 신호기에 의하여 차로의 진행방향을 지시하는 가변차로를 설치할 수 있다. 이때는 신호기가 지시하는 진행방향의 제일 왼쪽 황색 점선을 말한다.

중앙선의 표시는 차도 중앙의 황색 실선과 황색점선, 중앙분리대, 철책 등으로 표시된다.

다) 중앙선 침범의 범위

중앙선 침범에 대하여 사고차량의 바퀴와 차체가 완전히 중앙선을 침범해야 하는 경우와 차체기준 일부라도 중앙선상에 걸친 경우로 나뉘어지는데, 법원 판례의 경향은 중앙선 침범으로 인한 교통사고의 참혹성과 예방목적을 위하여 특히 양쪽방향 차량들이 중앙선을 걸치면 사고가 유발되고, 반대쪽 방향의 차량의 신뢰의 원칙 보호를 위해 중앙선상에 차체가 걸친 경우에도 중앙선 침범으로 보고 있다.

라) 중앙선 침범 사고의 유형

① 주정차 차량을 피해가기 위해 부득이하게 중앙선(황색점선 포함)을 침범 운행 중 대향차량과 충돌한 사고

② 주정차 차량을 피해가기 위해 중앙선을 침범 운행 중 대향차량이 진행해 오는 것을 보고 본 차선으로 복귀 중 뒤에서 진행해 오던 차량이나 앞 차량을 추돌한 사고

③ 중앙선을 침범하거나 걸친 상태로 계속 진행하다가 대향차량과 충돌한 사고

④ 커브 길에서 중앙선 침범 사고의 경우, 고의 · 의도적은 아닐지라도 고속의 커브길 주행은 중앙선침범을 예견하고 있어 불가항력적, 만부득이한 사항이라고 인정 될 수 없으므로 중

앙선 침범을 적용

⑤ 빗길에 과속으로 운행 중 차체가 미끄러지며 중앙선을 침범한 사고의 경우에도 빗길의 중앙선침범을 예견하고 있어 불가항력적, 만부득이한 사항이라고 인정 될 수 없다고 보아 중앙선 침범으로 인정되며, 과속이 아닌 경우 중앙선침범의 적용이 어렵다.

마) 중앙선 침범을 적용할 수 없는 사고의 유형

① 중앙선이 없는 도로나 교차로상의 중앙부분 넘어 사고 발생된 경우

② 중앙선 도색이 마모되어 현실적으로 식별 곤란한 곳에서 사고 발생한 경우

③ 눈·토사 등이 덮여 중앙선 식별이 곤란한 곳에서 사고 발생된 경우

④ 공사장 등에서 임시로 차선 규제봉 또는 오뚝이 등 설치물을 넘어 사고발생 된 경우

⑤ 학교, 아파트, 군부대내에 임의로 설치된 중앙선을 침범 사고 야기한 경우

⑥ 운전자의 부주의로 핸들 과대 조작되어 반대편 도로 노견 충돌하고 자기피해 사고

⑦ 중앙분리대가 끊어진(중앙선이 없는) 곳에서 회전하다가 사고 야기된 경우

⑧ 유턴 허용지점에서 발생한 사고로 고의, 의도적인 중앙선 침범한 경우

도로교통법 제2조(정의)

5. "중앙선"이라 함은 차마의 통행을 방향별로 명확하게 구분하기 위하여 도로에 황색실선 또는 황색점선 등의 안전표지로 표시한 선이나 중앙분리대·울타리 등으로 설치한 시설물을 말하며, 제14조 제1항 후단의 규정에 의하여 가변차로가 설치된 경우에는 신호기가 지시하는 진행방향의 가장 왼쪽의 황색점선을 말한다.

도로교통법 제14조(차로의 설치 등)

① 지방경찰청장은 차마의 교통을 원활하게 하기 위하여 필요한 때에는 도로에 행정안전부령이 정하는 차로를 설치할 수 있다. 이 경우 지방경찰청장은 시간대에 따라 양방향의 통행량이 현저하게 다른 도로에는 교통량이 많은 쪽으로 차로의 수가 확대될 수 있도록 신호기에 의하여 차로의 진행방향을 지시하는 가변차로를 설치할 수 있다.

3) 과속사고

가) 관련법규

교통사고처리특례법 제3조 제2항 제3호(과속), 도로교통법 제15조 제1항 또는 제2항의 규정에 의한 제한 속도를 20km/h 초과하여 운전한 경우

교통사고처리특례법 제3조(처벌의 특례) 제3항

3. 「도로교통법」 제17조 제1항 또는 제2항의 규정에 의한 제한속도를 매시 20킬로미터를 초과하여 운전한 경우

도로교통법 제15조

제17조(자동차등의 속도)

① 자동차등이 도로를 통행하는 경우의 속도는 행정자치부령으로 정한다.

② 경찰청장 또는 지방경찰청장은 도로에서의 위험을 방지하고 교통의 안전과 원활한 소통을 확보하기 위하여 필요하다고 인정하는 때에는 다음 각 호의 구분에 따라 구역 또는 구간을 지정하여 제1항의 규정에 의하여 정한 속도를 제한할 수 있다.

1. 경찰청장 : 고속도로
2. 지방경찰청장 : 고속도로를 제외한 도로

③ 자동차등의 운전자는 제1항 및 제2항의 규정에 의한 최고속도를 초과하거나 최저속도에 미달하여 운전하여서는 아니 된다. 다만, 교통이 밀리거나 그 밖의 부득이한 사유로 최저속도에 미달하게 되는 경우에는 그러하지 아니하다.

나) 과속의 추정방법

과속은 speed gun, skid mark, 속도측정공식($V = \sqrt{254 \times S(\mu \pm i)}$), yaw mark, tachometer 등으로 추정한다.

다) 비, 바람, 안개, 눈 등으로 인한 이상기후 시의 속도

① 최고속도의 100분의 20을 줄인 속도로 운행하여야 할 경우

- 비가 내려 노면에 습기가 있을 때
- 눈이 20㎜ 미만 쌓인 때

② 최고속도의 100분의 50을 줄인 속도로 운행하여야 할 경우

- 폭우 · 폭설 · 안개 등으로 가시거리가 100m 이내인 때
- 노면이 얼어붙은 때
- 눈이 20㎜ 이상 쌓인 때

라) 견인자동차가 아닌 자동차로 다른 자동차를 견인하여 도로(고속도로를 제외한 다)를 통행하는 때의 속도(단, 고속도로에서는 견인자동차 아닌 자동차로 다른 자동차를 견인할 수 없다)

① 총중량 2,000㎏에 미달하는 자동차를 그의 3배 이상의 총중량인 자동차로 견인하는 때에는 매시 30㎞

② 상기 조항 외의 경우와 이륜자동차가 견인하는 때에는 매시 25㎞ 이내

4) 앞지르기 방법 및 금지 위반

가) 관련법규

교통사고처리특례법 제3조 제2항 제4호에서는 도로교통법 제21조 제1항, 제22조 내지 제23조 또는 제60조 제2항의 규정에 의한 앞지르기 방법, 금지시기, 금지장소 또는 끼어들기 금지에 위반하여 운전하는 경우를 말한다.

나) 앞지르기 금지 방법 및 장소

모든 차의 운전자는 앞차 좌측에 다른 차가 앞차와 나란히 가고 있는 경우(병진)와 앞차가 다른 차를 앞지르고 있거나 앞지르고자 하는 경우, 즉 이중 앞지르기 상황에서는 앞지르기를 금지하고 있다(도로교통법 제22조 제1항).

또한, 모든 차의 운전자는 도로교통법이나 도로교통법에 의한 명령 또는 경찰공무원의 지시에 따르거나 위험방지를 위하여 정지 또는 서행하고 있는 다른 차 앞에 끼어들지 못하며(도로교통법 제23조), 고속도로에서 다른 차를 앞지르고자 하는 때에는 방향지시기·등화 또는 경음기를 사용하여 행정안전부령이 정하는 차로로 안전하게 통행하여야 하고 갓길의 통행을 금지하고 있다(도로교통법 제60조).

도로교통법 제22조 제4항에는 교차로, 터널 안, 다리 위, 도로의 구부러진 곳, 비탈길의 고갯마루 부근 또는 가파른 비탈길의 내리막 등 지방경찰청장이 도로에서의 위험을 방지하고 교통의 안전과 원활한 소통을 확보하기 위하여 필요하다고 인정하는 곳으로서 안전표지에 의하여 지정한 곳에서의 앞지르기를 금지하고 있다.

교통사고처리특례법 제3조(처벌의 특례) 제2항 제4호(앞지르기 방법 금지

4. 「도로교통법」제21조 제1항. 제22조. 제23조 또는 제60조 제2항의 규정에 의한 앞지르기의 방법·금지시기·금지장소 또는 끼어들기의 금지에 위반하여 운전한 경우

「도로교통법」 제21조 제1항

제21조(앞지르기 방법 등) ① 모든 차의 운전자는 다른 차를 앞지르고자 하는 때에는 앞차의 좌측으로 통행하여야 한다.

「도로교통법」제22조(앞지르기 금지의 시기 및 장소)

① 모든 차의 운전자는 다음 각 호의 어느 하나에 해당하는 경우에는 앞차를 앞지르지 못한다.
1. 앞차의 좌측에 다른 차가 앞차와 나란히 가고 있는 경우
2. 앞차가 다른 차를 앞지르고 있거나 앞지르고자 하는 경우

「도로교통법」제23조(끼어들기의 금지)

모든 차의 운전자는 이 법이나 이 법에 의한 명령 또는 경찰공무원의 지시에 따르거나 위험방지를 위하여 정지 또는 서행하고 있는 다른 차 앞에 끼어들지 못한다.

「도로교통법」제60조(갓길 통행금지 등)

② 자동차의 운전자는 고속도로에서 다른 차를 앞지르고자 하는 때에는 방향지시기 · 등화 또는 경음기를 사용하여 행정안전부령이 정하는 차로로 안전하게 통행하여야 한다.

다) 앞지르기 금지 및 방법위반 사고의 유형

① 우측으로 앞지르기 하다가 일어난 사고

② 진행 중 방향지시등도 켜지 않은 채 갑자기 차선 변경 후, 앞지르기 하던 중 사고

③ 고속도로에서 주행선으로 앞지르기 하다가 일어난 사고

④ 도로의 모퉁이 부근, 터널, 교량 위 등 앞지르기 금지장소에서의 앞지르기 중 사고

⑤ 지방경찰청이 안전표지에 의하여 지정한 곳에서 발생한 사고

⑥ 커브길 등 앞지르기 금지장소에서 앞지르기 중 발생한 사고

⑦ 황색실선의 중앙선 침범 앞지르기 사고

⑧ 병진 시 앞차의 앞지르기, 법 또는 경찰관의 앞지르기 금지지시 때 앞지르기 중 사고

⑨ 앞지르기 허용지점에서 앞지르기 중 발생한 사고

⑩ 2개 차로 사이로 앞지르기 중 발생한 사고

⑪ 주 · 정차차량으로 만부득이하여 앞지르기 좌회전 중 발생된 사고

⑫ 앞차의 우측차로 변경 시 뒤차 사이 우측 앞지르기 중 발생된 사고

5) 건널목 통과방법 위반

가) 관계법규

도로교통법 제3조 제2항 제5호 및 도로교통법 제24조(철길 건널목의 통과)방법에 위반하여 운전한 경우를 말한다.

나) 철길건널목의 통과방법

① 모든 차의 운전자는 철길건널목(이하 "건널목"이라 한다)을 통과하고자 하는 때에는 건널목 앞에서 일시 정지하여 안전한지의 여부를 확인한 후에 통과하여야 한다. 다만, 신호기 등이 표시하는 신호에 따르는 경우에는 정지하지 아니하고 통과할 수 있다.

② 모든 차의 운전자는 건널목의 차단기가 내려져 있거나 내려지려고 하는 경우 또는 건널목의 경보기가 울리고 있는 동안에는 그 건널목으로 들어가서는 아니 된다.

③ 모든 차의 운전자는 건널목을 통과하다가 고장 등의 사유로 인하여 건널목 안에서 차를 운행할 수 없게 된 경우에는 즉시 승객을 대피시키고 비상 신호기 등을 사용하거나 그 밖의 방법으로 철도공무원 또는 경찰공무원에게 이를 알려야 한다.

다) 철길건널목의 종류

종별	내용
1종 건널목	차단기, 경보기 및 건널목 교통안전표지를 설치하고 차단기를 주 · 야간 계속 작동시키거나 또는 건널목 안내원이 근무하는 건널목
2종 건널목	경보기와 건널목 교통안전표지만 설치하는 건널목
3종 건널목	건널목 교통안전표지만 설치하는 건널목

라) 철길건널목 통과방법 위반의 사고 유형

① 철길건널목 진입시 사고

② 차단기가 내려지려고 할 때의 사고

③ 경보기가 울리고 있을 때 진입하다가 일어난 사고

마) 철길건널목 사고 시 간수의 과실문제

철길건널목의 간수의 관리상의 과실에 대하여 차단기를 내리고 있는 중에 자동차의 진입으로 건널목을 건너던 자동차의 사고에 대하여는 상화과실을 적용한 판례가 있으며(대법원 76다 3380), 반대로 간수가 차단기를 올리고 있어 자동차를 전진하던 중 사고가 발생된 경우 간수의 과실을 인정하고 있다(대법원 96 2097).

교통사고처리특례법 제3조(처벌의 특례)

5. 「도로교통법」 제24조의 규정에 의한 건널목 통과방법을 위반하여 운전한 경우

「도로교통법」제24조(철길건널목의 통과)

① 모든 차의 운전자는 철길건널목(이하 "건널목"이라 한다)을 통과하고자 하는 때에는 건널목 앞에서 일시정지하여 안전한지의 여부를 확인한 후에 통과하여야 한다. 다만, 신호기 등이 표시하는 신호에 따르는 경우에는 정지하지 아니하고 통과할 수 있다.
② 모든 차의 운전자는 건널목의 차단기가 내려져 있거나 내려지려고 하는 경우 또는 건널목의 경보기가 울리고 있는 동안에는 그 건널목으로 들어가서는 아니 된다.
③ 모든 차의 운전자는 건널목을 통과하다가 고장 등의 사유로 인하여 건널목 안에서 차를 운행할 수 없게 된 경우에는 즉시 승객을 대피시키고 비상신호기 등을 사용하거나 그 밖의 방법으로 철도공무원 또는 경찰공무원에게 이를 알려야 한다.

6) 횡단보도 보행자 보호의무 위반

가) 관계법규

교통사고처리특례법 제3조 제2항 제6호 및 도로교통법 제27조 제1항 규정에 의한 횡단보도에서의 보행자 보호의무를 위반하여 운전한 경우를 말한다.

횡단보도란 보행자로 하여금 도로를 횡단하기 위하여 안전표지에 의하여 표시된 도로의 부분을 말하며 보행자가 횡단보도를 통행하고 있는 때에는 일시정지하거나 그 통행을 방해하지 않도록 해야 한다.

나) 횡단보도에서 이륜차(자전거, 오토바이)와 사고 발생 시 결과 조치

형태	결과	조치
‣ 이륜차를 타고 횡단보도 통행 중 사고	이륜차를 보행자로 볼 수 없고 재차로 간주하여 처리	안전운전 불이행 적용
‣ 이륜차를 끌고 횡단보도 보행 중 사고	보행자로 간주	보행자 보호의무 위반 적용
‣ 이륜차를 타고 가다 멈추고 한 발은 페달에, 한 발은 노면에 딛고 서 있던 중 사고	보행자로 간주	보행자 보호의무 위반 적용

다) 횡단보도 보행자 보호의무 위반 시의 사고 유형

① 보행자신호가 녹색신호에서 적색신호로 변경 시 운전자의 보행자 보호의무 위반 사고

② 횡단보도 신호기의 일시 고장 난 상태로 횡단보도 표시만 되어 있는 경우의 보행 자 보호의무 위반 사고

라) 횡단보도 내 보행자 행동에 대한 판단

보행자의 횡단보도 내 사고는 운전자에게 강력한 보호의무를 부여하고 있지만, 최근 법원 판례의 경향은 횡단보도 내의 보행자 행동에 따라 보호받아야 할 보행자를 엄격하게 해석하고 있다.

횡단보도 내의 보행자로서 보호받는 경우는 순수한 횡단보도를 건너는 경우, 손수레를 끌고 건너는 경우, 자전거나 오토바이를 끌고 건너는 경우를 들 수 있다.

반대로 보행자로 보호받지 못하는 경우는 횡단보도 내에서 누워 있거나, 앉아 있거나 엎드려 있는 경우, 횡단보도 내에서 교통정리하고 있는 중, 횡단보도 내에서 싸우고 있는 중, 횡단보도 내에서 택시를 잡는 중, 횡단보도 내에서 적재물 하역작업을 하는 경우 등, 보도에서 있다가 횡단보도 내로 넘어진 경우 등이 있다.

교통사고처리특례법 제3조(처벌의 특례) 제2항 제6호

6. 「도로교통법」 제27조 제1항의 규정에 의한 횡단보도에서의 보행자 보호의무를 위반하여 운전한 경우

도로교통법 제27조 제1항

제27조(보행자의 보호) ①모든 차의 운전자는 보행자(제13조의2제6항에 따라 자전거에서 내려서 자전거를 끌고 통행하는 자전거운전자를 포함한다)가 횡단보도를 통행하고 있는 때에는 그 횡단보도 앞(정지선이 설치되어 있는 곳에서는 그 정지선을 말한다)에서 일시정지하여 보행자의 횡단을 방해하거나 위험을 주어서는 아니 된다.

7) 무면허 운전 등

가) 관련법규

교통사고처리특례법 제3조 제2항(처벌의 특례) 제7호(무면허 운전), 도로교통법 제43조, 건설기계 관리법 제26조 제1항 또는 도로교통법 제80조의 규정에 위반하여 운전면허 또는 건설기계 조종사 면허를 받지 아니하거나 국제운전면허증을 소지하지 아니하고 운전한 경우, 운전면허 또는 건설기계조종사 면허의 효력이 정지 중에 있거나 운전 금지 중에 있는 때에는 운전면허 또는 건설기계조종사 면허를 받지 아니하거나 국제 운전면허증을 소지하지 아니한 것으로 본다.

또한, 누구든지 제80조의 규정에 의하여 지방경찰청장으로부터 운전면허를 받지 아니하거나 운전면허의 효력이 정지된 경우에는 자동차 등을 운전하여서는 아니 된다(도로교통법 제43조 제1항).

나) 무면허운전의 의의

무면허 운전이란 도로교통법 또는 건설기계관리법의 운전(조종)면허에 관한 규정에 위반하는 무면허 또는 무자격 운전을 말하며, 운전면허의 효력이 정지 중에 있거나 운전의 금지 중에 있을 때에 운전하는 것을 말한다.

다) 무면허 운전의 종류

① 면허를 취득하지 않고 운전

② 유효기간이 지난 면허증으로 운전

③ 면허취소 처분을 받은 자가 운전

④ 면허정지 기간 중에 운전

⑤ 시험 합격 후 면허증 교부 전에 운전

⑥ 면허종별 외 차량운전(면허 종별 위반)

⑦ 적성검사기간 만료일로부터 1년간 최소유예기간 경과 후 운전한 경우

⑧ 군부대에서 운전면허를 받은 현역군인이 군용차량 또는 현역장성 등이 사용하고 있는 자동차(자동차등록증에 군용표시가 된 자동차)이외의 자 동차를 운전한 경우

⑨ 관할 경찰서장의 허가 없이 운전연습을 위하여 운전하는 경우

라) 운전면허에 따라 운전할 수 있는 자동차의 종류

운전면허 종별	운전면허 구분	운전할 수 있는 차량
제1종	대형면허	‣ 승용자동차 ‣ 승합자동차 ‣ 화물자동차 ‣ 긴급자동차 ‣ 건설기계 - 덤프트럭, 아스팔트살포기, 노상안정기 - 콘크리트믹서트럭, 콘크리트펌프, 천공기(트럭적재식) - 도로를 운행하는 3톤 미만의 지게차 ‣ 특수자동차(트레일러 및 레커를 제외) ‣ 원동기장치 자전거
	보통면허	‣ 승용자동차 ‣ 승차정원 15인 이하의 승합자동차 ‣ 승차정원 12인 이하의 긴급자동차(승용 및 승합자동차에 한함) ‣ 적재중량 12톤 미만의 화물자동차 ‣ 건설기계(도로를 운행하는 3톤 미만의 지게차에 한한다) ‣ 원동기장치 자전거
	소형면허	‣ 3륜 화물자동차 ‣ 3륜 승용자동차 ‣ 제2종 보통면허로 운전할 수 있는 차량
	특수면허	‣ 트레일러 ‣ 레커차 ‣ 제2종 보통면허로 운전할 수 있는 차량
제2종	보통면허	‣ 승용자동차 ‣ 승차정원 10인 이하의 승합자동차 ‣ 적재중량 4톤 이하의 화물자동차 ‣ 원동기장치 자전거
	소형면허	‣ 이륜자동차(측차부를 포함) ‣ 원동기장치 자전거
	원동기면허 자전거면허	‣ 원동기장치 자전거
연습면허	제1종 보통 연습면허	‣ 승용자동차 ‣ 승차정원 15인 이하의 승합자동차 ‣ 적재정량 12톤 미만의 화물자동차
	제2종 보통 연습면허	‣ 승용자동차 ‣ 승차정원 10인 이하의 승합자동차 ‣ 적재중량 4톤 이하의 화물자동차

마) 건설기계운전(조정) 면허

면허의 종류	조종할 수 있는 건설기계	비고
불도저	불도저	① 특수건설기계에 대한 조종사면허의 종류는 운전면허로 조종하여야 하는 특수건설기계를 제외하고는 면허증에서 건설교통부장관이 지정하는 것으로 한다.
5톤 미만의 불도저	5톤 미만의 불도저	
굴삭기	굴삭기, 무한궤도식천공기 (압축공기로 이동하는 천공기 제외)	
3톤 미만의 굴삭기	3톤 미만의 굴삭기	
5톤 미만의 로더	5톤 미만의 로더	
기중기	기중기와 항타 및 항발기	

모터 그레이더	모터 그레이더 및 스크레이퍼	② 3톤 미만의 지게차의 경우에는 자동차운전면허 소지자에 한한다.
롤러	롤러	
지게차	지게차	
3톤 미만의 지게차	3톤 미만의 지게차	
아스팔트 피니셔	아스팔트 피니셔, 콘크리트 피니셔, 콘크리트 살포기 및 골재 살포기	
아스팔트 믹싱 플랜트	아스팔트 믹싱 플랜트, 콘크리트 배칭 플랜트, 쇄석기	
공기압축기	공기압축기 및 무한궤도식 천공기 (압축기로 이동하는 것에 한함)	
준설선	준설선 및 사리채취기	

바) 운전면허 재취득 금지기간

구분	처 벌 내 용
면허취득자격상실	위반한 날로부터 2년간 (원동기장치 자전거의 경우 6개월)
무면허	최소일로부터 2년
사람을 사상하게 한 후 조치불이행	5년(무면허, 음주, 과로 등)
기타 사유로 사상조치 불이행	4년
음주운전 3회 교통사고	3년
강 · 절취차량 무면허운전	3년
음주운전 3회/허위부정, 범죄이용 차량 강 · 절취	2년
기타 사유로 취소	1년(단, 적성검사 미필 제외)

8) 주취 또는 약물복용 운전

가) 관련법규

교통사고처리특례법 제3조 제2항(처벌의 특례) 제8호(주취 약물복용 운전), 도로교통법 제44조 제1항~4항의 규정에 의하여 주취 중에 운전을 하거나, 도로교통법 제45조의 규정에 위반하여 약물의 영향으로 정상적인 운전을 하지 못할 우려가 있는 상태에서 운전한 경우를 말한다.

나) 주취 운전의 의의

주취운전이란 술에 취한 상태에서의 운전을 말하며, 술에 취한 상태의 기준은 혈중알콜농도 0.05% 이상을 말한다(도로교통법 제44조 제4항).

경찰공무원(자치경찰공무원을 제외)은 교통의 안전, 위험방지를 위하여 필요하다고 인정하거나 제1항의 규정을 위반하여 술에 취한 상태에서 자동차 등을 운전하였다고 인정할 만한 상당한 이유가 있는 때에는, 운전자가 술에 취하였는지의 여부를 호흡조사에 의하여 측정할 수 있다.

이 경우 운전자는 경찰공무원의 측정에 응하여야 한다(도로교통법 제44조 제2항). 경찰공무원의 음주측정 결과에 불복하는 운전자에 대하여는 그 운전자의 동의를 얻어 혈액채취 등의 방법으로 다시 측정할 수 있다(도로교통법 제44조 제3항).

교통사고처리특례법 제3조(처벌의 특례) 제2항 제8호

8. 「도로교통법」 제44조 제1항의 규정에 위반하여 주취 중에 운전을 하거나 동법 제45조의 규정에 위반하여 약물의 영향으로 정상한 운전을 하지 못할 염려가 있는 상태에서 운전한 경우

도로교통법 제44조(술에 취한 상태에서의 운전금지)

① 누구든지 술에 취한 상태에서 자동차등(「건설기계관리법」 제26조 제1항 단서의 규정에 의한 건설기계 외의 건설기계를 포함한다. 이하 이 조, 제45조, 제47조, 제93조 제1항 제1호 내지 제4호 및 제148조의2에서 같다)을 운전하여서는 아니 된다.
② 경찰공무원(자치경찰공무원을 제외한다. 이하 이 항에서 같다)은 교통의 안전과 위험방지를 위하여 필요하다고 인정하거나 제1항의 규정을 위반하여 술에 취한 상태에서 자동차등을 운전하였다고 인정할 만한 상당한 이유가 있는 때에는 운전자가 술에 취하였는지의 여부를 호흡조사에 의하여 측정할 수 있다. 이 경우 운전자는 경찰공무원의 측정에 응하여야 한다.
③ 제2항의 규정에 의하여 술에 취하였는지의 여부를 측정한 결과에 불복하는 운전자에 대하여는 그 운전자의 동의를 얻어 혈액채취 등의 방법으로 다시 측정할 수 있다.
④ 제1항의 규정에 따라 운전이 금지되는 술에 취한 상태의 기준은 혈중알콜농도가 0.05% 이상으로 한다.

도로교통법 제45조(과로한 때 등의 운전금지)

자동차등의 운전자는 제44조의 규정에 의한 술에 취한 상태 외에 과로 · 질병 또는 약물(마약 · 대마 및 향정신성의약품과 그밖에 행정안전부령이 정하는 것을 말한다. 이하 같다)의 영향과 그 밖의 사유로 인하여 정상적으로 운전하지 못할 우려가 있는 상태에서 자동차등을 운전하여서는 아니 된다.

9) 보도 침범 및 보도 횡단방법의 위반

가) 관련법규

교통사고처리특례법 제3조 제2항 제9호(보도침범, 통행방법 위반사고)와 도로교통법 제13조 제1항의 규정에 위반하여 보도가 설치된 도로의 보도를 침범하거나 도로교통법 제13조 제2항의 규정에 의한 보도통행 방법에 위반하여 운전한 경우를 말한다.

교통사고처리특례법 제3조(처벌의 특례) 제2항 제9호

9. 「도로교통법」 제13조제1항을 위반하여 보도(步道)가 설치된 도로의 보도를 침범하거나 같은 법 제13조제2항에 따른 보도 횡단방법을 위반하여 운전한 경우

도로교통법 제13조제1항, 제2항(차마의 통행)

① 차마의 운전자는 보도와 차도가 구분된 도로에서는 차도로 통행하여야 한다. 다만, 도로 외의 곳으로 출입할 때에는 보도를 횡단하여 통행할 수 있다.
② 제1항 단서의 경우 차마의 운전자는 보도를 횡단하기 직전에 일시정지하여 좌측과 우측 부분 등을 살핀 후 보행자의 통행을 방해하지 아니하도록 횡단하여야 한다.

나) 보도의 의의

보도라 함은 연석선, 안전표지 그 밖의 이와 비슷한 공작물로써 그 경계를 표시하여 보행자(유모차 및 신체장애자용 의자차를 포함한다)의 통행에 사용하도록 된 도로의 부분을 말한다(도로교통법 제2조 제6호). 여기서 보도는 차와 사람의 통행을 분리시켜 보행자의 안전을 확보, 보호하고자 설치된 도로의 일부분으로 차도에 상대되는 개념이다.

다) 보도침범 및 보도횡단방법 위반 사고의 유형

① 우회전차량의 보도침범으로 횡단보도 대기 중인 보행자 충격한 사고

② 도로점용허가를 받은 차량의 보도 통행 중 일시정지 및 보행자통행방해금지 규정 위반으로 발생한 사고

10) 승객의 추락방지의무 위반

가) 관련법규

교통사고처리특례법 제3조(처벌의 특례) 제2항 제10호(승객추락방지의무 위반)와 도로교통법 제39조 제2항의 규정에 위반하여 승객의 추락방지의무를 위반하여 운전하는 경우를 말한다.

교통사고처리특례법 제3조(처벌의 특례) 제2항 제10호

10. 「도로교통법」 제39조제3항에 따른 승객의 추락 방지의무를 위반하여 운전한 경우

도로교통법 제39조 제2항(승차 또는 적재의 방법과 제한)

③ 모든 차의 운전자는 운전 중 타고 있는 사람 또는 타고 내리는 사람이 떨어지지 아니하도록 하기 위하여 문을 정확히 여닫는 등 필요한 조치를 하여야 한다. <개정 2014.12.30.>

나) 승객의 추락방지의무의 내용

모든 차의 운전자는 운전 중 타고 있는 사람 또는 타고 내리는 사람이 떨어지지 아니하도록 하기 위하여 문을 정확히 여닫는 등 필요한 조치를 하여야 하는데(도로교통법 제39조 제2항), 이러한 의무를 승객의 추락방지의무라 한다.

다) 개문발차 사고 요건

운전자의 승객 추락방지 의무 위반으로 개문발차 사고는 승합, 승용, 화물, 건설기기 등 자동차에만 적용하며, 탑승 승객이 승·하차 중 운전자의 개문된 상태의 발차행위로 인하여 승객이 추락사고를 당하고, 피해를 입은 경우일 것을 요건으로 한다.

11) 어린이 보호구역 내 사고

가) 관련법규

교통사고처리특례법 제3조(처벌의 특례) 제2항 제11호(어린이 보호구역 내 사고)와 도로교통법 제12조 1항, 3항 규정에 위반하여 어린이의 안전에 유의하면서 운전하여야 할 의무를 위반하여 어린이의 신체를 상해에 이르게 한 경우를 말한다.

교통사고처리특례법 제3조(처벌의 특례) 제2항 제11호

11. 「도로교통법」 제12조제3항에 따른 어린이 보호구역에서 같은 조 제1항에 따른 조치를 준수하고 어린이의 안전에 유의하면서 운전하여야 할 의무를 위반하여 어린이의 신체를 상해(傷害)에 이르게 한 경우[전문개정 2011.4.12]

도로교통법 제12조 제3항(어린이 보호구역의 지정 및 관리)

③ 차마의 운전자는 어린이 보호구역에서 제1항에 따른 조치를 준수하고 어린이의 안전에 유의하면서 운행하여야 한다.

나) 어린이 보호구역의 지정 및 관리

시장 등은 교통사고의 위험으로부터 어린이를 보호하기 위하여 필요하다고 인정하는 때에는 다음 각 호의 어느 하나에 해당하는 시설의 주변도로 가운데 일정 구간을 어린이 보호구역으로 지정하여 자동차 등의 통행속도를 시속 30킬로미터 이내로 제한할 수 있다(도로교통법 제12조 1항).

① 「유아교육법」 제2조의 규정에 의한 유치원, 「초·중등교육법」 제38조 및 제55조의 규정에 의한 초등학교 또는 특수학교

② 「영유아보육법」 제10조의 규정에 의한 보육시설 가운데 행정안전부령이 정하는 보육시설

③ 「학원의 설립·운영 및 과외교습에 관한 법률」 제2조에 따른 학원 가운데 행정안전부령으

로 정하는 학원

④ 어린이 보호구역의 지정절차 및 기준 등에 관하여 필요한 사항은 교육과학기술부 · 행정안전부 및 국토해양부의 공동부령으로 정한다.

⑤ 차마의 운전자는 어린이 보호구역에서 통행속도 규정에 의한 조치를 준수하고 어린이의 안전에 유의하면서 운행하여야 한다.

12) 사망 · 도주(뺑소니) 사고

가) 관련법규

사망사고와 관련해서는 교통사고처리특례법 제3조(처벌의 특례) 제1항 규정과 형법 제268조(업무상 과실 · 중과실죄)는 업무상 과실 또는 중과실로 인하여 사람을 사상에 이르게 한 자는 5년 이하의 금고 또는 2,000만원 이하의 벌금에 처한다고 규정하고 있다.

도주(뺑소니)사고의 경우 교통사고처리특례법 제3조 제2항(처벌의 특례) 규정과 도로교통법 제54조 제1항(사고 발생 시의 조치), 제2항은 “차의 운전 등 교통으로 인하여 사람을 사상(死傷)하거나 물건을 손괴(損壞)(“교통사고”)한 때에는 그 차의 운전자나 그 밖의 승무원(“운전자 등”)은 즉시 정차하여 사상자를 구호하는 등 필요한 조치를 하여야 하며, 경찰관서에 신고하여야 한다”라고 규정하고 있다.

나) 사망의 의의

교통사고에서 사망은 맥박이 멈춰 있는 경우이며, 행정적으로는 교통사고로 인해 72시간 내에 사망한 경우를 말한다. 72시간이 지나면 중상으로 처리되고 있다.

다) 도주(뺑소니) 사고의 내용

① 도주(뺑소니) 사고의 정의

교통사고 후 도주(뺑소니)란 사람을 다치게 하거나 사망케 한 경우에 운전자가 이를 방치하고 그대로 도주한 경우를 말하며, 우리나라는 특정범죄가중처벌 등에 관한 법률로 엄하게 처벌하고 있다. 일반교통사고의 경우 5년 이하의 금고나 2,000만원 이하의 벌금형에 처해지지만, 도주(뺑소니)사고는 보다 강력하게 벌금형 없이 1년 이상(상해) 또는 5년 이상(사망)의 징역형에 처하고 있다.

② 도주(뺑소니) 사고에 대한 엄중한 처벌의 필요성

교통사고가 발생한 경우 운전자는 즉시 필요한 구호조치를 취해야 하고, 신속한 구호조치는 피해자가 사망까지 가지 않고 부상으로 끝날 수 있는 경우가 많지만, 피해자의 상태가 악화되어 병원으로 후송하면 치료가 이루어 질 수 있으나 사망에 이르는 경우가 많기 때문에 도주의 경우 엄하게 처벌할 필요가 있다.

③ 도주(뺑소니)의 원인

교통사고의 발생 시 형사처벌의 두려움 등의 심리적 문제도 있지만, 대부분은 음주운전, 무면허 운전, 무보험 차량의 원인사실이 있는 경우가 많다. 음주 또는 무면허나 무보험의 경우 처벌되긴 하지만, 도주(뺑소니) 사고처럼 가혹한 처벌을 받지는 않으며, 운전면허의 재취득기간이 5년이므로 사회생활상 불편을 겪게 된다.

④ 도주(뺑소니) 사고의 요건

도주(뺑소니) 사고의 요건은 자전거나 오토바이가 아닌 자동차일 것, 재물사고가 아닌 대인사고가 발생할 것, 사람의 사상을 알고도 구호조치나 신분을 밝히지 않고 도주하였을 것의 요건을 필요로 한다. 이때, 어린이의 경우 그 부모 등을 찾아가 교통사고 사실을 알려주어야 하며, 도주 후 이탈하였다가 돌아온 경우에도 법원은 도주의 범의가 있었다고 보는 경향이 있으며, 병원으로 후송하고 도주한 경우 도주(뺑소니)로 인정하지 않은 판례도 있다(서울지법 96조 8687).

13) 피해자 중상해 사고

교통사고처리특례법 제4조(보험 등에 가입된 경우의 특례) 제1항 제2호 규정은 피해자가 신체의 상해로 인하여 생명에 대한 위험이 발생하거나 불구(不具) 또는 불치(不治)나 난치(難治)의 질병에 이르게 된 경우에는 보험 등에 가입된 경우의 처벌의 특례에서 제외된다고 규정하고 있다.

Ⅱ. 특정범죄가중처벌법

1. 입법취지

교통사고가 발생한 경우 사고운전자에 대하여 형법 제268조 및 도로교통법 제151조로 처벌규정을 두고 있으나, 교통사고를 일으킨 후 도주(뺑소니)하는 경우 피해자의 생명과 신체에 중대한 위험을 초래하고 민사적 손해배상책임의 현저한 곤란을 겪게 된다. 이와 같은 도주(뺑소니)의 경우, 가해 운전자에 대한 비난가능성이 크고 그 가중처벌에 대한 국민적 공담대도 형성되었지만 교통사고에 대한 형법과 도로교통법으로는 가중처벌과 예방적 효과를 기대하기 어려워 특정범죄가중처벌법 제5조의 3 규정이 입법되게 되었다.

2. 도주차량 운전자의 가중처벌

「도로교통법」 제2조에 규정된 자동차 · 원동기장치 자전거의 교통으로 인하여 「형법」 제268조의 죄를 범한 해당 차량의 운전자("사고운전자")가 차의 운전 등 교통으로 인하여 사람을 사상(死傷)하거나 물건을 손괴(損壞)("교통사고")한 때에는 그 차의 운전자나 그 밖의 승무원("운전자 등")은 즉시 정차하여 사상자를 구호하는 등 필요한 조치를 하여야 함에도(도로교통법 제54조 제1항), 그러한 조치를 하지 아니하고 도주한 경우에는 다음 각 호의 구분에 따라 가중 처벌한다(특정범죄가중처벌법 제5조의 2 제1항).

가) 피해자를 사망에 이르게 하고 도주하거나, 도주 후에 피해자가 사망한 경우에는 무기 또는 5년 이상의 징역에 처한다.

나) 피해자를 상해에 이르게 한 경우에는 1년 이상의 유기징역 또는 500만원 이상 3천만원 이하의 벌금에 처한다.

3. 교통사고 발생하고 피해자 유기 후 도주차량 운전자의 가중처벌

교통사고 운전자가 피해자를 사고 장소로부터 옮겨 유기하고 도주한 경우에는 다음 각 호의 구분에 따라 가중 처벌한다(특정범죄가중처벌법 제5조의2 제2항).

가) 피해자를 사망에 이르게 하고 도주하거나, 도주 후에 피해자가 사망한 경우에는 사형, 무기 또는 5년 이상의 징역에 처한다.

나) 피해자를 상해에 이르게 한 경우에는 3년 이상의 유기징역에 처한다.

4. 교통사고 발생 시 필요한 조치의 개요

도로교통법은 교통사고를 야기한 운전자에게 「사고 발생 시의 조치」를 부여하고, 그러한 조치를 하지 아니한 사람은 5년 이하의 징역이나 1천 500만원 이하의 벌금에 처한다고 규정하고 있다(도로교통법 제148조(벌칙)).

또한, 사고 발생 시 조치상황 등의 신고를 하지 아니한 사람 30만원 이하의 벌금이나 구류에 처한다고 규정하고 있다(도로교통법 제154조(벌칙)제4호).

「사고 발생 시의 조치」 의무의 의미와 범위는 다음과 같다.

가. 피해자의 구호 조치

교통사고가 발생하여 피해자가 사망하거나 상해를 입은 경우, 신속하게 119 등에 신고하고, 운전자는 사상자의 지혈 또는 인공호흡 등의 응급조치 후 이송이 가능한 상태라면 인근병원으로 이송해야 한다. 그러나 상태가 중한 경우 성급한 환자이송은 상태를 악화시킬 수 있음을 간과해서는 안 된다.

또한 피해자의 상해 상태가 경미하더라고 병원에 옮겨 진단조치토록 해야 하며, 병원에 가는 것을 거부하는 경우에도 사고당사자 상호 간에 주소, 성명, 연락처, 전화번호, 차량번호 등을 명함 등에 기록해서 추후 문제가 생기더라도 조치가 가능할 수 있어야 한다.

나. 경찰관서 등에 신고

사고 발생 시의 조치의무는 동시 다발적으로 행동해야 할 필요성이 있는데, 피해자의 상태를 살피며 119 구조대에 신고하는 등의 조치, 피해자의 응급구호 조치, 그리고 인근 가까운 경찰관서나 경찰공무원에게 신고하여야 한다. 이때, 대부분 자동차보험이 가입된 보험회사에도 함께 신고를 하게 된다.

신고할 사항은 사고가 일어난 장소, 사상자의 수, 피해의 정도 등을 신고한다.

다. 「사고 발생 시의 조치」 사고확대 방지 및 사고발생 이전 상태 회복 조치

사고 발생 시의 조치의무는 반드시 가해자라고 인정되는 운전자 측에만 부과되지는 않는다고 본다. 교통사고의 발생은 정상적인 도로의 흐름을 신뢰하는 다른 교통운전자들에게 교통의 방해를 줄 수 있는 요소가 있어, 명백한 가·피해자가 구별되는 후미추돌 사고의 경우에도 양 차량 운전자 모두가 이행해야 할 의무라고 할 수 있다.

교통사고가 발생하면 운행 중인 차량, 차량에 실려 있던 물건, 사고가 발생한 도로 및 도로의 교통안전시설 등의 부대시설, 도로변의 건물, 건물 안팎에 진열된 물건 등이 파손될 수 있고, 그러한 물건들은 다른 차량의 원활한 교통의 소통을 방해하여 사고가 확대될 가능성을 가지고 있다. 따라서 사고확대를 방지하고 사고발생 이전의 원활한 교통 소통의 회복을 위해 필요한 조치를 이행해야 한다.

라. 손해배상책임 이행을 위한 조치

가장 시급한 피해자 구호조치와 신고조치, 그리고 원활한 교통 소통 회복조치 외에 가해자·피해자의 권리 보전 및 피해회복을 위한 조치를 취하게 된다.

1) 사고발생 시 운전자 및 동승자는 상대방의 차와 자신의 차의 최종 정지위치를 정확하게 표시하고 사진촬영을 한다.

2) 상대방과 자신의 차의 손상(파손)부분을 파악하고 사진촬영을 한다.

3) 충돌로 인해 파손잔존물이 도로에 떨어져 있을 경우 낙하 위치를 정확하게 파악한 뒤 사진촬영을 한다.

4) 도로의 파인 자국 등 도로에 생긴 흔적들을 파악하고 사진촬영을 한다.

5) 주변의 목격자의 인적사항과 가능한 경우 확인서를 받아 둔다.

5. 도주(뺑소니)사고의 유형별 처벌내용

도주(뺑소니) 유형	처벌 내용
가해운전자의 치상사고 후 도주	1년 이상의 유기징역 또는 500만원 이상 3,000만원 이하의 벌금
가해운전자의 사망사고 후 도주	무기 또는 5년 이하의 징역
가해운전자의 치상사고 후 유기 도주	3년 이하의 징역
가해자운전자의 사망사고 후 유기 도주	사형, 무기, 5년 이상의 징역
과실 있는 #2차량운전자(피의자) 도주 치상사고	사형, 무기, 5년 이상의 징역
#1차량운전자 도주, 과실 없으나 환자조치 불이행한 경우	5년 이하의 징역, 벌금 1,500만원 이하
과실 없는 #2차량운전자의 도주	5년 이하의 징역, 벌금 1,500만원 이하
#1차량운전자의 대물 도주(도로 아닌 곳 적용 배제)	5년 이하의 징역, 벌금 1,500만원 이하
건설기계 5종 외 20종 인사 또는 대물사고 후 도주	5년 이하의 징역, 벌금 1,500만원 이하

6. 도주(뺑소니)의 인정 여부

가. 도주(뺑소니)가 인정되는 경우

1) 사상사실을 인식하고도 가버린 경우
2) 피해자 방치한 채 사고현장을 이탈 도주한 경우
3) 사고현장에 있었음에도 사고사실을 은폐하기 위해 거짓진술 신고한 경우
4) 부상피해자에 대한 적극적 구호조치 없이 가버린 경우
5) 피해자가 이미 사망했다고 하더라도 사체 안치나 후송 등의 조치 없이 가버린 경우
6) 피해자를 병원까지만 후송하고 계속 치료받을 수 있도록 조치 없이 도주한 경우
7) 운전자 바꿔치기하여 신고한 경우
8) 부상피해자를 시간 경과 후 입원 조치한 경우 등

나. 도주(뺑소니)가 인정되지 않은 경우

1) 피해자가 부상사실 없거나 극히 경미하여 구호조치 필요치 않은 경우
2) 피해자가 괜찮다고 하여 가버린 경우
3) 가 · 피해자 일행 또는 경찰관이 환자 후송 조치하는 것을 보고 연락처 주고 가버린 경우
4) 사고운전자가 심한 부상을 입어 타인에게 의뢰하여 피해자를 후송 조치한 경우
5) 사고 장소가 혼잡하여 일부 진행 후 정지하고 되돌아와 조치한 경우
6) 급한 용무로 탑승자에게 사고처리를 위임하고 운전자가 가버리고 탑승자가 사고 처리한 경우
7) 피해자 일행의 구타, 폭언, 폭행이 두려워 현장 이탈한 경우
8) 피해자에게 가해자의 연락처를 건네주고 헤어진 경우
9) 사고운전자 알고 있는 동승피해자에 대해 조치 없이 가버린 경우

7. 뺑소니 운전자 검거·신고 시 보상금 등 혜택

사망 뺑소니 사고의 검거 · 신고 시 보상금 100 ~ 300만원 이하, 부상 뺑소니 사고의 경우 보상금 50만원 이하를 보상하고, 운전면허 행정 처분 40점 감경의 혜택을 준다.

제4장

행정적 법률관계

자동차사고가 발생한 경우 세 가지 법적 책임 중에서 행정적 책임은 형벌이 아니라 운전면허의 취소 또는 효력정지처분 등의 처분이 주어지는 경우로, 일반적으로는 행정처분이라 한다.

교통법규를 위반하는 경우, 해당 법규 위반에 따른 벌점을 부과 받게 되며, 벌점에 따라 교정교육을 이수하거나 합산된 벌점이 기준치를 넘게 되는 경우 행정 처분을 받아 운전면허가 정지 · 취소되어 무면허 상태가 된다. 구체적으로 처분벌점이 40점 미만인 경우 교통법규 교육을 마쳤을 때 경찰서장에게 교육필증을 제출 시 처분벌점에서 20점을 감경받게 되며, 또한 벌점 누적으로 인한 면허 정지 또는 취소시에도 소정의 교육(교통소양교육, 교통참여교육)참여나 특정 상황을 감안하여 경감할 수 있다.

1회 위반이나 사고로 인한 벌점 또는 주적점수가 1년간 121점 이상 또는 2년간 201점 이상, 3년간 271점 이상의 경우에는 운전면허가 취소되며, 운전면허 정지처분은 1회 위반과 사고로 이한 벌점 또는 처분벌점이 40점 이상이 된 때부터 결정되어 집행하되, 원칙적으로 1점을 1일로 계산하여 집행한다.

Ⅰ. 운전면허의 정지·취소 처분

운전면허의 정지 · 취소 처분이란 도로교통 법규 위반이 있는 경우 지방경찰청장이 면허의 효력을 일시 정지시키거나 장래에 대하여 효력을 잃게 하는 처분이다. 교통법규를 위반한 자에 대하여 면허를 취소 또는 정지시키는 처분에 관한 기준은 도로교통법에 규정되어 있다(도로교통법 제93조, 동법 시행규칙 제53조 제1항).

도로교통법 제93조(운전면허의 취소 · 정지)

① 지방경찰청장은 운전면허(연습운전면허를 제외한다. 이하 이 조에서 같다)를 받은 사람이 다음 각 호의 어느 하나에 해당하는 때에는 행정안전부령이 정하는 기준에 의하여 운전면허를 취소하거나 1년 이내의 범위에서 운전면허의 효력을 정지시킬 수 있다.

도로교통법 시행규칙 제91조(운전면허의 취소 · 정지처분 기준 등)

① 법 제93조에 따라 운전면허를 취소 또는 정지시킬 수 있는 기준(교통법규를 위반하거나 교통사고를 일으킨 경우 그 위반 및 피해의 정도 등에 따라 부과하는 벌점의 기준을 포함한다)과 법 제97조 제1항에 따라 자동차등의 운전을 금지시킬 수 있는 기준은 별표 28과 같다.

1. 운전면허 행정처분 관리 기준

<table>
<tr><th>항 목</th><th>내 용</th><th>비 고</th></tr>
<tr><td>정지처분 집행시기</td><td>처분벌점 40점 이상이 되는 면허증을 회수한 날로부터 기산</td><td></td></tr>
<tr><td>누산점수 초과로 인한 면허취소 기준</td><td><table><tr><th>기간</th><th>벌점 또는 누산점수</th></tr><tr><td>1년간</td><td>121점 이상</td></tr><tr><td>2년간</td><td>201점 이상</td></tr><tr><td>3년간</td><td>271점 이상</td></tr></table></td><td>3년간 관리</td></tr>
<tr><td>처분벌점의 소멸
(무위반 및 무사고자 특혜 부여)</td><td>처분벌점이 40점 미만인 경우에 최종 위반일.사고일로부터 위반 및 사고 없이 1년이 경과한 경우</td><td>누산점수에서 공제함</td></tr>
<tr><td>도주차량 검거로 인한 누산점수 공제(특혜 부여)</td><td>도주차량을 검거하거나 신고하여 검거하게 한 때에는 기간에 관계없이 40점의 특혜 점수를 부여함.</td><td>취소처분 받게 될 경우 누산점수에서 공제</td></tr>
<tr><td>모범운전자 정지처분 집행일수 감경</td><td>모범운전자(무사고운전자 - 10년 이상 무사고, 유공운전자의 표시장을 받고 교통안전봉사활동에 종사 중인 자)에게는 면허정지처분을 집행기간만을 1/2로 감경함.</td><td>사고야기로 인한 벌점이 있는 경우 제외</td></tr>
<tr><td>특별한 교통안전교육에 따른 집행일수의 감경(신설)</td><td>면허정지처분을 받은 자가 특별한 교통안전교육을 마친 경우에는 경찰서장에게 교육필증을 제출한 날부터 정지처분 기간에서 20일을 감경함.</td><td></td></tr>
</table>

2. 운전면허 취소처분 기준

위반사항	내용
교통사고 야기 도주	교통사고로 사람을 죽게 하거나 다치게 하고, 구호조치를 하지 아니한 때
술에 취한 상태에서 운전한 때	‣ 술에 취한 상태 기준(혈중알콜농도 0.05% 이상)을 넘어서 운전하다가 교통사고로 사람을 죽게 하거나 다치게 한 때 ‣ 술에 만취한 상태(혈중알콜농도 0.1% 이상)에서 운전한 때 ‣ 2회 이상 술에 취한 상태의 기준을 넘어 운전하거나 술에 취한 상태의 측정에 불응한 사람이 다시 술에 취한 상태(혈중알콜농도 0.05% 이상)에서 운전한 때
술에 취한상태의 측정에 불응한 때	술에 취한 상태에서 운전하거나 술에 취한 상태에서 운전하였다고 인정할 만한 상당한 이유가 있음에도 불구하고 경찰공무원의 측정 요구에 불응한 때
결격사유에 해당	‣ 정신병자, 정신미약자, 간질병자 ‣ 앞을 보지 못하는 사람, 듣지 못하는 사람 ‣ 대통령령이 정하는 신체장애인 ‣ 양팔의 팔꿈치 관절 이상을 잃은 사람 ‣ 양팔을 전혀 쓸 수 없는 사람 ‣ 다리, 머리, 척추, 그 밖의 신체장애로 인하여 앉아 있을 수 없는 사람 ‣ 마약, 대마, 향정신성 의약품 또는 알콜중독자

적성검사(수시적성검사 포함) 불합격 또는 적성검사기간 1년 경과	‣ 운전면허 종류에 따라 실시하는 적성검사(수시적성검사 포함)에 불합격하거나 적성검사 기간 만료일의 다음날부터 적성검사를 받지 아니하고 1년을 초과한 때 ‣ 정기 적성검사가 면제된 사람이 적성검사 기간 만료일의 다음날부터 운전면허증의 갱신을 하지 아니하고 1년을 초과한 때
운전면허 행정처분기간 중 운전행위	운전면허 행정처분 기간 중에 운전한 때
허위, 부정수단으로 면허를 취득한 경우	허위 또는 부정한 수단으로 운전면허를 받거나 운전면허 효력 정지 기간 중 면허증 또는 운전면허증에 갈음하는 증명서를 교부받은 사실이 드러난 때
다른 사람에게 운전면허증 대여(도난, 분실 제외)	‣ 면허증 소지자가 다른 사람에게 면허증을 대여하여 운전하게 한 때 ‣ 면허 취득자가 다른 사람의 면허증을 대여 받거나 그 밖의 부정한 방법으로 입수한 면허증으로 운전 한 때
자동차를 이용하여 범죄행위를 한 때	‣ 국가보안법을 위반한 범죄에 이용된 때 ‣ 형법을 위반하여 다음 범죄에 이용한 때 ‣ 살인 및 시체유기에 이용된 때 ‣ 강도, 강간, 방화에 이용된 때 ‣ 유괴, 불법 감금에 이용된 때
다른 사람의 자동차 등을 훔치거나 빼앗은 때	운전면허를 가진 사람이 자동차 등을 훔치거나 빼앗아 이를 운전한 때
다른 사람을 위해 운전면허 시험에 응시한 때	운전면허를 가진 사람이 다른 사람을 부정하게 합격시키기 위해 운전면허 시험에 응시한 때
단속 경찰관 등에 대한 폭행	단속하는 경찰공무원 등 시 · 군 · 구 공무원을 폭행하여 구속된 때

3. 운전면허 정지처분 기준

위반사항	벌점
술에 취한 상태의 기준을 넘어서 운전한 때(혈중알콜농도 0.05% 이상 0.1% 미만)	100점
단속 경찰공무원 등에 대한 폭행으로 형사 입건된 때	90점
출석기간 또는 범칙금 납부기간 만료일부터 60일이 경과될 때까지 즉결심판을 받지 아니한 때	40점
통행 구분 위반(중앙선 침범에 한함)	30점
고속도로 갓길 통행 또는 버스 전용차로, 다인승 전용차로 통행 위반	
운전면허증 제시 의무 위반	
신호 또는 지시에 따를 의무 위반	15점
제한 속도 위반(20km/h 초과부터)	
앞지르기 금지 위반	
철길 건널목 통과 방법 위반	
통행 구분 위반(보도 침범, 보도 횡단방법 위반)	10점
차로에 따른 통행 위반(진로 변경 금지 장소에서의 진로 변경 포함)	
일반도로 버스 전용차로 통행 위반	

안전거리 확보 불이행(정지선 위반 포함)	10점
앞지르기 방법 위반	
보행자 보호의 불이행(정지선 위반 포함)	
승객 또는 승하차자 추락방지조치 위반	
주차, 정차 금지 위반	
안전운전 의무 위반	
노상 시비, 다툼 등으로 차마의 통행방해 행위	

4. 교통사고 결과에 따른 벌점 기준

구 분		벌점	내 용
인적피해 교통사고	사망 1명마다	90점	사고 발생 시부터 72시간 내에 사망한 때
	중상 1명마다	15점	3주 이상 치료를 요하는 의사의 진단이 있는 부상
	경상 1명마다	5점	3주 미만 5일 이상의 치료를 요하는 의사의 진단이 있는 부상
	부상신고 1명마다	2점	5일 미만의 치료를 요하는 의사의 진단이 있는 부상
교통사고 야기 시 조치 불이행		30점	교통사고 즉시(그때, 그 자리에서 곧) 사상자를 구호하는 등의 조치를 하지 아니하였으나 신고시한(고속도로, 서울특별시 · 직할시 및 시의 관할구역과 군의 관할구역 중 경찰관서가 위치하는 리 또는 동지역에서는 3시간, 그 밖의 지역에서는 12시간으로 한다. 이하 같다) 이내에 자진신고를 한 때
		60점	신고시한을 넘어서 자진신고를 한 때
		15점	물적피해 교통사고를 야기한 후 도주한 때

가. 운전 중 휴대전화 통화시 벌점 및 범칙금 부과

차종 구분 없이 벌점 15점 및 7만원의 범칙금 부과. 단, 정지하고 있거나 긴급자동차를 운전하는 경우. 재해신고 등 긴급을 요하는 경우 및 대통령령이 정하는 바에 의하여 안전에 장애를 주지 않는 장치(핸즈프리 등)를 이용하는 경우는 제외한다.

나. 음주운전 3진 아웃

3회 이상 음주운전으로 단속된 경우 혈중알콜농도가 운전면허 정지사유(0.05% ~0.09%)에 해당하더라도 운전면허를 취소한다. 또한 운전면허 재취득기간도 1년 → 2년으로 연장한다.

Ⅱ. 자동차의 사용정지 처분

자동차의 사용정지 처분이란 지방경찰청장이 사고 운전자가 고의 또는 과실로 중대한 교통사고를 일으킨 때와 운전자가 교통사고를 일으킨 후 조치를 하지 아니하고 달아난 때에는 6개월의 범위

내에서 기간을 정하여 그 자동차의 사용정지 처분을 내릴 수 있다고 규정하고 있으며, 동법 시행규칙에 구체적인 처분 기준을 정하고 있다.

1. 운전자의 고의 또는 과실로 중대한 교통사고를 야기한 경우의 처분 기준

가. 원인별 처분 기준

위반 내용	처분 일수
정비 불량으로 인한 사고	10일
무면허, 음주 및 과로 운전으로 인한 사고(음주 및 피로 운전은 소유자 등이 인식한 경우에 한함)	5일

나. 결과 처분 기준

사망 원인	처분 일수
10명 이하	10일
11명 이상 20명 이하	20일
21명 이상	30일

① 원인별 처분 일수에 결과별 처분 일수를 합산하여 처분한다.

② 사망이라 함은 교통사고 발생 시로부터 교통사고가 주원인이 되어 72시간 내에 사망하는 것을 말한다.

2. 운전자가 교통사고를 야기한 후 도주한 경우의 처분 기준

사망 원인	처분 일수
사망자가 있는 사고	150일
중상자가 있는 사고	120일
경상자가 있는 사고	90일
부상 신고가 있는 사고	60일

가. 사고를 야기한 후 도주하였으나 다음 사유가 있을 때에는 처분 일수를 감경 또는 감면한다.

1) 감경 사유

- 운전자가 피해자를 의료기관에 치료절차를 필하고 도주하였을 때에는 처분 일수의 1/2를 감경한다.
- 운전자는 사고를 야기한 후 도주하였으나 자동차 소유자 등이 신고하였을 때에는 처분 일수

의 2/3를 감경한다.

2) 감면 사유

- 운전자가 자수한 때에는 도주일로부터 자수일까지의 기간만 처분하고 잔여기간은 면제한다.
- 자동차 소유자 등이 피해자의 치료에 필요한 조치를 하고 운전자를 검거하게 한 때에는 도주일로부터 검거일까지의 기간만 처분하고 잔여기간은 면제한다.

나. 이 처분 기준에 의하여 처분 일수를 산출한 후에 교통사고 처분 기준(원인 + 결과)에 의한 일수를 가산하여 처분하여야 한다. 다만, 6개월을 초과하지 못한다.

다. 감면 사유와 감경 사유가 동시에 해당될 때에는 운전자에게 유리한 기준 1개만 적용한다.

3. 통고 처분

교통범칙통고 제도는 일정범위의 범칙행위를 한 자에 대하여 경찰서장이 일정액의 범칙금의 납부를 통고하고, 그 통고를 받은 자가 10일 이내에 이것을 납부한 때에는 그 범칙행위에 대하여는 다시 벌 받지 아니하나 기간 내에 납부하지 아니한 때에는 즉결심판 절차에 회부하게 되는 것을 말한다.

제5장 기타 자동차사고 관련 법률

Ⅰ. 교통사고 시 산업재해보상보험법 등과의 관계

교통사고가 발생한 경우, 가해운전자가 업무 중이었다면 자동차보험의 대인배상Ⅰ담보 및 대인배상Ⅱ 담보와 서로 일정부분 관련이 있게 된다.

업무 중이던 근로자가 교통사고가 발생하여 부상 또는 사망하게 되는 경우, 근로자 또는 그 유족은 근로기준법에 의한 재해보상 또는 산업재해보상보험법상의 급여를 받을 수 있고, 다른 한편으로는 자동차손해배상보장법 및 민법에 의한 손해배상을 받을 수 있게 된다.

Ⅱ. 자동차보험에서의 처리

대인배상Ⅰ은 자동차손해배상책임보험으로 피해자보호기능이 강력하며, 타법률에서의 보상과 관계없이 자동차의 운행으로 다른 사람을 사상케 한 경우로서 발생한 손해배상책임이라면 당연히 배상하게 된다. 그러나 동일한 사유로 피해자가 이중의 이득을 취하는 것을 금지하기 위하여 산업재해보상보험법에는 「근로복지공단은 제3자의 행위에 의한 재해로 인하여 보험급여를 지급한 경우에는 그 급여액의 한도 안에서 제3자에 대한 손해배상청구권을 대위한다」(법 제54조 제2항)고 규정하고 있어, 실무에서는 자동차보험책임보험에서 대부분 처리하게 된다.

대인배상Ⅱ는 자동차보험약관에 자동차손해배상책임보험을 초과하는 손해를 보상하는 보험에서 피해자가 산재보상을 받을 수 있는 경우, 대인배상Ⅱ에서 보상을 하지 않도록 규정하고 있다.

Ⅲ. 국가배상법에 의한 손해배상책임

국가 또는 지방자치단체는 공무원 또는 공무를 위탁받은 사인(私人)이 직무를 집행하면서 고의 또는 과실로 인하여 법령을 위반하고 타인에게 손해를 입히거나, 「자동차손해배상 보장법」에 따라 손해배상의 책임이 있을 때에는 국가배상법에 따라 그 손해를 배상하여야 한다. 다만, 군인·군무원·경찰공무원 또는 향토예비군대원이 전투·훈련 등 직무 집행과 관련하여 전사(戰死)·순직(殉職)하거나 공상(公傷)을 입은 경우에 본인이나 그 유족이 다른 법령에 따라 재해보상금·유족연금·상이연금 등의 보상을 지급받을 수 있을 때에는 이 법 및 「민법」에 따른 손해배상을 청구할 수 없다(국가배상법 제2조 제1항).

공무원이 직무를 집행함에 있어 자동차의 운행으로 타인을 사망하게 하거나 부상을 입힌 경우 국가배상법과 자동차손해배상보장법 민법과의 법의 충돌이 있게 되며, 이때 손해배상의 성립은 자동차손해배상보장법을 적용하고(국가배상법 제2조), 손해의 배상액 및 손해배상 절차에 대해서는 국가배상법을 적용하며, 국가배상법의 규정에 의한 것을 제외하고는 민법의 규정에 의한다(국가배상법 제8조).

국가 또는 지방자치단체의 공무원이 직무를 집행함에 있어 국가의 책임이 발생하는 경우에도, 공무원에게 고의 또는 중대한 과실이 있으면 국가나 지방자치단체는 그 불법행위 공무원에게 구상할 수 있다(국가배상법 제2조 제2항).

구상권의 소멸시효

공동불법행위자의 다른 공동불법행위자에 대한 구상권은 일반 채권과 같이 10년간 행사하지 않으면 시효로 소멸한다. 구상권 소멸시효의 기산점은 '권리를 행사할 수 있는 때'로부터 진행하며, 부담부분에 대한 소송이 진행된 경우 판결 확정시로 보아야 한다.

[제 2 편]

자동차사고와 보험관계

제1장 자동차보험의 구조

Ⅰ. 자동차보험의 일반적 구성

자동차보험은 가입하는 대상에 따라 개인용, 업무용, 영업용, 이륜자동차, 취급업자종합보험 등으로 구분된다. 보험증권에 기재된 보험금을 청구할 수 있는 사람을 '피보험자'라고 하며, 보험회사가 보상책임을 지는 기간을 '보험기간'이라고 하여, 일반적으로 보험시작일 24시부터 보험만료일 24시까지를 말한다.

Ⅱ. 보통약관의 기본 보장

1. 배상책임사고

자동차보험에서 타인에게 손해를 가하고 법률상 배상책임을 지는 경우에 대하여 보장하는 종목은 다른 사람을 죽게 하거나 다치게 한 경우에 자배법에서 정한 한도에서 보상하는 '대인배상 Ⅰ', 대인배상 Ⅰ에서 지급하는 금액을 초과하는 경우에 그 초과손해를 지급하는 '대인배상 Ⅱ', 자동차사고로 다른 사람의 재물을 멸실 또는 훼손하는 경우에 보상하는 '대물배상'이다.

2. 배상책임외의 사고

배상책임외의 사고에 대한 자동차보험 보장은, 피보험자가 상해를 입은 경우에 보상하는 '자기신체사고', 무보험자동차에 의해 피보험자가 상해를 입은 경우에 보상하는 '무보험자동차에 의한 상해', 피보험자동차에 생긴 손해를 보상하는 '자기차량손해'가 있다.

Ⅲ. 특별약관에 의한 선택보장

보험계약자의 선택에 따라 추가적인 보장을 함으로써, 위험을 확대하여 보호받을 수 있는데, 자기신체사고의 보장확대 특별약관, 다른자동차의 운전 중 위험부담, 기타 특별약관이 그에 해당한다.

Ⅳ. 보험약관의 주요 보험용어

자동차보험 약관을 이해하기 위해서는 다음과 같은 기본 용어에 대한 이해가 필요하다.

용 어	내 용
계부모, 계자녀	계부(어머니가 재혼하여 생긴 아버지)와 계모(아버지가 재혼하여 생긴 어머니), 계자녀(재혼한 경우, 배우자가 재혼을 하면서 데리고 온 자녀)
공제(共濟)계약	공제조합이 각자 조합원으로부터 받은 출자금을 자본으로 조합원의 자동차사고 시에 공제금을 지급하여 돕는 공제사업에 의한 계약(예 : 전국개인택시공제조합)
기명피보험자	보험가입자동차의 소유, 사용, 관리 책임이 있는 사람으로서 보험증권에 기재된 사람
납입최고	보험계약자 등에게 미납보험료를 낼 것을 독촉하는 법률상 통지
보통약관	자동차보험의 주요 담보에 대한 보장내용과 보험계약의 성립부터 소멸까지의 보험계약 일반사항 등을 정한 내용
보험가액	보험개발원이 정한 차량기준가액표에 따라 보험계약을 맺었을 때에는 사고발생 당시 보험개발원이 정한 최근의 차량기준가액을 말함. 그러나 위 차량기준가액이 없거나 이와 다른 가액으로 보험계약을 맺었을 경우 보험증권에 기재된 가액이 손해가 생긴 때와 장소의 가액을 현저하게 초과할 때에는 그 손해가 생긴 때와 장소의 가액을 보험가액으로 함
보험가입금액	보험금을 지급하는 사고가 발생한 경우, 보험회사가 지급하는 보험금의 한도액(보상한도액)
보험료,보험금	보험료 : 보험계약 내용에 따라 계약자가 납입하는 금액 보험금 : 보험회사가 피보험자 또는 보험금 청구권자에게 지급하는 약관상 보상액
사실혼	혼인신고를 하지 않았기 때문에 법률상의 부부는 아니지만, 사실상 부부의 관계에 있는 상태
상해등급	자동차손해배상보장법 시행령 별표 1에서 정한 상해의 구분과 보험금 등을 정한 등급
양부모,양자녀	양부모, 양자녀 : 입양에 의해 부모 또는 자녀의 자격을 얻은 사람
정부보장사업	자동차손해배상보장법에 따라 정부에서 보유불명(뺑소니) 자동차 또는 무보험자동차로 인해 사고를 당한 피해자를 보호하기 위해 운영하는 사회보장제도
정차,주차	정차 : 차가 5분을 초과하지 않고 정지하는 것으로서 주차 외의 정지상태 주차 : 차가 계속 정지하여 있거나 운전자가 그 차로부터 떠나서 즉시 운전할 수 없는 상태
자기부담금	보험금 지급 시, 피보험자가 부담하는 일정 금액
특별약관	자동차보험 가입 시 선택하여 가입함으로써 보통약관상 보장하는 내용에 추가로 보상 또는 비용, 서비스 등을 제공받을 수 있는 내용(보장의 축소, 제한 등의 특별약관도 있음)
후유장해 등급	자동차손해배상보장법 시행령 별표 2에서 정한 후유장애의 구분과 보험금 등을 정한 등급

제2장

자동차보험 약관

Ⅰ. 보험약관의 개요

보험약관은 동질의 위험에 처한 다수의 보험계약자와 보험사업자가 대량의 보험계약을 체결하기 위하여, 그 내용 및 조건 등을 보험자가 미리 정하고, 그에 따라 계약을 체결하는 일반적, 보편적, 표준적인 정형화된 계약조항을 말한다.

Ⅱ. 보통보험약관과 특별보험약관의 의의

보험약관은 일반적으로 적용되는 보통보험약관과 특수한 사정을 별도로 정하는 특별보험약관으로 분류한다. 자동차보험의 경우 자동차의 사용 용도에 따라 개인용, 업무용 등으로 구별하고, 그들에게 일반적으로 적용되는 보통보험약관이 있으며, 위험의 유형을 분류하여 위험을 다양하게 세분함으로써 보험료를 절감할 수 있는 운전자 한정 특별약관이나 운전자연령 한정운전 특별약관, 반대로 위험의 담보를 확장하는 차량수리비 확장 특별약관이나 유상운송 위험담보 특별약관 등이 있다.

Ⅲ. 부합계약성과 보험약관의 구속성

부합계약성이란, 보험계약이 보험자가 미리 작성한 보험약관에 보험계약자가 부합하는 형식으로 체결된다는 것을 의미한다. 따라서, 보험계약자 개개인의 의사가 개입되는 일반 개인 간의 계약과는 구별된다. 또한 동질의 위험을 가지고 있는 다수에 대하여, 보험이론인 대수의 법칙과 수지상등의 원칙이 실현되어야 하는 까닭에 각 보험계약자에게 동일한 조건으로 적용되어야 하는 대량거래의 특수성에 따라 정형화된 보험약관은 각 보험계약자를 구속하는 성질을 가지게 된다.

Ⅳ. 보통보험약관의 해석원칙

보통보험약관은 보험자에 의해 일방적으로 작성되었다는 특성상, 그 해석에 대하여 다음과 같은 해석원칙이 있다.

1. 신의성실의 원칙(principle of good faith, 信義誠實의 原則)

신의성실의 원칙은 모든 사람이 사회공동생활의 일원으로서 상대방의 신뢰에 반하지 않도록 성의 있게 행동할 것을 요구하는 법원칙이다. 줄여서 신의칙(信義則)이라고 한다. 민법 제2조에서는 "권리의 행사와 의무의 이행은 신의에 좇아 성실히 하여야 한다."고 규정하여 이를 선언하고 있다.

신의칙에서 파생된 중요원칙으로는 사정변경의 원칙, 모순행동금지의 원칙, 실효의 원칙이 있다. 조리(條理)는 경험칙, 사회통념, 사회적 타당성, 신의성실, 사회질서, 형평, 정의, 이성, 법에 있어서의 체계적 조화, 법의 일반원칙 등의 이름으로 표현되기도 한다.

보험약관도 신의성실의 원칙에 따라 공정하게 해석되어야 하며, 고객에 따라 다르게 해석되어서는 아니 된다. 약관의 뜻이 명백하지 아니한 경우에는 고객에게 유리하게 해석되어야 한다(약관규제법 제5조).

2. 개별약정 우선의 원칙

약관에서 정하고 있는 사항에 관하여 사업자와 고객이 약관의 내용과 다르게 합의한 사항이 있을 때에는 그 합의 사항은 약관보다 우선하다(약관규제법 제4조). 약관조항과 개별조항이 상충하는 경우에 개별조항이 약관조항에 우선한다는 개별약정 우선의 원칙은 여러 판례에서 인정되고 있다.

3. 객관적·획일적 해석의 원칙

보통거래약관의 내용은 개개 계약체결의 의사나 구체적인 사정을 고려함이 없이 평균적 고객의 이해가능성을 기준으로 하되 보험단체 전체의 이해관계를 고려하여 객관적, 획일적으로 해석하여야 한다(대판 1996.6.25. 96다12009; 대판 1995.5.26. 94다36704)고 하여 약관의 해석은 일반 법률행위의 해석과는 달리 이루어져야 함을 천명하고 있다.

4. 작성자불이익 해석의 원칙

보험계약의 부합계약성으로 보험자가 일방적으로 작성한 보험약관의 해석 시 보험계약자를 보호하기 위하여 내용이 객관적으로 해석되지 않는 경우에는 약관 작성자인 보험자 측에 불이익하게 해석되어야 한다는 원칙이다.

작성자불이익의 원칙을 적용한 판례는「고객보호의 측면에서 약관 내용이 명백하지 못하거나 의심스러운 때에는 고객에게 유리하게, 약관작성자에게 불리하게 제한 해석하여야 한다.」(대법원 1998.10.23. 선고 98다20752 판결)며, 뜻이 명백하지 아니한 경우 약관해석원칙에 따라 약관의 작성자에게 불리하게, 고객에게 유리하게 해석하여야 한다고 하였다.

그러나 불명확조항의 해석원칙은 여러 합리적 해석방법을 동원해도 그 뜻이 여전히 불분명할 경우에 적용되어야 할 보충적인 해석원칙이다.

5. 면책조항의 엄격해석의 원칙

화재보험보통약관에서 '지진, 분화, 해일, 전쟁, 외국의 무력행사. 혁명, 내란, 사변, 폭동, 소요, 기타 이들과 유사한 사태'를 보험자의 면책사유로 정한 경우 소요에 관한 해석에서 판례는 「이러한 면책사유의 요건은 이를 엄격하게 해석하여야 할 것」이라며, 따라서 학생들의 시위는 이에 해당되지 않는다고 하였다(대판1994.11.22. 93다55975). 이는 축소해석의 원칙(Restriktionsprinzip)이나 확대해석 금지의 원칙과 유사하며, 자동차보험약관에서도 적용되어야 할 약관의 해석 기준이라 할 것이다.

제3장 배상책임과 대물배상

Ⅰ. 보상내용

1. 보험회사는 피보험자가 피보험자동차를 소유, 사용, 관리하는 동안에 생긴 피보험자동차의 사고로 인하여 남의 재물을 없애거나 훼손한 때에 법률상 손해배상책임을 짐으로써 입은 손해를 보상한다.

2. 보험회사는 이 약관의 '보험금 지급기준에 의해 산출한 금액'과 '비용'을 합한 액수에서 '공제액'을 공제한 후 보험금으로 지급하며, 대물배상의 경우 '보험 증권에 기재된 보험가입금액'을 한도로 한다.

지급 보험금	=	보험금 지급기준에 의해 산출한 금액 또는 법원의 확정판결에 의하여 피보험자가 배상하여야 할 금액	+	비용	-	공제액

가. 소송이 제되었을 경우에는 대한민국 법원의 확정판결에 의하여 피보험자가 손해배상청구권자에게 배상하여야 할 금액(지연배상금을 포함)을 위 '보험금 지급기준에 의해 산출한 금액'으로 본다.

용어풀이

"법원의 확정판결 등"이란 법원의 확정판결 또는 법원의 확정판결과 동일한 효력을 갖는 조정결정, 중재판정 등을 말한다.

나. 위 '비용'은 다음의 금액을 말한다. 이 비용은 보험가입금액과 관계없이 보상한다.

1) 손해의 방지와 경감을 위하여 지출한 비용(긴급조치비용을 포함)

2) 남으로부터 손해배상을 받을 수 있는 권리의 보전과 행사를 위하여 지출한 필요 또는 유익한 비용

3) 기타 보험회사의 동의를 얻어 지출한 비용

용어풀이

"비용" 예시 : 사고 증거(블랙박스 영상 등)의 확보, 소송의 제기 등에 소요되는 비용 등

다. 위 '공제액'은 대물배상의 경우 사고차량을 고칠 때에 부득이 엔진, 미션 등 중요한 부분을 새 부분품으로 교환한 경우 '그 교환된 기존 부분품의 감가상각에 해당하는 금액'을 말한다.

라. 음주운전 또는 무면허운전 관련 사고부담금

1) 피보험자 본인이 음주운전이나 무면허운전을 하는 동안에 생긴 사고 또는 기명피보험자의 명시적 · 묵시적 승인하에서 피보험자동차의 운전자가 음주운전이나 무면허 운전을 하는 동안에 생긴 사고로 인하여 보험회사가 대인배상 Ⅰ.Ⅱ 또는 대물배상에서 보험금을 지급하는 경우, 피보험자는 일정한 사고부담금을 보험회사에 납입해야 된다.

- 음주운전 사고부담금 : 1사고당 대인배상 Ⅰ.Ⅱ는 300만원, 대물배상은 100만원
- 무면허운전 사고부담금 : 1사고당 대인배상 Ⅰ.Ⅱ는 300만원, 대물배상은 100만원

용어풀이

"명시적 · 묵시적"이란 법률상 추상적 개념으로서 사안 별로 법률적 판단에 따라야 하지만, 통상적으로 '명시적 승인'이란 내용이나 뜻을 분명하게 나타내어 해당 행위에 대해 승인하는 것을 말하며, '묵시적 승인'이란 직접적인 말 또는 행동이 아니라 간접적으로 해당 행위에 대해 승인하는 것을 말한다.

2) 피보험자는 지체 없이 음주운전 또는 무면허운전 사고부담금을 보험회사에 납입해야 한다. 다만, 피보험자가 경제적인 사유 등으로 사고부담금을 내지 못했을 때 보험회사는 피해자에게 이 사고부담금을 포함하여 손해배상금을 우선 지급하고 피보험자에게 이 사고부담금을 청구할 수 있다.

Ⅱ. 피보험자의 범위

피보험자는 보험회사에 보상을 청구할 수 있는 사람으로 그 범위는 다음과 같다.

1. 보험 증권에 기재된 피보험자(이 약관에서 '기명피보험자'라고 함)
2. 기명피보험자와 같이 살거나 살림을 같이 하는 친족으로서 피보험자동차를 사용 또는 관리중인 자
3. 기명피보험자의 승낙을 얻어 피보험자동차를 사용하거나 관리중인 자. 다만, 대물배상의 경우 자동차정비업, 주차장업, 급유업, 세차업, 자동차판매업, 자동차탁송업 등 자동차를 취급하는 것을 업으로 하는 자(이들의 피용자 및 이들이 법인인 경우에는 그 이사와 감사를 포함)가 업무로서 위탁받은 피보험자동차를 사용 또는 관리하는 경우에는 피보험자로 보지 아니한다.
4. 기명피보험자의 사용자 또는 계약에 의하여 기명피보험자의 사용자에 준하는 지위를 얻은 자. 다만, 기명피보험자가 피보험자동차를 사용자의 업무에 사용하고 있는 때에 한한다.

5. 위 ‘1’ 내지 ‘4’에서 규정하는 피보험자를 위하여 피보험자동차를 운전 중인 자(운전보조자를 포함). 다만, 대물배상의 경우 자동차정비업, 주차장업, 급유업, 세차업, 자동차판매업, 자동차 탁송업 등 자동차를 취급하는 것을 업으로 하는 자(이들의 피용자 및 이들이 법인인 경우에는 그 이상와 감사를 포함)가 업무로서 위탁받은 피보험자동차를 사용 또는 관리하는 경우에는 피보험자로 보지 아니한다.

용어풀이

도로 및 도로 이외의 장소에서 자동차 또는 건설기계를 그 본래의 사용방법에 따라 사용하는 것을 말한다.

Ⅲ. 음주운전 또는 무면허 운전 관련 자기부담금

피보험자가 음주운전 또는 무면허운전을 하는 동안의 사고로 인하여 보험회사가 보험금을 지급하게 되는 경우, 다음 금액은 피보험자가 부담하여야 한다.

구분	음주운전 · 무면허운전 사고부담금
대인배상Ⅰ · Ⅱ 및 대물배상	① 다음의 경우는 피보험자가 음주운전사고부담금)1 사고 당 대인배상Ⅰ · Ⅱ : 300만원, 대물배상 : 100만원) 또는 무면허운전 사고부담금(1 사고 당 대인배상Ⅰ : 300만원, 대물배상 : 100만원)을 부담하여야 한다) 가. 피보험자 본인이 음주운전 또는 무면허운전을 하였거나, 나. 피보험자의 명시적 · 묵시적 승인 하에서 피보험자동차의 운전자가 음주운전 또는 무면허운전을 하였을 때에 생긴 사고로 손해를 입은 경우 ② 피보험자는 지체 없이 음주운전 또는 무면허운전 사고 부담금을 보험회사에 납입하여야 한다. 다만, 피보험자가 경제적인 사유 등으로 동 사고부담금을 미납하였을 때 보험회사는 피해자에게 동 사고부담금을 포함하여 손해배상액을 우선 지급하고 피보험자에게 동 사고부담금의 지급을 청구할 수 있다.

Ⅳ. 대물배상 보험금 지급기준

1. 수리비용

가. 수리비

원상회복이 가능한 경우에는 사고 직전의 상태로 원상회복하는데 소요되는 필요 타당한 비용으로서 실제 수리비용. 다만, 경미한 손상의 경우 보험개발원이 정한 경미손상 수리기준에 따라 복원 수리하는데 소요되는 비용을 한도로 한다.

용어풀이

"수리비용"은 실제 수리한 경우 수리비용은 피해물의 사고 직전 가액의 120%를 한도로 함(2000.8.1 이후 사고발생 분 이후부터 적용)

나. 열처리 도장료

수리 시 열처리 도장을 한 경우 차량연식에 관계없이 열처리 도장료 전액

다. 수리비 및 열처리 도장료의 합계액은 피해물의 사고 직전 가액의 120%를 한도. 다만, 피해물이 다음 중 어느 하나에 해당하는 경우에는 130%를 한도로 함

1) 내용연수가 지난 경우

2) 여객자동차 운수사업법 제84조 제2항에 의한 차량충당연한을 적용받는 승용자동차나 승합자동차

3) 화물자동차 운수사업법 제57조 제1항에 의한 차량충당연한을 적용받는 화물자동차

2. 교환가액

교환가액의 지급대상은 수리비용이 피해물의 사고 직전의 가액을 초과하는 경우와 원상회복이 불가능한 경우이다.

인정 기준액은 사고 직전 피해물의 가액 상당액 또는 사고 직전 피해물의 가액에 상당하는 동종의 대용품을 취득할 때 실제로 소요된 필요 타당한 비용을 지급한다.

용어풀이

"교환가액"이란 사고 직전의 피해물과 같은 종류의 대용품 가액(예 : 같은 종류의 차량)과 이를 교환하는데 소요되는 필요 타당한 비용을 말합니다.

참고

"교환가액 보상사례"

- 사고로 인하여 자동차가 파손된 경우 차량의 수리비가 중고시세를 초과하여 폐차시, 보험자가 보상하여야 할 금액은 시세를 기준으로 정하며, 피해자 본인이 차량 폐차 후 새 차량을 구입하여 등록할 경우에는 보상한 시세를 기준으로 하여 각종 세금을 비용으로 보상한다.
- 세금의 종류 : 취득세, 등록세, 교육세, 면허세(승용차 제외), 기타 비용 등을 보상한다. 단, 자동차세, 각종 채권매입비용, 보험료는 보상하지 아니한다.

"수리 불가능한 훼손(감소된 환가격) = 절대전손 = 물리적 전손"

- 자동차가 타인의 불법행위로 인하여 폐차할 정도로 손괴된 경우 그 손해 배상액은 사 고 당시 교환가격이라고 할 것이다.
- 물건의 교환가격은 동종의 대체물을 구입할 수 있는 금액 상당액이 될 것이며, 동종의 대체물이란 동일한 차종, 연식, 형식 및 같은 정도의 사용 상태와 주행거리 등을 들 수 있으나 중고품인 경우 개별적 평가가 쉬운 일이 아니므로 통상적으로 중고자동차 시세표를 적용하여 교환가격을 책정한다.

"경제적 수리불능 = 추정전손"

- 훼손된 물건의 수리에 과다한 비용이 들어 그 수리비가 훼손 전 물건의 교환가격을 초과하는 경우, 그 물건의 교환가격을 한도로 통상손해를 인정한다.
- 이 경우 피해 직전 상태의 차량을 구입, 사용하는 것이 경제적으로 합리적이기 때문에 경제적인 면에서 수리불능으로 본 것이다.

"경제적 수리가능 = 훼손"

- 수리가 가능한 경우 사고발생 직전의 상태로 원상회복(구조상, 기능상, 외관상 사고전 상태로 복구하는 것)하는데 소요되는 필요 타당한 비용을 말한다.

3. 대차료

가. 지급대상

비사업용자동차(건설기계 포함)가 파손 또는 오손되어 가동하지 못하는 기간 동안에 다른 자동차를 대신 사용할 필요가 있는 경우 그게 소요되는 필요 타당한 비용

나. 인정기준액

1) 대차를 하는 경우

가) 대여자동차는 '여객자동차운수사업법'에 따라 등록한 대여사업자에게서 차량만을 빌릴 때를 기준으로 동급의 대여자동차 중 최저요금의 대여자동차를 빌리는데 소요되는 통상의 요금 다만, 피해차량이 사고지점을 기준으로 '여객자동차운수사업법'에 따른 운행연한 초과로 동급의 대여자동차를 구할 수 없는 경우에는 피해차량과 동일한 규모의 대여자동차 중 최저요금의 대여자동차를 기준으로 함

용어풀이

"대차료"란 차를 대여(貸與)하는 비용 즉, 렌트비용 등을 말하는 것으로서 약관상 인정기준액에 따라 지급하여 준다.

용어풀이

"동급"이란 배기량, 연식이 유사한 차량을 말한다.
"통상의 요금"이란 자동차 대여시장에서 소비자가 자동차대여사업자로부터 자동차를 빌릴 때 소요되는 합리적인 시장가격을 말한다.
"규모"란 '자동차관리법시행규칙' 별표 1 자동차의 종류 중 규모별 세부기준(경형, 소형, 중형, 대형)에 따른 자동차의 규모를 말한다.

나) 대여자동차로 대체 사용할 수 없는 차종에 대하여는 보험개발원이 산정한 사업용 해당차종(사업용 해당차종의 구분이 곤란할 때에는 사용방법이 유사한 차종으로 함. 이사 같음) 휴차료 일람표 범위 내에서 실임차료. 다만, 5톤 이하 또는 밴형 화물자동차의 및 대형 이륜자동차(2600cc 초과)의 경우 중형승용차급 중 최저요금 한도로 대차 가능

용어풀이

"대여자동차가 없는 차종"이란 '여객자동차운수사업법' 제30조에 따라 자동차대여사업에 사용할 수 있는 자동차 외의 차종을 말한다.

2) 대차를 하지 아니하는 경우

가) 동급의 대여자동차가 있는 경우 : 해당 차량과 동급의 최저요금 대여자동차 대여 시 소요되는 통상의 요금의 30% 상당액

나) '여객자동차운수사업법'에 따른 운행연한 초과로 동급의 대여자동차를 구할 수 없는 경우 : 사업용 해당 차종 대차를 하는 경우 소요되는 대차료의 30% 상당액

다. 인정기간

1) 수리 가능한 경우

수리를 위해 자동차 정비업자에게 인도하여 수리가 완료될 때까지 소요된 기간으로 하되, 30일을 한도로 함. 다만, 부당한 수리지연이나 추고지연 등의 사유로 인해 통상의 수리기간을 초과하는 기간은 인정하지 않음

용어풀이

"통상의 수리기간"이란 보험개발원이 과거 3년간 렌트기간과 작업시간 등과의 상관관계를 합리적으로 분석하여 산출한 수리기간(범위)을 말한다.

2) 수리 불가능한 경우

10일

4. 휴차료

가. 지급대상

사업용자동차(건설기계 포함)가 파손 또는 오손되어 사용하지 못하는 기간 동안에 발생하는 타당한 영업 손해

나. 인정기준액

1) 입증자료가 있는 경우

1일 영업수입에서 운행경비를 공제한 금액에 휴차 기간을 곱한 금액

2) 입증자료가 없는 경우

보험개발원이 산정한 사업용 해당 차종 휴차료 일람표 금액에 휴차 기간을 곱한 금액

다. 인정기간

1) 수리 가능한 경우

가) 수리를 위해 자동차정비업자에게 인도하여 수리가 완료될 때까지의 기간으로 하되, 30일을 한도로 함

나) 여객자동차운수사업법 시행규칙에 의하여 개인택시운송사업 면허를 받은 자가 부상으로 자동차의 수리가 완료된 후에도 자동차를 운행할 수 없는 경우에는 사고일로부터 30일을 초과하지 않는 범위에서 운행하지 못한 기간으로 함.

2) 수리 불가능한 경우 : 10일

5. 영업손실

가. 지급대상

소득세법 시행령에서 규정하고 있는 사업을 경영하는 자의 사업장 또는 그 시설물을 파괴하여 휴업함으로써 상실된 이익

나. 인정기준액

1) 입증자료가 있는 경우

소득을 인정할 수 있는 세법에 따른 관계증빙서에 의하여 산정한 금액

2) 입증자료가 없는 경우

일용근로자 임금

다. 인정기간

1) 원상복구에 소요되는 기간으로 함. 그러나 합의지연 또는 부당한 복구지연으로 연장되는 기간은 휴업기간에 넣지 아니함.

2) 영업 손실의 인정기간은 30일을 한도로 함.

6. 자동차시세 하락손해

사고로 인한 자동차(출고 후 2년 이하인 자동차에 한함)의 수리비용이 사고 직전 자동차가액의 20%를 초과하는 경우 출고 후 1년 이하인 자동차는 수리비용의 15%를 지급하고, 출고 후 1년 초과~2년 이하인 자동차는 수리비용의 10%를 지급한다.

7. 특수사고의 처리

가. 소유자가 동일한 차량 상호간의 사고

보험회사는 동일 피보험자 또는 동일법인 소유 차량 상호간에 충돌한 사고의 보상처리를 다음과 같이 한다.

1) 어떠한 경우에도 대물보험금이 지급되지 않는다.

2) 차량손해가 담보되어 있는 경우에는 담보차량에 한하여 양차량의 과실비율에도 불문하고 차량손해보험금을 지급한다.

나. 합의서의 징구가 곤란한 경우

1) 피해물을 피보험자의 책임 하에 원상 복구하는 경우와 현장에서 직접 손해배상금을 지급함으로 인하여 피해자로부터 합의서의 징구가 곤란한 때에는 수리비 등의 견적서와 영수증 및 피보험자 자신이 일체의 책임을 지고 처리하겠다는 내용을 징구하고 처리한다.

2) 간접손해 등의 문제로 합의가 지연되는 경우(차량이 수리 완료되어 출고한 때)에는 수리처의 각서(앞으로 자동차 수리와 관련하여 어떠한 문제)가 야기되었을 때에는 수리처에서 일체의 책임을 지고 처리하겠다는 내용을 징구하고 수리비를 지급한다.

다. 동일사고로 대인, 대물손해가 중복된 경우

개인면허나 자격에 의하여 운영되는 사업장 또는 시설물이 파손되고 그를 운영하는 사람이 상해를 입어 치료기간과 원상복구기간이 중복되는 경우에는 각각 산출한 금액 중 많은 금액을 인정하고, 중복되지 아니한 초과기간에 대하여는 실제 초과기간에 해당하는 손해를 인정하며 대인배상 휴업 손해보험금과 중복 지급되는 일이 없도록 한다.

Ⅴ. 대물배상의 보험회사가 보상하지 않는 사항(면책사항)

1. 보험계약자 또는 피보험자의 고의로 인한 손해

판 례

차량운전자가 여고생인 피해자를 태우고 차량을 운행 중 피해자는 운전자가 자기를 감금 내지 강제추행 하려는 의도를 알아채고 하차하여 줄 것을 요구하였으나 운전자가 이에 불응하고 그대로 질주하자 다급한 나머지 우측 문을 열고 뛰어내리다 길바닥에 떨어져 사망한 경우, 피해자의 추락에 의한 사망은 운전자의 고의에 의하였다고는 할 수 없다(대법원 91. 03.08 선고 90다16771, 공보 895호).

판 례

- 사고경위 : 기명피보험자의 남편이 기명피보험자와 말다툼 끝에 격분하여 피보험차량을 과격하게 운전 중 주차된 타차를 충격한 사고
- 결론 : 기명피보험자의 남편은 허락피보험자의 지위에 있는 자로서 음주상태에서 차량을 과격하게 운전시 주변의 차량을 파손시킬 수 있다는 것을 인식하면서도 고의로 타차량을 충격하였으므로 고의로 인한 손해로 보아 면책

2. 기명피보험자 이외의 피보험자의 고의로 인한 손해

3. 혁명, 내란, 사변, 폭동, 소요 및 이와 유사한 사태에 기인한 손해

참고

전쟁, 혁명, 내란, 사변, 폭동, 소요 기타 이들과 유사한 사태를 보험자의 면책사유로 규정한 취지는 위와 같은 사태 하에서는 보험사고 발생의 빈도나 그 손해정도를 통계적으로 예측하는 것이 거의 불가능하여 타당한 보험료를 산정하기 어려울 뿐 아니라 사고 발생 시에는 사고의 대형화와 누적적인 손해증대로 보험자의 인수능력을 초과할 우려가 있다는 데에 있다(대법원 91.11.26 선고 91다18682).

용어풀이

"사변"이란 전쟁에까지 이르지는 않았으나 경찰의 힘으로는 막을 수 없어 병력(무력)을 사용하게 되는 난리 등을 말한다. "폭동"은 다수인이 집단적으로 행동하면서 폭행, 협박 또는 손괴행위를 하여 한 지

역의 평온, 안녕 또는 질서 등을 저해하는 것을 말한다. "소요"는 폭동과 유사한 행위이나 보다 소규모의 행위를 말한다.

4. 지진, 분화, 태풍, 홍수, 해일 등의 천재지변에 의한 손해
5. 핵연료물질의 직접 또는 간접적인 영향에 기인한 손해

용어풀이

"핵연료 물질의 직접 또는 간접적인 영향에 기인한 손해"란 규정한 손해는 대량의 위험을 내포하고 있으므로 통상의 보험료로는 이러한 위험을 보험자가 부담할 수 없기 때문에 상법 제 660조에서도 다른 특약이 없는 한 면책하도록 규정하고 있다.

6. 영리를 목적으로 요금이나 대가를 목적으로 반복적으로 피보험자동차를 사용하거나 대여한 때에 생긴 손해. 다만, 1개월 이상의 기간을 정한 임대차계약에 의하여 임차인이 피보험자동차를 전속적으로 사용하는 경우에는 보상한다. 그러나 임차인이 피보험자동차를 요금이나 대가를 목적으로 반복적으로 사용하는 경우는 보상하지 아니한다.
7. 피보험자가 손해배상에 관하여 제3자와의 사이에 다른 계약을 맺고 있을 때 그 계약으로 말미암아 늘어난 손해
8. 피보험자 본인이 무면허운전을 하였거나, 기명피보험자의 명시적 · 묵시적 승인 하에서 피보험자동차의 운전자가 무면허운전을 하였을 때에 생긴 사고로 인한 손해. 다만, 자동차손해배상보장법 제5조 제2항의 규정에 따라 자동차보유자가 의무적으로 가입하여야 하는 대물배상 보험가입금액 한도 내에서는 보상한다.

용어풀이

"묵시적 승인"

- 무면허운전 면책에 있어서의 「묵시적 승인」은 명시적 승인의 경우와 동일하게 면책 약관의 적용으로 이어진다는 점에서, 피보험자의 무면허운전에 대한 승인 의도가 명시적으로 표현되는 경우와 동일시 할 수 있을 정도로, 그 승인의도를 추단할만한 사정에 있는 경우에 한정되어야 하며,
- 그 사정에 대해서는 평소 무면허운전자와의 관계, 평소 차량의 운전 및 관리상황, 당 해 무면허운전이 가능하게 된 경위와 무면허운전의 목적 등 제반 사정을 함께 참작하여야 한다(대법원 95.07.28 선고 94 다47087).

9. 피보험자동차를 시험용, 경기용 또는 경기를 위해 연습용으로 사용하던 중 생긴 손해. 다만, 운전면허시험을 위한 도로주행시험용으로 사용하던 중 생긴 손해는 보상한다.

10. 피 보험자 또는 그 부모, 배우자 및 자녀가 소유, 사용 또는 관리하는 재물에 생긴 손해

11. 피보험자가 사용자의 업무에 조사하고 있을 때 피보험자의 사용자가 소유, 사용 또는 관리하는 재물에 생긴 손해

용어풀이

"재물의 범위"

- 유체물 및 관리할 수 있는 동력이나 자연력을 말함
- 따라서 수력, 전기, 공기, 방사선, 연료, 가스 등 경제적 가치가 있는 무체물도 포함

12. 피보험자동차에 긷고 있거나 운송중인 물품에 생긴 손해

13. 남의 서화, 골동품, 조각물, 기타 미술품과 탑승자와 동행인의 의류나 휴대품에 생긴 손해. 그러나 훼손된 소지품에 대하여는 피해자 1인당 200만원의 한도 내에서 실손 보상한다.

14. 탑승자의 통행인의 분실 또는 도난으로 인한 소지품에 생긴 손해. 그러나 훼손된 소지품에 대하여는 피해자 1인당 200만원의 한도 내에서 실손 보상한다.

15. 위 '2'항의 규정과 관련해서 보험회사가 '피보험자 개별적용' 규정에 따라 피해자에게 손해배상을 하는 경우, 보험회사는 손해배상액을 지급한 날부터 3년 이내에 고의로 사고를 일으킨 피보험자에게 그 금액을 청구한다.

용어풀이

"휴대품"이란 통상 몸에 지니고 있는 물품으로 현금, 유가증권, 지갑, 만년필, 라이터, 손목시계, 귀금속, 기타 장신구 및 이와 유사한 물품을 말하며, "소지품"이란 휴대품 이외에 소지한 물품으로 휴대폰, 노트북, 캠코더, 카메라, CD플레이어, MP3, 워크맨, 녹음기, 전자수첩, 전자사전, 휴대용라디오, 핸드백, 서류가방 및 골프채 등을 말한다.

제4장 자기차량손해

Ⅰ. 보상내용

보험회사는 피보험자가 피보험자동차를 소유, 사용, 관리하는 동안에 발생한 사고로 인하여 피보험자동차에 직접적으로 생긴 손해를 보상한다. 이 경우 피보험자동차에 통상 붙어있거나 장치되어 있는 부속품과 부속기계장치는 피보험자동차의 일부로 본다. 그러나 통상 붙어 있거나 장치되어 있는 것이 아닌 것은 보험증권에 기재한 것에 한하며, 보험가입금액이 보험가액보다 많은 경우에는 보험가액을 한도로 보상한다.

피보험자동차의 일방과실삭의 경우에는 실제 수리를 원칙으로 하며, 경미한 손상의 경우 보험개발원이 정한 경미손상 수리기준에 따라 복원수리하는데 소요되는 비용을 한도로 보상한다.

용어풀이

"보험가액"이란 보험개발원이 정한 차량기준가액표에 따라 보험계약을 맺었을 때에는 사고발생 당시 보험개발원이 정한 최근의 차량기준가액을 말한다. 그러나 차량기준가액이 없거나 이와 다른 가액으로 보험계약을 맺었을 경우 보험증권에 기재된 가액이 손해가 생긴 때와 장소의 가액을 현저하게 초과할 때에는 그 손해가 생긴 때와 장소의 가액을 보험가액으로 한다.

용어풀이

"경미한 손상"이란 외장부품 중 자동차의 기능과 안전성을 고려할 때 부품교체 없이 복원이 가능한 손상을 말한다.

가. 타차량 또는 타 물체와의 충돌, 접촉, 추락, 전복 또는 차량의 침수로 인한 손해

용어풀이

"타차량"이란 피보험자동차 이외의 자동차로서 그 자동차의 등록번호(차량번호 또는 차대번호를 말함)와 사고 발생 시의 운전자 또는 소유자의 신분이 확인된 경우만을 말한다. 이 경우, '자동차'란 자동차관리법에 따른 자동차, 건설기계관리법에 따른 건설기계, 군수품관리법에 따른 차량, 도로교통법에 따른 원동기장치자전거 및 농업기계화촉진법에 따른 농업기계를 말한다.

용어풀이

"물체"란 구체적인 형체를 지니고 있어 충돌이나 접촉에 의해 자동차 외부에 직접적인 손상을 줄 수 있는 것을 말하며, 엔진내부나 연료탱크 등에 이물질을 삽입하는 경우 물체로 보지 않는다.

용어풀이

"침수"란 흐르거나 고인 물, 역류하는 물, 범람하는 물, 해수 등에 피보험자동차가 빠지거나 잠기는 것을 말하며, 차량 도어나 선루프 등을 개방해 놓았을 때 빗물이 들어간 것은 침수로 보지 않는다.

나. 화재, 폭발, 낙뢰, 날아온 물체, 떨어지는 물체에 의한 손해 또는 풍력에 의해 자체에 생긴 손해

<사례>

차량 운행 중 바람에 의해 보닛이 유리와 충돌한 사고 약관상 풍력에 의해 차체에 생긴 손해는 보상처리 가능하므로 풍력(외부의 압력)에 의해 차체에 생긴 손해로 보상처리 가능함

다. 피보험자동차 전부의 도난으로 인한 손해. 그러나 피보험자동차에 장착 또는 장치되어 있는 일부 부분품, 부속품, 부속기계장치만의 도난에 대해서는 보상하지 아니한다.

1) 도난사고의 처리

관할 경찰서에 신고한 후 30일이 지나도록 찾지 못한 경우, 보험가액 내에서 보험가입금액 한도로 실제 손해를 보험금으로 지급한다.

2) 도난 시 자기차량손해 보험금의 지급

가) 신고 후 30일 이내에 차량을 찾은 경우

도난 차량은 피보험자에게 반환하며, 다만 도난으로 인한 차량 파손의 원상회복에 소요된 비용(수리비 등)과 인수비용(인수자의 교통비, 운반비, 보관료 등)은 보험가입금액을 한도로 보험금을 지급한다.

나) 신고 후 30일 경과하여 차량을 찾은 경우

보험가입금액을 한도로 차량 도난 보험금을 지급한 뒤, 차량을 회수한 경우 보험자대위에 의한 차량의 권리를 취득하거나, 피보험자에게 반환할 수 있으며, 선택은 피보험자가 할 수 있다. 차량을 반환하는 경우 회수시 발생한 손해와 인수비용을 보험가입금액내에서 지급하며, 말소등록된 경우에는 부활등록비용을 합산하여 지급한다.

다) 차량회수를 못한 경우

보험가액 내에서 보험가입금액을 보험금으로 지급하며, 차량의 전부손해에 해당하여 자기부담금을 공제하지 않는다.

<사례>

아파트 주차장에 차량을 주차시켜 놓았는데, 아침에 나가보니 카스테레오를 훔쳐간 경우 카스테레오 등 자동차의 일부 부분품, 부속품, 부속기계장치만의 도난은 보상되지 아니한다. 이는 보험사고 발생사실의 입증, 개관적인 손해액산정 등이 곤란하기 때문에 보험회사와 피보험자(보험계약자) 사이의 분쟁을 사전에 막기 위하여 약관에서 이를 보상하지 않는 손해로 규정하고 있다.

지급보험금의 계산

보험회사는 '피보험자동차에 생긴 손해액'과 '비용'을 합한 액수에서 보험 증권에 기재된 '자기부담금'을 공제한 후 보험금으로 지급한다.

지급 보험금	=	피보험자동차에 생긴 손해액	+	비용	-	보험 증권에 기재된 자기부담금

가. 위 '피보험자동차에 생긴 손해액'은 보험가액을 기준으로 다음과 같이 결정한다.

1) 보험 증권에 기재된 보험가입금액을 한도로 보상하며, 보험가입금액이 보험가액보다 많은 경우에는 보험가액을 한도로 보상한다.

2) 피보험자동차의 손상을 고칠 수 있는 경우에는, 사고가 생기기 바로 전의 상태로 만드는데 드는 수리비. 다만, 잔존물이 있는 경우에는 그 값을 공제한다.

용어풀이

"잔존물"이란 보험사고 처리 후 남아있는 피보험자동차 등 보험목적물을 만한다.

3) 피보험자동차를 고칠 때에 부득이 새 부분품을 쓴 경우에는 그 부분품의 값과 그 부착 비용을 합한 금액. 다만, 엔진, 미션, 등 중요한 부분을 새 부분품으로 교환한 경우 그 교환된 기존 부분품의 감가상각에 해당하는 금액을 공제한다.

용어풀이

"감가상각"이란 일정기간이 지나면 상실되는 물건의 가치감소분을 빼는 것을 말한다.

피보험자동차에 생긴 손해 = 수리비 - (잔존물가액 + 신구교환차익)

가) 신구교환차익

신구교환차익이란, 피보험자동차의 수리 시에 새로운 부품을 사용하여 피보험자동차의 전체 가액이 증가된 경우에 그 증가된 금액을 공제하는 것을 말한다.

① 감가 적용대상 주요품목

no.	부분품명	적용	차종		
			승용차	승합차	화물차
1	Engine Ass'y	Cooler Engine	○	○	○
2	Transmission Ass'y		○	○	○
3	Differential Carrier Ass'y	Gear Ass'y 또는 Housing를 함께 교환시 포함		○	○
4	Steering Gear Ass'y	Gear Box 또는 Booster를 함께 교환시 포함		○	○
5	Hoist Cylinder Ass'y	Cylinder와 Piston을 함께 교환			○
6	운전대(Cabin)	Only 또는 Complete 포함 (Jeep형인 경우)	○	○	○
7	적재함 Ass'y	Tank 및 콘크리트 믹서 포함			○
8	Body Ass'y (Monocoque Body 포함)	대형버스는 Body의 2/3이상을 교환 또는 신조하는 경우(승용차는 전체 교환의 경우)		○	
9	타이어	손모도를 감안하여 적용		○	○

상기 부품 이외에도 손모도가 심하여 교환 후 차량가액이 현저하게 증가하는 경우 위 품목에 준하여 감가적용 대상으로 할 수 있다.

② 감가율의 적용

ⓐ 용도, 차종별, 차령에 의한 표준감가율을 적용한 금액을 감가

표준감가율 = 신부품가액(100%) - 추정잔존가액(10%) × 경과년수 / 차령년수

ⓑ 경과년수가 차령년수를 초과한 경우의 잔존가치, 즉 추정잔존가액을 10%로 한다.

ⓒ 경과년수는 신자동차 또는 신 부품을 구입한 때로부터 사고가 발생한 때까지의 기간이며, 경과기간이 1년 미만인 경우에는 감가율을 적용하지 아니하며, 1년 이상인 경우 전 경과기간에 대하여 경과월수까지 산출하여 적용하고, 월 미만은 버린다.

③ 차량 년수는 자가용 승용 및 승합은 10년(1년 경과 감가율 9%), 자가용 화물은 13년(1년 경과율 7%), 영업용 승합자동차 8.5년(운송사업용 장의 자동차는 11년), 영업용화물자동차는

11년(용달자동차는 8년), 영업용 일반택시는 소형 4.5년, 중형 및 배기량 2,400cc 미만 모범은 5년, 배기량 2,400cc 이상의 모범 및 대형은 7년, 개인택시 소형 6년, 중형 및 배기량 2,400cc 미만 모범 8년, 배기량 2,400cc 이상의 모범 및 대형 10년, 대여자동차 소형 및 중형 5년, 대형 8년, 장의자동차운송사업용 소형 및 중형(2,400cc 미만) 8년, 대형(2,400cc 이상) 12년이다.

나) 수리비의 부가가치세

자동차를 수리하는 경우 일반적으로 부가가치세가 당연히 포함되나, 자동차소유자가 일반과세자 및 간이과세자로서 9인승 이상의 승합자동차와 화물자동차의 경우 부가가치세를 환급받을 수 있으므로, 자동차소유자가 보험처리로 부가가치세를 포함하여 처리하고, 환급을 받는 경우 부당이득을 취득하게 되므로 일반과세자는 부가가치세 전액을, 간이과세자는 부가가치세율표에 의한 금액을 공제한다. 그리하여 부가가치세를 공제하지 않는 자동차는 승용차 및 8인 이하의 승합차와 지프형 승합차는 항상 부가가치세를 수리비에 포함하여 지급하며, 면세사업자는 항상 부가가치세를 수리비에 포함하여 지급한다.

4) 피보험자동차가 제힘으로 움직일 수 없는 경우에는, 이를 고칠 수 있는 가까운 정비공장이나 보험회사가 지정하는 곳까지 운반하는데 든 비용. 또는, 그 곳까지 운반하는데 든 임시수리비용 중에서 정당하다고 인정되는 부분은 보상한다.

수리비 = 부품대 + 공임 + 임시수리비 + 인양 및 견인비

나. 위 '비용'은 다음의 금액을 말한다. 이 비용은 보험가입금액과 관계없이 보상한다.

가) 손해의 방지와 경감을 위하여 지출한 비용

나) 남으로부터 손해배상을 받을 수 있는 권리의 보전과 행사를 위하여 지출한 비용

다. 위 '자기부담금'은 피보험자동차에 전부손해가 생긴 경우 또는 보험회사가 보상하여야 할 금액이 보험가입금액 전액 이상인 경우에는 공제하지 않는다.

1) 자기부담금제도

보험기간 중에 보험사고가 발생하더라도 사고가 경미하여 손해액이 일정금액 이하일 경우에는 보험금을 지급하지 않는 제도를 소손해면책 또는 자기부담금 제도라 한다. 이 제도는 일정금액 또는 일정비율로 공제금액을 정하고 있는데, 자동차보험의 자기차량손해의 경우 일정금액을 공제하는 것으로 정하고, 이를 자기부담금이라 한다.

2) 자기차량손해의 공제금액

자기차량손해의 공제금액은 일정금액을 공제하기로 계약당시에 약정하며, 특별약관으로 공제금액이 없는 것으로 정할 수도 있다.

용어풀이

"전부손해(자기차량손해)"란 피보험자동차가 완전히 파손, 멸실 또는 오손되어 수리할 수 없는 상태이거나, 피보험자동차에 생긴 손해액과 보험회사가 부담하기로 한 비용의 합산액이 보험가액 이상한 경우를 말한다.

3) 보험회사는 피보험자동차에 생긴 손해에 대하여 보험회사가 필요하다고 인정하는 경우에는, 피보험자의 동의를 얻어 수리 또는 대용품의 교부로써 보험금의 지급을 대신할 수 있다.

4) 보험회사가 보상한 손해가 전부손해일 경우 또는 보험회사가 보상한 금액이 보험가입금액 전액 이상인 경우에는 자기차량손해의 보험계약은 사고 발생 시 종료한다.

5) 보험회사가 피보험자동차의 전부손해에 대하여 보험금 전액을 지급한 경우에는 피해물을 인수한다. 이 경우 보험가입금액이 보험가액보다 적을 때에는 보험가입금액의 보험가액에 대한 비율에 따라 피해물을 인수한다. 그러나 보험회사가 피해물을 인수하지 아니한다는 뜻을 표시하고 보험금을 지급하는 경우에는 피해물에 대한 피보험자의 권리가 보험회사에 이전되지 아니한다.

Ⅱ. 피보험자의 범위

자기차량손해 담보에서 피보험자는 보험회사에 보상을 청구할 수 있는 사람으로 보험 증권에 기재된 기명피보험자이다.

Ⅲ. 자기차량손해의 보험자가 보상하지 않는 손해(면책사항)

1. 보험계약자, 피보험자의 고의로 인한 손해
2. 전쟁, 혁명, 내란, 사변, 폭동, 소요 및 이와 유사한 사태에 기인한 손해
3. 지진, 분화 등 천재지변에 의한 손해
4. 핵연료물질의 직접 또는 간접적인 영향에 기인한 손해
5. 영리를 목적으로 요금이나 대가를 목적으로 반복적으로 피보험자동차를 사용하거나 대여한 때에 생긴 손해. 다만, 30일을 초과하는 기간을 정한 임대차계약에 의하여 임차인이 피보험자동차를 전속적으로 사용하는 경우는 보상한다. 그러나 임차인이 피보험자동차를 영리를 목적으로 요금이나 대가를 목적으로 반복적으로 사용하는 경우는 보상하지 아니한다.

용어풀이

'임차인'이 법인인 경우에는 그 이사, 감사 또는 피고용자(피고용자가 피보험자동차를 법인의 업무에 사요하고 있는 때에 한정함)를 포함한다.

판 례

유상운송 면책약관 취지는 비사업용자동차에 비해 사업용자동차가 사고발생 가능성과 예상 손해액이 많을 것이라는 사정에 따라 보험요율을 책정함에 있어 양자를 구분하여 비사업용 자동차의 보험요율을 사업용자동차의 그것보다 훨씬 저렴하게 책정하는 대신 비사업용자동차의 유상운송은 면책하고자 함에 있다(대법원 1988.08.23. 선고 88다카 12742: 서울고법 88.03.16 선고 84자 5204).

6. 사기 또는 횡령으로 인한 손해

용어풀이

"사기"란 타인을 고의로 기망하여 착오에 빠지게 하는 위법행위, 기망이란 사람에게 착오를 일으키게 하는 행위

용어풀이

"횡령"이란 자기가 보관(위탁관계에 의해 이루어지는데, 위탁관계의 발생원인은 사용대차, 임대차 등의 경우가 보통임)하는 타인의 재물을 불법하게 영득하는 것

7. 국가나 공공단체의 공권력 행사에 의한 압류, 징발, 몰수, 파괴 등으로 인한 손해. 그러나 소방이나 피난에 필요한 조치로서 취하여진 경우에는 그 손해를 보상한다.
8. 피보험자동차에 생긴 흠, 마멸, 부식, 녹, 그 밖의 자연소모로 인한 손해
9. 피보험자동차의 일부 부분품, 부속품, 부속 기계장치만의 도난으로 인한 손해
10. 동파로 인한 손해 또는 우연한 외래의 사고에 직접 관련이 없는 전기적, 기계적 손해
11. 피보험자동차를 시험용, 경기용 또는 경기를 위해 연습용으로 사용하던 중 생긴 손해, 다만, 운전면허시험을 위한 도로주행시험용으로 사용하던 중 생긴 손해는 보상한다.

용어풀이

"경기"란 다수의 참가자를 모집하여 하는 Road race나 Circus race 등을 말하고 한패끼리의 도로상에서의 경주는 포함하지 아니한다.

용어풀이

"연습"이란 경기에 나가기 위한 연습만을 말한다.

※ Maker, 연구기관 등이 행하는 시험 및 성능 Test 또는 운전면허시험과 경기출장 자격시험 등의 경우를 말한다. 그러므로 입사시험, 운전자 채용시험, 자동차판매업자, 수리업자 등의 시운전, 시승, 검사장검사 등은 포함하지 않는다.

12. 피보험자동차를 운송 또는 싣고 내릴 때에 생긴 손해

13. 피보험자동차가 주정차중일 때 피보험자동차의 타이어나 튜브에만 생긴 손해.다만, 다음 중 어느 하나에 해당하는 손해는 보상한다(타이어나 튜브의 물리적 변형이 없는 단순 오손의 경우는 제외).

  가. 다른 자동차가 충돌하거나 접촉하여 입은 손해

  나. 화재, 산사태로 입은 손해

  다. 가해자가 확정된 사고로 인한 손해

용어풀이

"가해자가 확정된 사고"란 피보험자동차에 장착되어 있는 타이어나 튜브를 훼손하거나 파손한 사고로, 경찰관서를 통하여 가해자(기명피보험자 및 기명피보험자의 부모, 배우자, 자녀는 제외)의 신원이 확인된 사고를 말한다.

14. 다음 어느 하나에 해당하는 자가 무면허운전, 음주운전 또는 마약.약물 운전을 했을 때 생긴 손해

  가. 보험계약자, 기명피보험자

  나. 30일을 초과하는 기간을 정한 임대차계약에 의해 피보험자동차를 빌린 임차인

  다. 기명피보험자와 같이 살거나 생계를 같이 하는 친족

용어풀이

"법정대리인"이란 친권자(민법 제909, 911, 916, 920조), 후견인(민법 제936, 938조), 부재자의 재산관리인(민법 22,23조), 상속재산관리인(민법 제1023, 1053조), 유언집행자(민법 제1096조), 지정후견인(민법 제928,929조), 지정유언집행자(민법 제1096조)

용어풀이

"친족"
- 8촌 이내의 혈족(직계비속으로 자기를 중심으로 8촌 이내)
- 4촌 이내의 인척(모, 외조부모, 외숙, 외사촌)
- 배우자(사실혼 관계의 배우자 포함)

용어풀이

"마약 · 약물운전"이란 마약 또는 약물 등의 영향으로 인하여 정상적인 운전을 할 수 없을 우려가 있는 상태에서 피보험자동차를 운전하는 것을 말한다.

용어풀이

"음주운전(조종)"이란 도로교통법에서 규정하고 있는 한계치 이상으로 술을 마시고 운전(조종)하거나 도로교통법에 의한 음주측정 불응행위를 말한다.

알콜농도를 추정하는 관계식 $C = \frac{A}{P \times r \times 10}$

C = 혈중알콜농도 A = 섭취한 알코올의 양(음주량×술의 도수×0.7894)

P = 음주자의 체중 r = 성별계수(남자 : 0.7, 여자: 0.6)

- 예시 : 체중 60kg의 남자가 25도의 소주 1홉(180mℓ)을 마셨을 때 최고도에 달하는 혈중알콜농도는 위의 관계식에서

$C = \frac{(180ml \times 0.25) \times 0.7894}{60kg \times 0.7 \times 10} = 0.085\%$라 할 수 있다.

가. 관계식에 의한 주종별 알콜 농도 0.05% 바에 이르는 음주량

남자의 경우임

주종	체중	음주량			
		㎖	홉	잔	컵
소주(25°)	60	106	0.59	1.77	0.53
	65	115	0.64	1.92	0.57
	70	124	0.69	2.07	0.62
맥주(6°)	60	443	2.46		2.22
	65	480	2.66		2.40
	70	517	2.87		2.59
위스키(41°)	60	65	0.36	1.08	0.33
	65	70	0.39	1.17	0.35
	70	76	0.42	1.27	0.38
청주(16°)	60	166	0.92	2.77	0.83
	65	180	1.00	3.00	0.90
	70	194	1.08	3.23	0.97

주) 1. 한 잔은 60㎖를 기준으로 환산한 것임
2. 한 컵은 200㎖를 기준으로 환산한 것임
3. 음주 30분 후에 실측한 것임

나. 체내의 알콜 농도는 음주 후 30분 전후에 최고도로 올라가며, 시간의 경과에 따라 체내에서 산화하여 알콜 농도가 떨어지는데 시험에 의하면 1시간당 평균 0.01%(혈중농도)씩 감소한다.

다. 의학계의 일반적 구분에 의한 주취 상태의 3가지 유형

1) alcohol state

얼굴이 상기되어 있고 누구나 맡을 수 있을 정도로 냄새가 나며 지각력의 장애가 완연하지는 않지만, 시간, 정도, 상황 등에 대한 판단이 느리거나 착각을 일으킬 수 있을 정도의 상태

2) drunken state

의식이 명료하지 못하고 자의에 의한 신체의 움직임에 상당한 장애가 있으며, 언어도 잘 알아듣지 못하거나 횡설수설하는 정도의 상태

3) drinken state

지각력, 판단력이 완전히 상실되어 현재의 상황을 전혀 깨닫지 못할 정도의 만취상태

판 례

사고발생 한 시간 전까지 정육점에서 삼겹살과 함께 소주 2홉의 양을 두 사람이 나눠 마신 경우, 도로교통안전협회의 사실 조회를 토대로 "위드마크 산식에 의할 때, 체중 60kg인 남자가 2홉의 소주를 2명이 나누어 마신 후 60분 내지 90분이 경과되면 혈중알콜농도가 혈액 1㎖당 0.85mg이 된다"며 음주운전으로 판결(대법원 89.05. 23. 88다카 1496).

판 례

응급처치를 담당한 의사가 주취상태를 실제로 측정해 보지는 않았으나 진료차트에 drunken state 라고 기재한 사실로 미루어 보아, 적어도 도로교통법 소정의 주취한계치 이상의 주취 상태에서 운전하였음이 충분히 추인된다고 판결(서울곱법 94나 40187, 대구지법 김천지원 97가합 426).

Ⅳ. 손해액의 결정과 보험금 산정

1. 손해액의 결정

보험가액을 기준으로 하여 결정하며 수리가 가능한 경우에는 사고발생 직전의 상태로 고치는데 드는 수리비를, 수리가 불가능한 경우와 수리비용이 보험가액을 초과하는 경우에는 그 가액을 기준으로 보험가입금액을 한도로 보상한다.

가. 전손사고

자동차가 완전히 파손, 멸실 또는 오손되어 수리할 수 없는 상태이거나 자동차에 생긴 손해액과 약관에 따라 부담하기로 한 비용의 합산액이 보험가액 이상인 경우를 말한다.

1) 보상처리기준

가) 전부손해에 해당하는 보험금을 지급한 경우(전손)

나) 보험가액에서 잔존물을 공제하고 보험금을 지급하는 경우 포함

다) 피구상처가 없는 경우 및 구상이 불가능한 경우

2) 전부손해에 해당하는 보험금을 지급하지 않는 경우(분손)

가) 전손사고 시 상대방 대물배상에서 보상되지 않는 피해자 과실부분을 자기차량손해에서 보상할 경우(교차처리)

나) 고보장상품을 가입한 경우 전손 사고 시 상대방 대물배상에서 보상 받고 기타 부가보험금을 청구한 경우

다) 전손사고 시 자기차량손해로 선 처리 후 상대방 과실상계분을 구상한 경우(단일 처리)

라) 자기차량손해와 대물배상의 차량가액 산정기준이 상이하여 보상금액이 높은 자기차량손해로 선처리 후 대물배상시 구상한 경우

마) 고보장상품에 가입한 고객에게 지급보험금이 높은 자기차량 손해로 선처리 후 대물배상시 구상하는 경우(보상액 차이로 선처리)

나. 보험가액

1) 보험개발원이 정한 차량기준가액표에 의하여 보험계약을 맺은 경우, 보험증권에 기재된 보험가액에 불구하고 사고발생당시의 보험개발원이 정한 최근의 차량기준가액을 말한다.

2) 전 1)항의 가액으로 계약을 맺지 아니한 경우, 보험증권에 기재된 보험가액에 따라 결정하나 보험가액이 손해가 생긴 곳과 때의 가액을 현저하게 초과하는 때에는 손해가 생긴 곳과 때의 가액(시가)을 말한다.

※ 보험개발원이 정한 차량기준가액표에 의해 보험계약을 맺지 아니한 경우의 예

① 차량기준가액표상에 해당 차명별, 연식별 가액이 없는 경우

- 외국산 자동차로서 수입면장에 의한 C.I.P 가격 또는 차량의 제조회사, 기통수, 연식 등을 참조하여 가액을 결정, 인수한 경우
- 일반탑, 보냉탑, 탱크, 적재함 등을 구조변경한 자동차를 시가에 따라 인수할 경우
- 기타 부속품 또는 기계장치의 가액을 시가에 따라 인수한 경우

② 차량기준가액표상에 해당 차명별 연식별 가액이 있는 경우(일부보험)

- 자동차의 시가가 가액표상의 기준가액과 현저한 차이가 있어 매매계약서나 자동차 시가감정서를 참작하여 시가를 기준으로 가액을 인수한 경우

2. 보험금 산정

가. 분손사고

1) 지급보험금의 계산

가) 손해액

수리가 가능한 경우 사고발생 직전의 상태로 원상회복하는데 소요되는 비용(수리비)에서 수리과정에서 생긴 잔존물(Scrap) 가액과 신부품교환으로 감가상각을 하는 경우 그 금액을 공제한 금액을 손해액으로 한다.

나) 지급보험금

지급보험금은 자동차에 생긴 손해액과 약관에 따라 부담하기로 한 비용을 합친 금액으로 하되 다음 원칙에 의한다.

다) 합한 금액이 보험가입금액보다 많은 경우에는 보험가입금액을 한도로 한다. 다만, 손해방지 및 경감을 위하여 지출한 비용은 보험가입금액을 초과한 경우라도 보상한다.

라) 보험가입금액이 보험가액보다 많은 경우에는 보험가액을 한도로 한다.

마) 면책(공제)금액 공제 보험증권에 기재되어 있는 면책(공제)금액을 손해액에서 공제한다.

지급보험금 = 피보험자동차에 생긴 손해액 + 비용 - 보험증권에 기재된 자기부담금

면책(공제)금액 공제제도를 두는 이유

면책금액 공제(소손해 공제액)란 보험사고가 발생한 경우 보험자가 그 손해에 대하여 일정액을 피보험자로 하여금 책임지도록 하는 것을 말한다. 이것은 소손해에 대한 보험자의 보상책임을 면제시킴으로서 소손해에 대한 조사, 평가, 지급 등의 업무비용이 보상액보다 많아지는 비현실성을 개선하고 피보험자측으로서도 서류제출, 사고조사 협조 등에 따른 실익이 없으며, 일정금액까지는 담보를 하지 않음으로서 보험료 할인의 혜택을 받는 등 양측 모두에게 유리하기 때문이다.

취급면책제도(Ordinary franchise)

발생된 손해가 일정금액 이하인 경우 보상하지 아니하나 일정금액이 넘는 공제금액 없이 손해액 전액을 보상한다(예 : 자손보험금의 부상보험금 1만원).

공제면책제도(Deductible franchise)

발생된 손해가 일정금액 이하인 경우 보상하지 않을 뿐만 아니라 일정금액이 넘는 경우에도 언제나 면책금액을 공제 후 보상한다(예 : 자기차량손해의 자기부담금 제도).

2) 수리비의 종류

가) 직접수리비

현재의 일반적인 수리방법에 의해서 외관상, 기능상 및 사회통념상 사고 직전의 상태로 원상회복이 되었다고 인정되는 정도의 수리에 소요되는 수리비

나) 가수리비(임시수리비)

파손자동차를 응급조치하기 위하여 행하는 출장수리비 등

다) 미수선수리비(추정수리비)

수리가 가능한 자동차를 피보험자의 사정에 의하여 수리하지 않고 매각하거나 폐차 처분하는 경우에는 그 자동차를 원상회복하는데 소요될 것으로 추정되는 수리비 상당액을 미수선 수리비를 인정한다.

3) 수리비의 인정범위

가) 수리과정에서 발생하는 잔존물은 그 가액을 수리비에서 공제하고 인정한다.

나) 수리시에 신부품을 사용하여 교환하였을 경우 감가적용대상 주요부품에 대하여 표준감가율을 적용 공제한다.

다) 사고차량이 자력으로 움직일 수 없는 경우 이를 고칠 수 있는 가장 가까운 정비공장이나 회사가 지정하는 장소까지 소요되는 인양 및 운반비용은 수리비로 인정한다.

라) 전 '다)'의 장소까지 운반하는데 든 가수리비는 수리비로 인정한다.

4) 수리비의 구성

수리비 = 부품대 + 공임 + 임시수리비 + 인양 및 운반비

5) 수리공임

표준작업시간의 기술적인 요소와 사회적, 경제적 요소인 공임률의 적산 방식에 의하여 산출되는 금액을 말한다.

가) 표준작업시간

수리작업에 필요한 작업절차, 공법 등의 기술적인 문제를 설계적으로 표준화하는 것임. 즉, 일정기술수준에 있는 작업원이 어느 표준화된 작업환경, 작업용구 및 작업방법 하에 통상의 작업속도로 특정작업을 완성하는데 필요한 작업시간을 말한다.

나) 공임률(Labour Rate)

공장을 운영하기 위한 필요한 총 경비에 의하여 산출되는 시간당 공임을 말한다.

다) 수리공임의 산출방법 및 적용기준

① 산출 방법

㉮ 수리공임기준표에 있는 수리항목을 별도로 정한 수가에 의거 산출한다.

㉯ 수리공임표에 없는 수리항목과 판금 및 교정 등의 작업은 작업 항목 만을 늘려 청구하는

사례의 유무를 엄격히 조사하여 파손차량 의 실제 수리기간, 일자별 작업인원 및 작업시간을 정확히 확인하여 1인 1시간당 수리공임을 승하여 산출한다.

㉰ 전체공임의 산출근거는 그룹(Group)별로 구분하여 사정서 아래에 기재하고 판금 교정작업 등은 작업내용, 작업시간을 확인하여 그 산출근거를 사정서 비고란에 기재한다.

교정공임 = 작업일수 × 작업인원 × 1일 작업시간 × 시간당 공임

㉱ 특수한 작업을 요하는 경우에는 그 내용을 별기한다.

② 적용기준

㉮ 위에서 산출한 수리공임(탈 · 부착공임 제외)이 교환하는 부품가액(감가 상당액 금액)보다 많을 경우에는 교환부품가액 범위 내에서 인정한다.

㉯ 파손부품에 대한 수리작업시간은 수리공장의 시설이나 정비공의 기술 및 숙련도에 따라 차이가 있으므로 공장은 1급 자동차 정비공장, 작업자는 2급 자동차정비기능사 또는 5년 이상의 실무경험이 있는 기능공을 기준으로 사정한다.

③ 부품교환 인정기준

㉮ 감가율 적용요령

㉯ 용도, 차종별, 차량에 의한 표준감가율표를 참작하여 감가한다.

㉰ 신자동차 또는 신부품을 구입한 때로부터 사고가 발생할 때까지의 기간을 경과기간이라 하며, 경과기간이 1년 미만인 경우에는 감가율을 적용하지 아니한다.

㉱ 경과기간이 1년 이상일 때에는 전 경과기간에 대하여 감가율을 적용한다.

㉲ 경과기간의 계산방법

- 국내생산 자동차는 최초의 신규등록일, 신규등록일이 미상인 자 동차는 제작년도의 초일
- 수입자동차로서 제작년도에 등록된 자동차는 최초 신규등록일, 제작년도에 등록되지 아니한 자동차는 제작년도의 말일
- 경과기간의 산출 : 경과기간은 경과연수와 월수까지 산출하여 월 미만 절사

㉳ 적용감가율의 계산은 다음과 같다.

차종별 1년 경과기간의 감가율 × (총경과월수/12) = 적용감가율(%)

※ 신규등록일 : 1992.1.20　　사고일자 : 1994.5.15
차종 : 자가용 승용차　　1년 경과기간의 감가율 : 9%

‣ 경과기간 :　1994. 5. 15 (사고일자)
　　　　　　- 1992. 1. 20 (신규등록일)
　　　　　　　　2. 3. 25

‣ 경과월수 : 2년×12월 + 3월 = 27개월
‣ 적용감가율 : 9×27/12 = 20.3%

㈔ 특수자동차의 특수부품에 대하여는 감가율 적용대상부품이 아니더라도 부품의 기능과 내구성 등을 감안하여 감가한다.

용도	자가용			영업용			
차종	승용	승합	화물	승합자동차		화물자동차	
				운송사업용 장의자동차	사업용 기타	용달	사업용 기타
차령년수	10년	10년	13년	11년	8.5년	8년	11년
1년 경과 감가율	9%	9%	7%	8.2%	10.5%	11.3%	8.2%

주) 1. 부분품의 감가경향을 자동차의 차령년수까지 표준감가율을 산정한 것이며, 이는 부분품 사용한계(차령제한)에 도달하는 시점의 추정잔존가액을 10%로 하고 차령년수까지 정액적으로 감하는 것으로 산출한 것임
2. 준감가율 = {신부품가액(100%) - 추정 잔존가액(10%)}×경과년수/차령년수
3. 경과년수가 차령년수를 초과한 경우의 감가율은 90%로 한다.

6) 인양 및 견인비(운반비)

가) 피보험자동차가 자력으로 이동할 수 없는 경우 사고 장소에서 이를 고칠 수 있는 가장 가까운 수리공자 또는 회사가 지정하는 장소까지 운반하는데 든 인양 견인비(렉카 견인비), 운송비(트럭, 철도)를 말한다.

나) 피보험자동차가 화물을 적재한 채 추락하여 화물과 동시에 인양하는 경우에는 차량만을 인양하는데 소용된 비용만을 인정한다.

다) 인양할 때 나무를 벌채하거나 전답에 피해를 끼친 경우와 손해는 인양비의 일부로서 인정한다. 다만, 추락으로 인한 직접손해는 대물손해로 처리한다.

라) 피보험자가 사고차량 인양에 부적합한 차종을 선정하여 인양작업에 실패한 경우에는 특별한 사유가 없는 한 비용을 인정하지 않고, 실제로 인양작업을 완수한 차량의 비용만을 인정한다.

마) 피보험차량 자체의 손해는 없으나 인양할 필요가 있는 경우에는 인양비를 수리비의 일부로 인정할 수 없다. 그러나 현장을 그대로 방치하면 손해가 발생할 위험이 있다고 인정될 경우

에는 손해방지경감비용으로 보상한다.

바) 인양 및 운반 중 운반업자가 주의 및 선량한 관리의무를 다하지 못함으로써, 늘어난 손해는 보상하지 아니한다.

사) 견인료 : 견인하는 차종에 관계없이 사고차량의 차종에 따라 사고 장소에서 가장 가까운 장소(정비공장 등)까지 견인한 거리(실 견인거리)를 기준으로 적용한다.

7) 부가세 인정기준

가) 부가가치세(Value Added Tax : V.A.T)란

① 모든 상품(재화 또는 용역)을 생산하고 최종소비자에게 공급되는 과정에 이르기까지 각 거래에서 가치가 부과되는 것으로 보고 부가된 가치에 대하여 부과하는 조세이다.

② 세금계산서(Tax Invoice)란 부가가치세가 과세되는 재화 또는 용역을 공급한 사업자가 공급받는 자로부터 부가가치세를 징수 그 거래내용과 거래 사실을 증명하기 위하여 교부하는 증서로서 자기 책임 하에 재화나 용역을 공급받는 자에게 교부하여야 한다.

③ 사고차량 수리에 있어서의 부가가치세

- 부가가치세 납부의무자 : 상품(재화 또는 용역)의 공급자(사업자)
  → 매출세액
- 부가가치세 부담자 : 상품(재화 또는 용역)을 공급 받는 자
  → 매입세액

피보험자 또는 피해자가 부가가치세를 지불하고 세금계산서를 교부 받았다면 재화나 용역의 매입세액이 발생하며, 이들이 부가가치세를 납부할 의무를 가진 사업자인 경우에는 매출세액에서 자기사업을 위하여 공급받은 매입세액을 공제 받을 수 있으므로 손해의 일부로 보지 않는다.

나) 부가가치세액 인정여부 결정

① 사업자구분에 따른 인정여부

구분		피보험자 기준		
		일반과세자	간이과세자	면세사업자
피해자 기준	일반과세자	×	O	O
	간이과세자	O	O	O
	면세사업자	O	O	O

주) 세금계산서를 제공받은 자를 기준으로 인정여부를 결정한다.

② 승용차인 경우 인정여부 : 사업자 구분 없이 부가가치세를 항상 인정한다.

③ 8인승 이하 승합차 및 지프형 승용차인 경우 인정여부 : 사업자 구분 없이 부가가치세를 항상 인정한다.

④ 간이과세자인 경우 인정여부 : 부가가치율에 따라 인정한다.

⑤ 800cc 미만의 자동차인 경우(경자동차) : 사업자가 아니라는 것이 기재된 납세사실증명원을 피보험자 또는 피해자로부터 징구한 후 부가가치세를 인정한다.

⑥ 개인소유 승합 및 화물자동차인 경우 : 800cc 미만의 자동차인 경우와 동일

다) 인정요령

① 일반과세자는 부가가치세를 인정하지 않는다.

② 면세사업자는 부가가치세를 인정한다.

③ 간이과세자는 2000.7.1.부터 2000.12.31.까지는 부가가치세의 80%를 인정하고 2001.1.1. 이후는 부가가치율표에 의해 인정한다.

라) 인정하는 경우

① 피보험자 또는 피해자가 면세사업자인 경우에는 인정함(세금계산서는 수리차량 차주에게 교부하여야 한다).

② 사업자가 아닌 경우 : 증명서류(사실증명원)를 첨부하여 인정한다.

③ 자가정비공장(택시, 시내버스)에서 수리하는 경우 : 운수업체와 정비업체의 사업자등록증번호가 같고 동일회계를 한 경우에는 인정하지 않는다.

마) 인정하지 않는 경우 : 일반사업자, 과세업자의 경우는 인정하지 않는다.

8) 잔존물의 처리 및 관리

부품교환으로 남은 손상부품을 잔존물이라 하며, 고철 값으로 평가되는 경우와 고철 값 이상으로 평가되는 경우가 있다.

가) 고철 값으로 평가되는 경우 : 수리공장에 인수시키거나 고철상에 매각 처리한다.

나) 고철 값 이상으로 평가되는 경우 : 피보험자와 협의 인수시키는 것을 원칙으로 하며, 거부시에는 당사가 인수 후 매각 처리한다.

나. 전손사고

1) 전손의 정의

피보험자동차가 완전히 파손, 멸실, 또는 오손되어 수리할 수 없는 상태이거나, 피보험자동차에 생긴 손해액과 회사가 부담하기로 한 비용의 합산액이 보험가액 이상인 경우도 포함된다(단, 자동차 일부 부분품의 도난은 제외함).

2) 절대전손

피보험자동차가 완전히 파손 또는 오손되어 현실적으로 수리할 수 없는 경우 즉, 현재의 기술상으로 수리가 불가능하거나 또는 해중(海中)에 추락 침몰하여 인양이 불가능한 경우와 도난사고 등 소위 물리적 전손을 말한다.

3) 추정전손

수리는 가능하나 그 손해액(비용포함)이 보험가액 이상인 경우, 소위 경제적 전손을 말한다. 그리고 수리가 가능하고 그 수리비가 보험가액 미만일 때에는 이를 분손이라 한다.

4) 전손의 경우에는 보험증권에 기재된 공제금액을 미공제

5) 추정전손과 수리비

추정전손의 경우 보험가액과 대비되는 수리비라 함은 부분품 교환으로 인한 신구교환감가액과 손상부품의 잔존물가액을 공제한 후의 수리비를 말한다. 따라서 이 수리비가 보험가액 이상인 때에는 전손으로 처리한다.

6) 피해물(피보험자동차)에 대한 보험회사의 권리

가) 전손사고로 보험금을 지급하였을 때에는 피해자동차 전부를 보험회사에서 인수한다. 그러나 보험가입금액의 보험가액에 대한 비율에 따라 피해물을 인수한다.

나) 피해물의 인수여부는 피해물을 인수함으로써 부담하게 되는 인수비용(운반비, 세금, 보관료, 폐차수리비 등)을 감안하여 인수가치가 있는 경우에 한하여 인수하고 인수가치가 없다고 판단될 때에는 보험금을 지급하기 전에 피보험자에게 인수하지 아니할 뜻을 서면으로 통지하여야 한다.

다) 매각대금을 환입한다. 인수비용 중 일부 또는 전부를 지급손해조사비로 처리한 경우는 지급손해 조사비 계정으로 우선 환입하고 나머지 금액을 보험금 환입으로 처리한다.

마) 전부보험인 경우(보험가액 = 보험가입금액)

① 절대전손 : 피해물 전부를 인수한다.

② 추정전손 : 피보험자동차의 수리여부를 불문하고 피해물을 인수하는 것을 원칙으로 한다. 다만, 피보험자가 피해자동차를 수리사용 하고자하는 경우에는 수리직전의 피해물가액을 평가하여 공제하고 보험금을 지급한다.

③ 일부보험인 경우(보험가액>보험가입금액)

처리요령은 전부보험의 경우와 같으며, 다만 피해물에 대한 보험회사의 권리는 보험가입금액의 보험가액에 대한 비율에 따라 취득한다.

$$\text{피해물에 대한 회사의 권리} = \text{피해물가액} \times \frac{\text{보험가입 금액}}{\text{보험가액}}$$

3. 도난사고

가. 도난의 정의

도난이란 형법상의 절도, 강도를 말하는 것이며 불법영득(不法營得)의 의사가 요건이 된다. 그러므로 단순한 점유의 침해는 영득의 의사가 없는 것으로서 절도, 강도죄가 성립되는 것은 아니다. 따라서 일시 무단 사용은 도난으로 보지 않는다.

나. 도난사고의 보상책임

- 피보험자동차 전부의 도난으로 인한 손해에 대하여만 보상한다.
- 피보험자동차의 일부 부분품, 부속품, 부속기계 장치만의 도난으로 인한 손해는 보상하지 아니한다.

다. 사기 · 횡령과의 관계

사기 또는 횡령으로 인한 손해는 보상하지 아니한다.

라. 도난보험금의 지급기준

1) 전부보험 가입 시 보험가액
보험개발원이 정한 차량 기준가액표에 따라 보험계약을 맺었을 때에는 사고 발생 당시의 보험개발원이 정한 최근의 차량기준액을 말한다. 그러나 차량기준가액이 없거나 보험증권상의 가액이 손해가 생긴 곳과 때의 가액과 현저한 차이가 있는 경우에는 손해가 생긴 때와 곳의 가액으로 한다.

2) 일부보험 가입 시 보험가액
일부보험에 가입한 경우에는 실손보상에 의거하여 보험가입금액을 한도로 손해액의 전액을 보상한다.

3) 면책금액(자기부담금)
차량도난은 전부손해에 해당되어 면책금액공제는 없으나, 차량을 회수하고 분손 수리비를 지급하는 경우에는 면책금액(자기부담금)을 공제한다.

마. 도난차량 조사

1) 피보험자 조사

가) 직업, 소득, 지식수준, 생활환경

나) 차량구입경로, 용도, 운행목적, 주차 및 관리상황, 사용빈도 등

다) 도난 직전의 운행목적 및 경로

라) 피보험자동차의 반환여부 : 횡령관련 조사

마) 피보험자동차의 저당 관련여부 : 피보험자의 경제능력 불안정 여부

바) 도난차량의 열쇠(key), 검사증 등 소지여부

사) 피보험자 명의 계약사항 및 사고사항 조회 : 과거 보험금 수령 여부

2) 도난 사실 여부 조사

가) 도난 현장 조사 : 주변 목격자, 증인, 피보험자와의 업무상 관련자 등, 도난 전 차량의 주차상황, 평소의 출·입고 시간, 피보험자의 생활환경

나) 도난 후의 탐문조사 : 도난 후의 회수여부, 타차 임대사용 여부, 신차구입 여부 등을 인근 주민들로부터 수시 확인, 조사

다) 도난시각의 확인

- 사고 접수 시 통보된 도난시간과 실제 도난시간의 일치 여부
- 도난신고 시각과 도난시간의 간격
- 지연신고의 경우(경찰서 또는 당사) 지연신고 사유

3) 피보험 차량에 관한 조사

가) 보험 가입 금액과 시가의 차이

나) 최근 정비, 점검 사항 : 차량 고장, 노후도 및 성능확인 등

다) 차량에 특정한 부속물 부착여부에 따른 보험가입 확인

라) 사고 사항 확인

마) 임시번호 차량 도난 시, 할부금액, 위장사고 여부 확인

4) 위장사고 개연성 조사

가) 차량사고 추가 가입 건 위장사고 개연성 높음

나) 피보험자의 경제상황, 장기주차 차량 여부, 도난 후 대파되어 회수된 차량 등

5) 보험금 청구 안내

가) 보험금의 청구와 지급 시기
피보험자동차의 도난 사실을 경찰서에 신호한 후 30일 경과한 후에 구비서류를 갖추고 청구한다.

나) 보험금 청구 서류

① 도난신고 접수증(또는 확인증) : 도난장소 관할경찰서 형사계에서 발행

② 피보험자 인감증명서(5부)

- 보험회사 : 보험금청구, 차량양도, 권리양도

• 관할구청 : 등록증재교부, 도난 말소 시 필요

③ 자동차등록증 사본 1부 : 차량형식 확인.

④ 자동차 말소사실 증명서(용도 : 부활용)

⑤ 보험금 지급청구서, 가서, 권리양도증 각 1부

⑥ 임시번호차량의 경우 : 차량구입대금 완납증명서(보증보험 가입한 경우에는 생략 가능), 자동차완성 검사증, 자동차제작(양도)증

6) 사후관리

가) 구상권 행사

① 절도범에 대한 구상
절도범의 신분관계(미성년자, 전과자, 정비공장 종업원 등) 확인하여 구상 상대방 확인, 구상상대자의 본인, 친권자, 정비공장 사장에 대한 재산조사, 임의변제 촉구, 구상소송

② 주차장의 관리책임에 대한 구상 청구
유료주차장의 주차료 지불 시 관리책임에 근거한 구상권 행사

③ 지급보험금에 대한 반환 청구
절도범이 피보험자의 가족, 친지, 이들의 법정대리인, 피용자 또는 피보험자와 주거, 가계를 같이하는 친족인 경우, 피보험자가 절취범 등으로 부터 배상받은 경우 등

나) 행정상 관리
경찰서에 도난자동차 발견통지 협조요청, 말소차량 등록원부 확인 등

다) 피보험자 관리
피보험자의 위장사고 관련한 조사

4. 보험계약의 종료

전손사고 또는 보험회사가 보상하여야 할 금액이 보험가입금액 전액일 경우 보험계약은 사고 발생시점에서 종료

5. 현물보상

피보험자동차에 생긴 손해에 대하여 보험회사가 필요하다고 인정할 때에는 피보험자의 동의 얻어 수리 또는 대용품의 교부로써 보험금의 지급에 갈음할 수 있다.

[제 3 편]

차량손해사정 실무

손해사정의 종류는 재물손해사정, 차량손해사정, 신체손해사정으로 분류되는데, 차량손해사정의 경우, 실무를 하기 위해서는 사고조사, 손상자동차의 견적에 대한 능력이 매우 중요하지만, 합리적인 손해사정을 위해서는 사고접수단계부터 계약내용확인, 피해물관리, 고객안내서비스, 민원처리, 구상처리, 차량손해사정기획관리, 차량사고 현장조사, 기타피해물 현장조사, 차량손해액 산정, 특수차량 손해액산정, 기타피해물 손해액 산정 능력이 전반적으로 필요하다고, 국가직무능력표준(NCS : National Competency Standards)에 정하고 있다.

제1장 사고접수와 계약내용 확인

Ⅰ. 사고접수

사고접수란 보험사고가 발생한 보험계약자나 피보험자에게 보험계약 확인, 청구, 서류의 접수 및 보상 절차를 안내하는 능력이다.

합리적인 손해사정을 하기 위해서는 사고접수 당시부터 보험계약여부에 대한 확인이 필요하며, 계약의 유효성, 보험계약 정보의 이해, 계약체결 과정의 이해의 지식이 필요하다. 사고접수를 정확히 하기 위한 기술은 보험계약 정보 전산자료 해석 능력, 계약체결과정 문제여부 판단능력 등이 필요하다.

Ⅱ. 계약내용 확인

계약내용 확인 능력은 보험자의 보상책임 여부를 결정하기 위하여 보험기간, 담보 범위, 특약사항, 보험계약 유효 여부를 확인하는 능력이다. 사고접수 당시에도 계약확인을 하지만, 실제 업무에서 접수자와 손해사정 담당자가 일치하지 않으며, 사고 배당을 받은 손해사정 담당자의 경우 다시 한 번 정확한 보험계약 내용의 확인이 필요하다.

보험사고가 발생하고, 사고접수가 되는 경우 그 내용에 따라 보상여부 및 보상범위를 대략적으로 판단할 수 있고, 이를 금액으로 환산하여 추산보험금이라 부른다. 기본내용을 확인하기 위해 자동차보험 약관이나 손해보험과 자동차보험의 기본적 이론의 지식이 필요하며, 보험계약 내용에 대한 해석능력과 계약내용과 실제 사고접수 내용과의 비교능력이 필요하다. 또한 위험의 축소를 통한 보험료 할인이나 위험 확장을 통한 보장확대를 한 특약내용이 있는지 확인하여야 한다.

손해사정 실무를 위해서 계약내용을 확인하는 단계에서는 자동차보험 약관에 대한 지식, 자동차 충돌 등의 사고에 대한 기본물리학과 자동차 운동역학 지식, 도로교통법 등 각종 법률에 대한 이해와 적용 능력이 필요하다. 무엇보다도 차량손해사정을 하기 위해서는 자동차구조 및 정비이론에 대한 이해와 손상진단 능력이 필요하다.

제2장

피해물관리

정확한 손해사정을 위해서는 피해물에 대한 관리능력이 필요하다. 피해물 관리란 공정한 손해액 산정과 피해물의 합리적인 원상복구를 위하여 작업 범위와 작업 방법을 협의하고 작업 공정을 관리하는 능력이다. 피해물관리에는 차량 외에도 건축물, 전봇대, 농작물 등 다양한 종류가 있지만 가장 많은 피해물은 자동차로서 자동차에 대한 피해물관리는 매우 중요하다.

Ⅰ. 견적 확인

손상자동차에 대한 견적서에는 수리방법과 범위가 기재되어 있는데, 실제 사고와 인과관계가 있는지 확인해야 한다. 견적서의 각 세부 항목별 중복, 누락 여부를 확인하고, 피해물의 구조와 견적내용, 손상부위를 비교 확인해야 한다.

피해물관리를 위한 견적을 확인하기 위해서는 표준작업시간(SOT; Standard Operation Time)의 이해, 부품관련지식, AOS(ARECCOM ON-LINE System)등 수리비 전산시스템의 이해, 차체 수리 이론, 정합성 이론, 자동차 운동 역학, 자동차 관리법에 대한 이해가 필요하다.

견적 확인을 위한 손해사정 전문가의 기술은 견적 작성 능력, 차량시가 파악 능력, 수리범위 설정 능력, 자동차 구조 해석 능력이 필요하다.

Ⅱ. 피해물 원상복구방법 협의

피해물 관리 능력 중 피해물 원상복구방법에 대한 협의를 하기 위해서는, 피해물의 시가를 확인하고 손해액 범위에 대한 협의를 해야 하며, 견적 내용의 적법성을 확인하고, 자동차사고 과실 비율 인정 기준에 따라 피해자의 과실 여부를 판단할 수 있어야 한다.

이를 위해서는 자동차 복원 수리 이론, 자동차 구조에 대한 지식, 부품 유통에 관한 지식, 자동차 수리 공임 책정 기준에 관한 지식, 특수차량 구조에 대한 이해, 협상의 기초 지식이 있어야 한다.

또한 과실상계 판단 능력, 보험계약상 보상여부 판단 능력, 자동차 판금 수리 기술 이해, 부품 교환 유무 판단 능력, 자동차 도장 수리 기술의 이해, 협상 능력의 기술적 부분의 능력이 필요하다.

Ⅲ. 피해물 원상복구과정 확인하기

차량손해사정에서 피해물 관리 능력 중 피해물 원상복구과정에 대한 확인이 있다. 피해물의 원상복구 방법에 따라 복구되는지에 대한 확인과 검토 능력이 필요하며, 자동차보험 약관과 보험금 지급기준에 대한 지식 및 보상처리과정, 수리비 전산 시스템 사용 능력의 세부적인 기술이 필요하다.

제3장 구상처리

차량손해사정 실무 중 구상처리는 구상처리 여부를 판단하고, 채권 보전을 통해 구상권을 행사 또는 소송업무를 관리하는 능력이다.

Ⅰ. 구상여부 판단

민법상 관련 법규에 따라 과실비율, 소멸시효를 확인하고, 재산 능력에 따라 피구상자의 책임 능력을 판단, 소멸시효와 과실비율에 대한 구상권 성립 여부를 판단할 수 있어야 한다.

구상처리를 위해 자동차손해배상보장법의 이해, 민법의 일반 불법행위의 이해, 민법의 소멸시효의 이해 지식이 필요하다. 또한, 소멸시효, 과실비율에 대한 판단 능력과 피구상자의 책임 능력에 대한 판단, 구상 성립 여부에 대한 판단의 세부적인 기술 능력이 필요하다.

Ⅱ. 채권보전

구상처리에서 채권보전은 채권보전에 대한 필요성이 제기될 때 피구상자의 재산능력을 조사하여 재산 상태를 파악할 수 있고, 피구상자의 변제 능력을 판단하여 채권 보전 절차의 실행 여부를 판단할 수 있어야 한다. 또한 피구상자의 보험회사의 구상에 대비한 재산회피 가능성이 높을 때 관련법규에 따라 가압류, 가처분 등을 실행할 수 있어야 한다.

채권보전 실무 능력을 위해서는 보전 소송의 이해, 보전 절차와 본안소송의 이해, 피구상자의 소득 파악 능력, 피구상자의 책임능력의 판단, 가압류, 가처분에 대한 이해와 처리 능력이 필요하다.

Ⅲ. 구상권 행사

구상권을 행사하기 위해서는 구상의 난이도, 구상금 금액에 따라 직접 수행 혹은 채권기관에 의뢰 여부, 피구사아의 변제 능력 판단과 구상 행사의 포기 여부 결정, 채권 보전 대상에 따라 법인, 개인에게 구상 제기할 수 있다.

이러한 실무 능력을 위해서는 채권보전 절차의 이해, 구상소송의 이해 지식이 필요하고, 직접 수행 혹은 변호사 선임 판단 능력과 구상권 행사의 포기 판단 능력의 세부적 기술 능력이 필요하다.

Ⅳ. 소송제기

구상권을 실질적으로 행사하기 위하여 소송이 예상될 때 민사소송법에 따라 소송 절차를 진행할 수 있고, 조정을 요구 받았을 때에는 민사 조정 규칙에 따라 처리할 수 있다. 민사소송 이외의 경우는 규정에 따라 처리할 수 있어야 한다.

소송제기를 위한 실무능력은 민사조정 규칙과 민사소송법에 대한 지식이 필요하고, 세부적 실무 기술로는 요약정리 능력, 의사결정 능력, 커뮤니케이션 능력이 필요하다.

제4장 차량사고 현장조사

차량손해사정 실무능력 중 차량사고 현장조사는 차량사고 건에 대한 현장조사 계획 수립 및 사고조사 업무수행과 면·부책 결과를 보고하는 능력이다.

Ⅰ. 사고현장 확인

사고현장 확인을 위한 현자조사는 사고 상황에 따라 조사 방향과 조사 대상에 대한 계획을 수립하고, 사고내용과 차량손상 부위에 따라 인과관계 성립 여부 조사, 사고현장에서 수집된 객관적 증거물을 면·부책 판단에 활용할 수 있어야 한다.

사고현장 조사를 위해, 판례·분쟁 조정 사례, 자동차보험약관, 보험금 지급기준, 현장조사기법, 도로교통법에 대한 지식이 필요하고, 다시 세부적인 기술능력으로서 지식을 실무에 적용할 수 있도록 판례·분쟁조정 사례 활용 능력, 대인사고를 통한 정확한 사고조사와 차량손상의 검토를 위해 진단서·차트 해석 능력, 조사기법, 활용능력, 도로교통법 이해능력 또한 필요하다.

Ⅱ. 사고관련인 면담

현장조사에서 사고 관련인 면담 시 운전자, 목격자로부터 사고와 관련된 내용을 확인하고, 사고차량의 손상상태 및 운전자의 부상 정도, 사고처리 결과와 관련된 자료를 수집하며, 사고현장 조사에 필요한 영상자료(CC-TV, 블랙박스)를 수집하여 조사에 적극 활용할 수 있어야 한다.

사고관련인 면담과 관련하여, 판례·분쟁 조정 사례, 자동차보험약관, 보험금 지급기준, 현장조사기법, 도로교통법, 판례·분쟁조정 사례 활용 능력의 지식이 필요하며, 세부적인 기술 능력으로 진단서·차트 해석 능력, 조사기법 활용능력, 도로교통법이해능력이 요구된다.

Ⅲ. 결과 보고

차량손해사정에서 현장조사 후 조사된 내용을 점검하여 누락여부를 확인, 약관 규정에 따라 면·부책 여부를 판단, 조사된 증거자료를 첨부하여 결과보고서를 작성을 할 수 있어야 한다.

현장조사 후 결과보고를 위한 지식으로 판례·분쟁 조정 사례, 자동차보험약관, 자동차사고 과실비율적용기준, 도로교통법의 이해가 필요하고, 세부적인 기술 능력으로 판례·분쟁조정 사례 활용능력, 자동차사고 과실비율 적용(산출) 능력, 관련법규 적용 능력이 필요하다.

제5장 기타 피해물 현장조사

차량손해사정에서 자동차 외의 타 피해물 현장 조사는 차량사고로 인한 피해물(차량 외)의 물적 손해에 대한 현장조사 계획 수립 및 사고조사 업무수행과 면 · 부책 결과를 보고하는 능력이 필요하다.

Ⅰ. 사고현장 확인

사고현장 확인을 위한 현자조사는 사고 상황에 따라 조사 방향과 조사 대상에 대한 계획을 수립하고, 사고내용과 기타 피해물의 손상 부위에 따라 인과관계 성립 여부 조사, 사고현장에서 수집된 객관적 증거물을 면 · 부책 판단에 활용할 수 있어야 한다.

사고현장 조사를 위해, 판례 · 분쟁 조정 사례, 자동차보험약관, 보험금 지급기준, 현장조사기법, 영상자료(CC-TV, 블랙박스) 활용, 도로교통법에 대한 지식이 필요하고, 다시 세부적인 기술능력으로서 지식을 실무에 적용할 수 있도록 판례 · 분쟁조정 사례 활용 능력, 대인사고를 통한 정확한 사고조사와 차량손상의 검토를 위해 진단서 · 차트 해석 능력, 조사기법, 활용 능력, 도로교통법 이해능력, 영상자료 판독 능력이 필요하다.

Ⅱ. 피해물 확인

훼손 또는 손상된 피해물이 자동차가 아닌 건축물이나 시설물 등의 경우, 사고 관련인 면담 시 운전자, 목격자로부터 사고와 관련된 내용을 확인한다. 또한, 기타 피해물의 손상상태, 소유권자, 피해물의 종류, 손상범위와 관련된 자료를 수집하고, 사고현장 조사에 필요한 영상자료(CC-TV, 블랙박스)를 수집하여 사고 조사에 적극 활용할 수 있는 능력이 필요하다.

기타 피해물의 현장조사를 위하여, 판례 · 분쟁 조정 사례, 자동차보험약관의 지식, 영상자료(CC-TV, 블랙박스) 활용에 관한 지식이 필요하며, 세부적인 기술 능력으로 판례 · 분쟁조정 사례 활용 능력, 조사기법 활용능력, 도로교통법이해능력, 영상자료 판독 능력이 필요하다.

Ⅲ. 결과 보고

자동차 외의 기타 피해물의 현장조사는 조사된 내용을 점검하여 누락여부를 확인하고, 약관 규정에 따라 면 · 부책 여부를 판단하며, 조사된 증거자료를 첨부하여 결과보고서를 작성할 수 있어야 한다.

기타 피해물의 현장조사 결과보고를 위해, 판례 · 분쟁 조정 사례, 자동차보험약관, 자동차사고 과실비율적용기준, 도로교통법의 기본적인 지식이 필요하고, 구체적인 세부 능력으로 보고서 작성 능력, 자동차사고 과실비율 적용(산출) 능력, 관련법규 적용 능력이 필요하다.

제6장

차량손해액 산정

차량손해액 산정은 차량수리비의 공정한 손해액 산정을 위하여 사고와 손상과의 인과관계 확인, 차량시가 확인, 기타 손해액을 산정하는 능력을 말한다.

Ⅰ. 차량손상의 인과관계 확인

차량손해액 산정에서 중요한 것은, 차량의 종류 및 파손정도에 따라 인과관계를 조사, 5W1H 원칙에 따라 차량손상 정도를 면밀히 확인, 인과관계가 없는 사고로 확인되었을 때 면책사유를 정확하게 설명할 수 있는 능력이 필요하다.

차량손상의 인과관계 확인을 하기 위해서는 판례 · 분쟁 조정 사례, 자동차보험약관, 보험금 지급기준, 자동차사고 과실비율 인정기준, 자동차 구조 지식을 가지고 있어야 된다. 구체적인 실무 기술 능력으로 판례 · 분쟁조정 사례를 활용할 능력, 사고해석 능력, 조사기법 활용능력, 도로교통법 이해능력을 필요로 한다.

Ⅱ. 차량 손해액 산정

차량손해액의 산정은 약관 규정에 따라 손해보상 범위를 정하고 차량수리비를 산정, 보험금 지급기준에 따라 신속하고 정확하게 원상복구비용을 산정, 관련규정에 따라 차량시가를 산정할 수 있고, 필요 시 중고자동차매매협회에 조사를 의뢰할 수 있다. 또한, 약관에서 정한 비용을 정확하게 산정할 수 있어야 한다.

차량손해액 산정을 위해서는 판례 · 분쟁 조정 사례, 자동차보험약관, 보험금 지급기준, 자동차수리기법에 대한 지식이 필요하고, 구체적으로 실무를 수행하기 위해서는 판례 · 분쟁조정 사례 활용능력, 시가 조사 능력, 물가정보 활용능력, AOS 활용 능력이 필요하다.

Ⅲ. 기타 손해액 산정

자동차 외의 기타 건축물, 시설물 등의 손해액 산정은, 보험금 지급기준에 따라 신속하고 정확하게 간접손해를 산정, 보험금 지급기준에 따라 신속하고 정확하게 구난 · 견인비용을 산정, 보험금 지급기준에 따라 신속하고 정확하게 자동차시세하락손해를 산정, 보험금 지급기준에 따라 신속하고 정확하게 공제금액을 적용할 수 있는 능력을 말한다.

기타 손해액 산정을 위해서 판례 · 분쟁 조정 사례, 부가가치세법, 자동차사고 과실비율적용기준, 자동차보험금 지급기준의 지식이 필요하고, 세부적으로 실무를 하기 위해서는 판례 · 분쟁조정 사례 활용 능력, 간접손해 산출 능력, 자동차시세 하락손해 산출 능력이 필요하다.

제7장 특수차량 손해액 산정

특수차량 손해액 산정은 특수차량에 대한 공정한 손해액 산정을 위하여 사고와 손상과의 인과관계 확인, 차량시가 확인, 기타 손해액을 산정하는 능력을 말한다.

Ⅰ. 특수차량 손상의 인과관계 확인

특수차량의 종류 및 파손정도에 따라 인과관계의 조사, 인과관계가 없는 사고로 확인되었을 때 면책사유에 대한 정확한 설명, 인과관계에 대한 정확한 분석이 필요할 때 난이도에 따라 외부전문업체에 자문을 구할 수 있다.

특수차량 손상의 인과관계 확인을 위해 판례 · 분쟁 조정 사례, 자동차보험약관, 보험금 지급기준, 자동차사고 과실비율 인정기준, 특수차량 구조에 대한 기본 지식을 가지고 있어야 하며, 이를 수행하기 위해서는 판례 · 분쟁조정 사례 활용 능력, 사고해석 능력, 조사기법 활용능력, 도로교통법 이해능력이 구체적으로 필요하다.

Ⅱ. 특수차량 손해액 산정

특수차량 손해액 산정은 약관 규정에 따라 손해보상 범위를 정하고 특수차량수리비를 산정, 특수차량 관련 법규에 따라 시가를 산정, 필요에 따라 관련협회에 조사를 의뢰, 약관에서 정한 비용을 정확하게 산정할 수 있어야 한다.

손해액 산정을 위한 필요 지식은 판례 · 분쟁 조정 사례, 자동차보험약관, 보험금 지급기준, 특수차량 수리기법이다. 구체적으로 실무를 위해서는 판례 · 분쟁조정 사례 활용 능력, 시가 조사 능력, 물가정보 활용능력, 차량기준가액표 이해 능력을 필요로 한다.

Ⅲ. 기타 손해액 산정

기타 손해액 산정은 보험금 지급기준에 따라 신속하고 정확하게 간접손해를 산정, 보험금 지급기준에 따라 신속하고 정확하게 구난 · 견인비용을 산정, 보험금 지급기준에 따라 신속하고 정확하게 자동차시세하락손해를 산정, 보험금 지급기준에 따라 신속하고 정확하게 공제금액을 적용할 수 있어야 한다.

기타 손해액 산정을 위한 손해사정 지식은 판례 · 분쟁 조정 사례, 부가가치세법, 자동차사고 과실비율적용기준, 자동차보험금 지급기준을 필요로 한다. 구체적으로는 판례 · 분쟁조정 사례 활용 능력, 간접손해 산출 능력, 특수차량 시세하락손해 산출 능력이 필요하다.

제8장 기타 피해물 손해액 산정

기타 피해물 손해액 산정은 기타 피해물의 공정한 손해액 산정을 위하여 사고와 손상과의 인과관계 확인, 차량시가 확인, 기타 손해액을 산정하는 능력이다.

Ⅰ. 기타 피해물 손상과의 인과관계 확인

피해물의 종류 및 파손정도에 따라 인과관계를 조사, 인과관계가 없는 사고로 확인되었을 때 면책사유에 대하여 정확하게 설명, 피해물의 종류에 따라 인과관계 여부에 대한 정확한 분석을 관련기관(업체)에 의뢰할 수 있어야 한다.

기타 피해물의 손해액 산정을 위한 손해사정 지식은 판례 · 분쟁 조정 사례, 자동차보험약관, 보험금 지급기준, 자동차사고 과실비율 인정기준, 기타 피해물(건축물, 시설물 등) 관련 정보를 알아야 한다. 구체적인 실무를 위해서는 판례 · 분쟁조정 사례 활용 능력, 사고해석 능력, 조사기법 활용 능력, 법규 적용 능력을 필요로 한다.

Ⅱ. 피해물 원상복구비용 산정

피해물 원상복구 비용의 산정을 하기 위해서는 자동차보험 약관 규정에 따라 손해보상 범위를 정하고 기타 피해물의 원상복구비용을 산정, 관련 협회 등에 시가 평가를 의뢰, 회계기준에 따라 신속하고 정확하게 원상복구 비용을 산정, 약관에서 정한 비용을 정확하게 산정할 수 있어야 한다.

피해물 원상복구 비용의 산정을 위한 지식으로는 판례 · 분쟁 조정 사례, 자동차보험약관, 보험금 지급기준, 기타 피해물 관련 정보를 필요로 한다. 구체적 실무로서 기술적 능력으로는 판례 · 분쟁 조정 사례 활용 능력, 시가 조사 능력, 물가정보 활용능력, 감가상각액 산출 능력이 필요하다.

Ⅲ. 기타 손해액 산정

기타 손해액 산정은 보험금 지급기준에 따라 신속하고 정확하게 영업손실을 산정, 보험금 지급기준에 따라 신속하고 정확하게 공제금액을 산정, 기타 피해물 수리/교환에 따른 잔존가치를 산정할 수 있어야 한다.

기타 손해액 산정을 위한 필요 지식으로 판례 · 분쟁 조정 사례, 부가가치세법, 자동차보험약관, 자동차보험금 지급기준이 있으며, 구체적인 실무를 위한 기술능력으로는 판례 · 분쟁조정 사례 활용 능력, 간접손해 산출 능력, 자동차실무참고자료 활용 능력이 있다.

제9장 차량손해사정 실무를 위한 직업기초능력

Ⅰ. 국가직무능력표준(NCS: National Competency Standards)

자동차사고 시 차량손해사정 실무를 하기 위해서는 다양한 직업의 기초적인 능력이 수반되어야 한다. 국가직무능력표준(NCS)에는 다음과 같은 직업기초능력을 강조하고 있다.

직업기초능력 주요 영역	직업기초능력 하위 영역
의사소통능력	문서이해능력, 문서작성능력, 경청능력, 의사표현능력
수리능력	기초연산능력, 기초통계능력, 도표분석능력
문제해결능력	사고력, 문제처리능력
자기개발능력	자아인식능력, 자기관리능력, 경력개발능력
자원관리능력	시간관리능력, 예산관리능력, 물전자원관리능력, 인적자원관리능력
대인관계능력	갈등관리능력, 협상능력, 고객서비스능력
정보능력	컴퓨터활용능력, 정보처리능력
기술능력	기술이해능력, 기술선택능력, 기술적용능력
조직이해능력	국제감각, 조직 체제이해능력, 경영이해능력, 업무이해능력
직업윤리	근로윤리, 공동체 윤리

Ⅱ. 차량손해사정 실무의 직업기초능력

구분	실무에 요구되는 직업기초능력
사고접수	의사소통능력, 문제해결능력, 대인관계능력, 정보능력, 직업윤리
계약내용 확인	정보능력, 수리능력, 문제해결능력, 기술능력, 의사소통능력
피해물관리	의사소통능력, 수리능력, 문제해결능력, 자원관리능력, 기술능력
고객안내서비스	의사소통능력, 문제해결능력, 대인관계능력, 기술능력
민원처리	의사소통능력, 문제해결능력, 대인관계능력, 조직이해능력,직업윤리
구상처리	의사소통능력, 수리능력, 문제해결능력, 자원관리 능력, 정보능력, 직업윤리
차량손해사정 기획 관리	문제해결능력, 자기개발능력, 자원관리능력, 조직이해능력, 직업윤리
차량사고 현장조사	의사소통능력, 문제해결능력, 자원관리능력, 기술능력, 직업윤리
기타 피해물 현장조사	의사소통능력, 문제해결능력, 자원관리능력, 대인관계능력, 기술능력, 직업윤리
차량손해액 산정	수리능력, 문제해결능력, 자원관리능력, 대인관계능력, 기술능력, 직업윤리
특수차량 손해액 산정	수리능력, 문제해결능력, 자원관리능력, 대인관계능력, 기술능력, 직업윤리
기타피해물 손해액 산정	수리능력, 문제해결능력, 자원관리능력, 대인관계능력, 기술능력, 직업윤리

[제 4 편]

사고자동차 손상과 진단

제1장

사고자동차 손상 진단

Ⅰ. 손상진단의 개요

자동차사고가 발생한 후 자동차의 손상의 진단은 견적서 작성의 기본이 되며, 작업공임과 교환부품 및 수리를 결정하게 됨에 따라 손상부위 및 범위를 정확히 진단 및 확인하는 것이 중요하다.

Ⅱ. 손상의 종류

손상은 사고차량의 초동조사시 요령에서 살펴보았듯이, 충돌의 종류에 따라 일반적으로 직접손상, 간접손상, 그리고 직접손상의 종류인 임프린트, 러브오프로 분류한다.

손상을 충격력의 작용과 역학적 성질, 사고 당시의 외관의 상태에 따라 분류하기도 한다.

1. 충격력의 작용에 의한 분류

가. 직접손상 : 타 물체와의 충돌 또는 접촉에 의한 외력으로 직접 충격 받은 부위에 발생한 손상

나. 간접손상 : 직접손상부위를 경과하여 다른 부위에 간접적으로 발생되는 손상

다. 파습손상 : 직접손상위위의 인접 또는 충격력의 전파경로로 작용되어 발생 하는 손상

라. 유발손상 : 직접손상 및 파급손상에 의한 타 부품의 당김 또는 누름 등에 의해 발생되는 손상

마. 관성손상(2차 손상) : 충돌 시의 급격한 속도변화로 인해 탑승자, 적재물, 차체에 부착된 부품 등이 관성운동에 의한 이동으로 차량실내 또는 보디와 재충돌하여 발생되는 손상

2. 역학적 성질에 의한 분류

가. 탄성변형 : 도어나 휀더 표면을 손으로 눌렀을 때 약간 들어갔다가 다시 원래의 상태로 되돌아오는 변화를 '탄성변형'이라 한다.

나. 소성변형 : 도어나 휀더의 표면을 손으로 가볍게 누르면, 표면이 눌렸다가 복원되지만, 힘이 강한 경우 패널이 변형되어 원래의 상태로 돌아오지 않는 상태를 '소성변형'이라 한다.

3. 외관에 의한 분류

외관에 의한 분류는 신장, 오그라듦, 꺾임, 잘라짐, 구부러짐, 요철이 있으며, 소성변형된 부분을 제거해 주면 다른 부분의 크게 변형된 부분은 강판의 자체 탄성의 성질을 이용하여 원래대로 되돌

아오는 경우가 있어, 이를 유효하게 이용해야 한다.

Ⅲ. 바디의 구조 및 특성

1. 바디의 기본 구조

자동차의 차체는 대체로 모노코크바디와 프레임바디로 나눌 수 있다.

가. 모노코크 바디

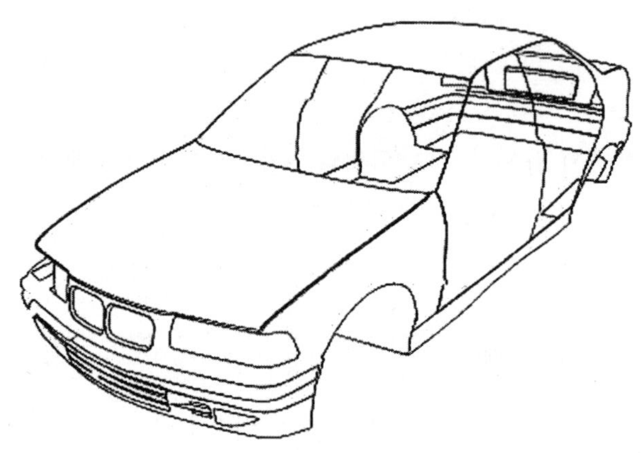

1) 모노코크 바디의 특징

가) 모노코크 바디의 장점

① 일체구조로 경량
강성이 높은 얇은 강판을 여러 가지 형상으로 프레스 성형하여 스포트 용접으로 접합시키면, 차체 자체를 경량화하면서도 큰 강성을 얻을 수 있다.

② 차고를 낮게 하고, 차량의 무게중심을 낮출 수 있음
모노코크 바디는 독립된 프레임이 아니기 때문에 바닥을 낮게 하여 객실 공간을 넓게 할 수 있고, 또한 차량의 무게중심이 낮아지므로서 주행 안정성이 좋다.

③ 정밀도가 높고 생산성이 좋음
프레임과 같은 후판의 프레스나 용접가공이 불필요하고, 대부분 작업성이 좋은 박판 가공과 열변형이 거의 없는 스포트용접으로 가공이 가능하기 때문에, 자동차 생산 라인에서는 멀티풀스포트용접(자동 동시용접)을 많이 사용, 생산성을 현저히 향상시킬 수 있다.

④ 충돌 시 충격에너지 흡수효율이 좋고 안전성이 높음
박판으로 조립되어 있기 때문에 충돌 시와 같이 큰 외력이 가해진 경우 국부적인 변형이 크

고, 객실부위의 영향은 적다.

나) 모노코크 바디의 단점

① 소음이나 진동의 영향을 많이 받음
엔진이나 서스펜션 등이 직접적으로 차체에 부착되어 진동, 소음이 직접 바디에 전달되기 쉽기 때문에 방진, 방음의 설비적 배려가 필요하다.

② 일체구조로 충돌에 의한 손상의 영향이 복잡하여, 복원수리의 어려움

③ 박판강판을 사용하고 있기 때문에 노면에 가까운 부품은 부식으로 인한 강도의 저하

2) 모노코크 바디의 구조

모노코크 바디는 프론트 바디, 사이드 바디, 언더 바디 및 리어 바디로 구성되어 있다.

가) 프론트 바디의 구조

- 프론트 바디는 라디에이터 코어 스포트, 크로스 멤버, 사이드 멤버, 휀더 에이프런, 대시패널 등을 상호 접합 용접한 구조로서, 바디에 장착되는 부품 중에서 가장 무거운 엔진이나 주행성능에 필요한 현가장치, 조향장치 등을 설치할 수 있도록 출분한 차체 정밀도와 강도 및 강성이 확보되어 있다.
- 사이드멤버는 단면 형태를 크게 또는 강판을 두껍게 하거나 보강재를 추가해서 강도를 확보한다. 휀더 에이프런은 휠 하우스의 역할을 하면서 현가장치의 스트러트를 지지한다. 이를 위해 스트러트의 설치 부분은 두꺼운 패널로 보강하고 사이드 멤버나 대시패널에 결합시킴으로서 서스펜션으로부터 받은 힘을 분산하고 있다.
- 대시패널은 실내와의 칸막이 역할을 하고, 엔진이나 현가장치 등의 중량물을 지탱하는 중요한 부품이고, 멤버, 휀더 에이프런 외에 카울패널, 프론트 필러, 휼로워드에 결합해서 강도를 확보하고 있다.
- 교환빈도가 높은 라디에이터 코어 서포트, 휀더 에이프런 및 프론트 사이드 멤버 클로딩 플레이트 등의 서비스 부품은, 사고 형태에 따라 손상된 부분만 교환할 수 있도록 부분품(partial)으로 구성되어 있다.
- FF차량의 프론트 바디는 엔진, 현가장치, 조향장치 등이 탑재되기 때문에 고하중에 견딜 수 있는 고강도 재료를 사용하거나 보강재를 추가함은 물론 특수한 접합방법을 사용하여 FR차량보다 높은 강도 및 강성을 확보하는 구조로 되어 있다.
- 엔진이 횡으로 놓인 FF차량의 경우, 대시패널이나 사이드 멤버는 FR차량에 비교하여, 대시패널 로워 부분에 부착, 용접한 데쉬 로워 크로스에, 엔진이나 스티어링 기어를 설치한다. 또한, 사이드 멤버 뒷부분에 스티어링 링케이지를 탑재할 수 있는 큰 구멍이 있고, 하부에 서스펜션 암을 설치하는 서스펜션 마운팅 멤버가 용접되어 있다.

나) 사이드 바디의 구조

- 사이드 바디의 거의 대부분은 개구부로 구성되어 프론트 바디, 루프 등과 결합해 각 실의 측면을 형성한다. 주요 구성 부품은 프론트, 센터, 리어의 각 필러와 휠 하우스를 포함한 쿼터 패널이며, 이들 부품의 위쪽으로는 사이드 루프레일 및 무프패널, 아래쪽에는 사이드 실 및 훌로워에 결합되어 있다.
- 그렇기 때문에, 주행 중 언더 바디에서 받은 하중을 바디의 상부에 분산함과 동시에 전/후, 좌/우 방향의 구부림이나 비틀림을 방지하는 역할을 한다. 또한 도어의 지지, 객실 내외의 밀폐, 충돌 시 또는 추돌시 객실 공간의 안전성 확보 등이 요구되는 중요한 부위이다. 이를 위해 각 부품에 아웃터 패널과 인너 패널을 결합한 폐단면 구조로서 강성을 높이고 충분한 강도를 확보하고 있다.
- 하드톱은, 각 필러를 두터운 보강재로 보강을 하거나, 바디 실이나 필러 부위에 보강재를 설치해서 충분한 강도를 확보했다. 쎈터 필러가 없는 하드톱이 주류를 이루고 있었지만 현재는 필러를 설치해서 더욱 강성을 높여 강도를 확보한 것이 일반적이다.
- 객실과 트렁크 공간이 일체로 된 해치백 차량이나 왜건에서도 리어 필러부에는 후륜에서 받은 외력을 차체에 잘 분산시키기기 위해 하드톱과 같은 모양으로 리어 필러와 휠 하우스를 연결하는 보강재가 설치되고, 백 필러는 강화된 폐단면 구조로 되어 있다.

다) 언더바디의 구조

- 모노코크 바디의 언더 바디는 프레임 부착 차량의 프레임에 상당하는 부분으로서, 프론트 사이드 멤버, 리어 사이드 멤버, 크로스 멤버, 훌로워 패널로 구성되어 있으며 엔진 및 서스펜션, 구동장치를 지지하는 역할을 한다. 멤버가 받는 외력은 언더 바디에서 바디 사이드에, 필러부가 받은 외력은 루프 등에 응력이 분산되므로 이러한 멤버류는 모노코크 바디에 있어서 강도유지를 위한 대단히 중요한 재료이다.
- 따라서 사용되는 패널은 외판에 비해서 두꺼운(1.4㎜ 전후) 고장력 강판을 사용하는 경우가 많다. 각 멤버의 배치는 차의 크기, 서스펜션의 형식 등에 따라서 약간 달리하고 있다.

라) 리어바디의 구조

- 리어바디는 구조상 객실과 트렁크 룸이 구분되어져 있는 세단과, 구분이 없는 밴, 왜건, 해치백으로 나눌 수 있다. 세단의 쿼터패널, 리어 패키지 패널, 백 패널은 루프, 사이드 바디, 훌로워와 결합되어 바디의 비틀림을 방지하는 중요한 역할을 한다.
- 또한 왜건, 해치백은 백 도어가 달린 큰 개구부가 있는 구조를 위해, 리어필러 인너의 대형화, 크로스 멤버의 추가, 백 필러, 루프레일 단면부의 대형화나 두꺼운 판을 추가하여 강성을 높이고 있다.

마) 안전성 및 손상성

- 충돌 시 충격에너지를 차체의 충돌(crusher) 부분에서 흡수하여, 객실부의 변형을 최대한 억제함으로서 만일의 경우 충돌 시 최대한 승객을 보호하는 충격흡수 구조로 되어 있다.
- 프론트 사이드멤버는 충돌에너지를 유효하게 흡수하기 위해 스트레이트 형상으로 하고 충격흡수 부분을 효과적으로 배치함으로서 충격흡수의 최적화를 꾀하고, 객실부는 충격으로부터의 영향을 최대한 감소시키고 있다.
- 프론트 사이드멤버의 뒷부분과 사이드 실의 직결구조 강화에 의해 충돌 부분에서 충격을 분산 시키고, 충격 흡수성이 높은 구조로 하고 있다.
- 프론트 필러, 사이드 필러와 사이드 실의 접합강도 향상 및 전, 후 도어의 사이드 도어 빔에 의해 높은 측면강도를 확보하고 있다.
- 사이드 도어 빔
  도어 내부에 사이드 도어 빔을 설치하여 측면에서의 충격에 대한 도어의 강도를 높이고 있다. 또 빔 형태는 차종에 따라 다르지만, 파이프 형태와 판 형태의 2종류가 있다. 일부의 차종 중에는 인너패널과 도어래치 사이에 도어래치 보강판을 설치하고 있다.
- 차체강성 및 차체강도
- 경질 발포우레탄의 충진
  프론트 필러, 센터필러 및 프론트 시트 마운팅 브라켓에 경질 발포 우레탄을 충진하여 차내강성, 방음, 방진성능의 향상과 경량화를 도모하고 있다.

나. 프레임바디

자동차의 기본 골격을 강철로 갖추고, 그 위에 바디를 얹는 방식으로 SUV 자동차에 많이 사용해 왔으나, 제작상의 경비절감과 연비를 고려하여 최근에는 SUV 자동차에도 모노코크바디를 사용하는 경우가 있다. 프레임 부착 바디는 engine, suspension, steering system 등이 부착되어 하중과 노면에서의 진동, 충격 등에 잘 견디며, 프레임에서 진동이 흡수되므로 조용하고 승차감이 좋다. 또한 바디수리가 용이하고, 후면충돌 시 안전도가 좋으며, 차량의 총 중량은 무거운 특징이 있다.

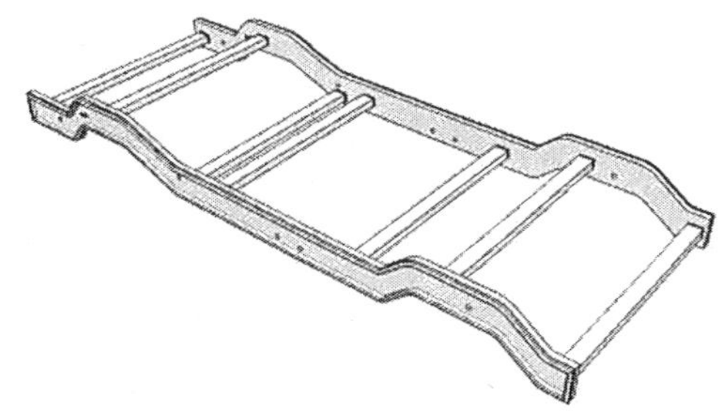

Ⅳ. 모노코크바디의 충돌손상과 위크포인트의 설정

1. 위크포인트(Weak point)의 개요

차량의 전면 또는 후면에 충격이 가해졌을 때 충격의 대부분은 프런트 사이드 멤버 또는 사이드 멤버에서서 충격이 흡수되도록 설계되어 있다. 사이드 멤버에는 주요 중량의 메가니즘 부품들이 장착되고 차체의 기본 골격을 유지해야 하기 때문에 강성이 커야 하지만 탑승자의 안전을 보호하기 위해서는 외부로부터의 충격에 대해 충격력을 흡수해야 하므로 이를 위해 사이드 멤버에 위크포인트를 설정한다.

충격 흡수 시 사이드 멤버가 찌그러짐으로써 충격이 흡수되는데 충격을 흡수할 수 있도록 단면상에 변화를 준 것이 위크포인트이다.

2. 위크포인트(Weak Point)의 설정 방법

가. 사이드 멤버의 각지 모서리 부분에 Notch를 추가한다.

나. 사이드 멤버의 단면 방향으로 홈을 추가한다.

다. 사이드 멤버의 특정한 부위에 주름을 지게 한다.

라. 사이드 멤버 면상에 홀(구멍)을 설치한다.

마. 사이드 멤버의 단면을 변화시킨다(큰 단면→작은 단면→큰 단면).

Notch 추가, 홈의 추가, 주름 지게하기, 홀(구멍) 설치 방법은 작은 충격력을 흡수하는데 필요하고, 멤버의 단면을 변화시키는 설정방법은 큰 충격력을 흡수하는 설정방법이다.

충격흡수를 위해서는 앞부분에서 뒷부분으로 위크포인트가 순차적으로 손상되어 흡수되는 것이 중요하며, 가장 좋은 충격흡수상태는 아코디언 형상처럼 위크포인트가 순차적으로 접혀지는 것이며, 이러한 상태에서 최적의 충격흡수효과를 낼 수 있다.

3. 프론트 바디의 충격흡수와 손상형태

프런트바디의 충격흡수를 위하여 여러 가지 구조적인 방법이 강구되고 있으며, 충격력의 방향(입력의 요소)과 FR차량과 FF차량의 구조상 차이, 충격의 흡수부위와 힘의 전달과정 등의 차이에 따라 손상의 장소, 범위 및 정도와 형태가 다르게 나타난다.

가. FR차 프론트 사이드 멤버의 충격 파급

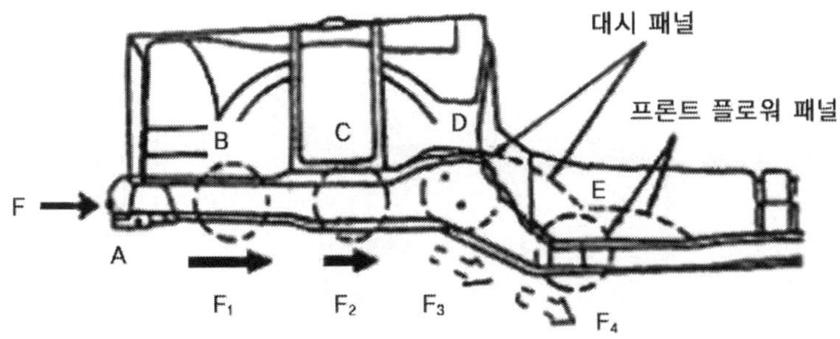

나. 사이드 멤버에 작동하는 굽힘 모멘트

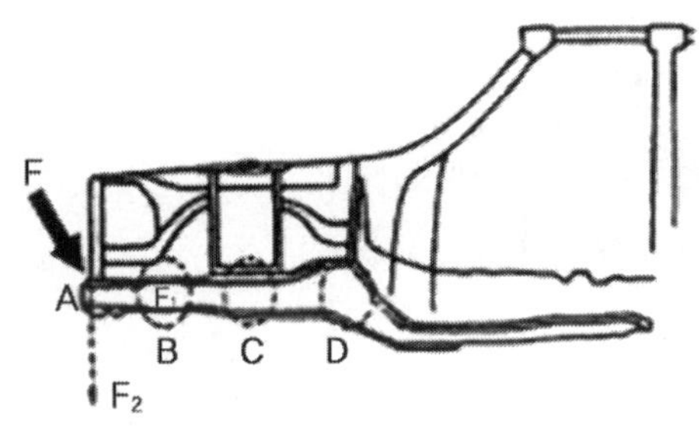

다. FF차 프론트 사이드 멤버의 충격 파급

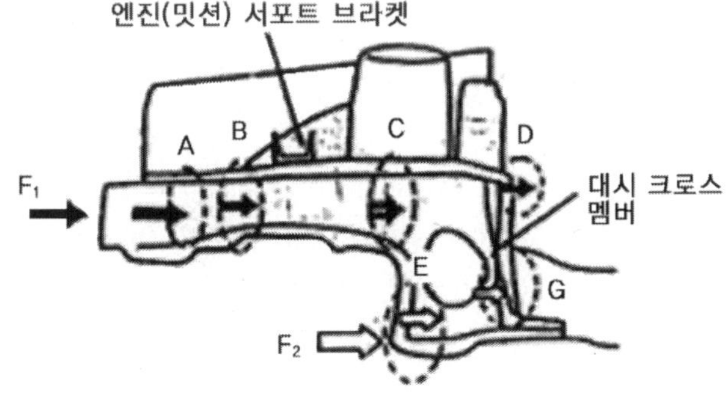

라. 라인포스먼트와 프론트 필라의 충격파급

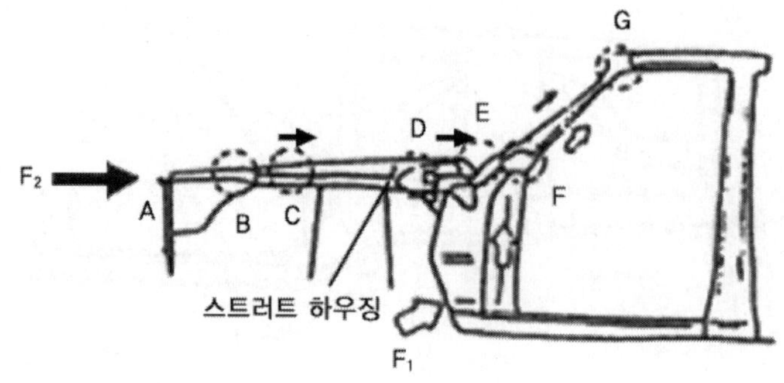

마. 프론트 필라 상부의 파급손상

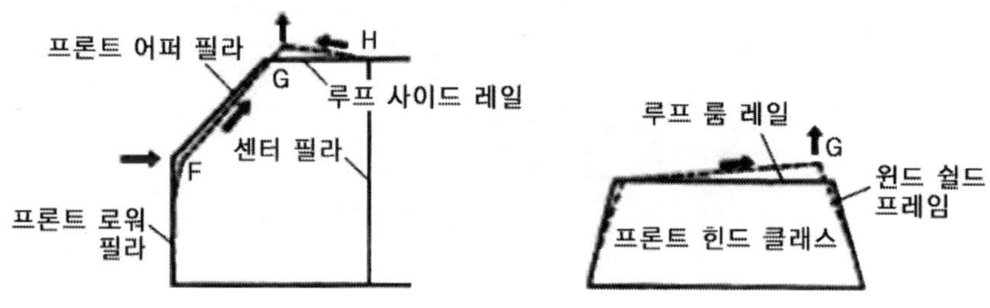

4. 프론트 바디의 손상형태

가. M형 변형

차량의 전면 중앙부에 집중적인 수직압력을 받아 프론트 바디 전체가 M형으로 변형되는 손상형태이며, 입력의 크기에 따른 손상정도를 3종류의 손상형태로 세분화할 수 있다.

그림의 왼쪽은 프론트 바디 전체의 손상형태를 나타낸 것으로 언더바디 골격부재의 손상형태와 거의 유사한 손상을 나타내는 상부의 구성부재를 예시하고 있고, 오른쪽 그림은 왼쪽 그림에 대한 바디 프레임의 손상형태를 나타낸 것이다.

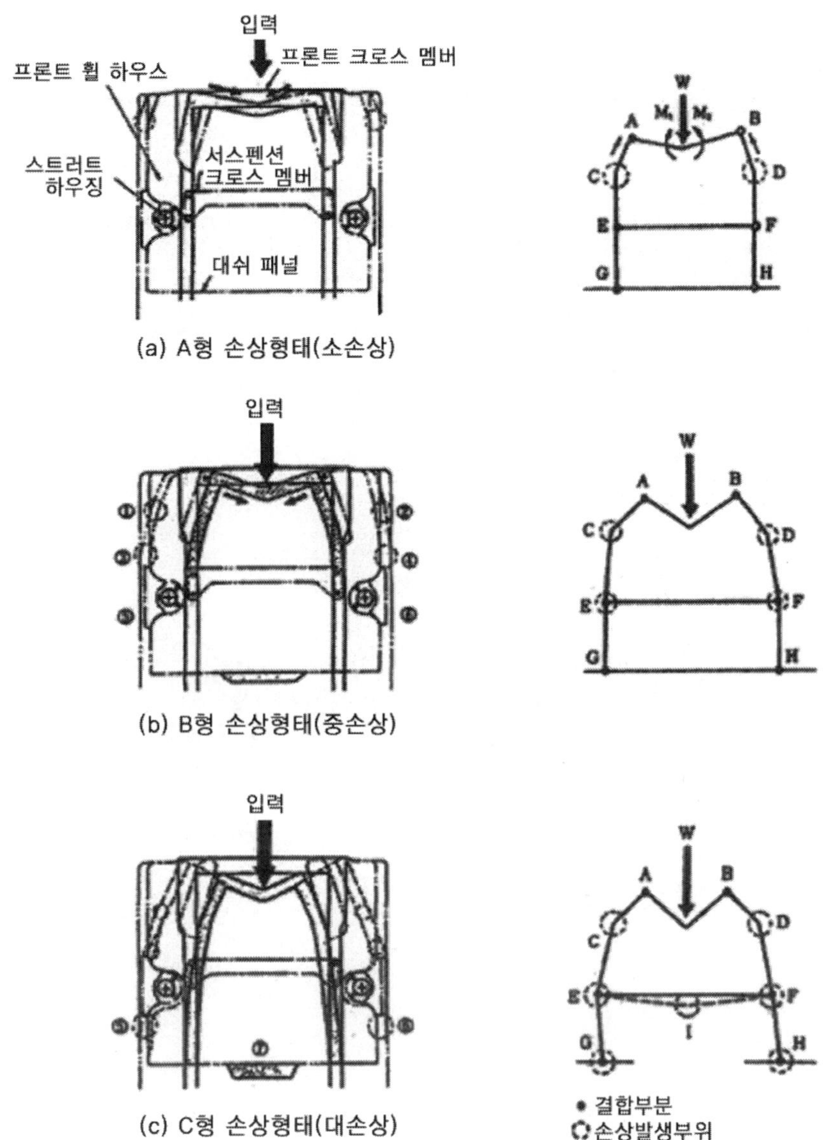

(a) A형 손상형태(소손상)

(b) B형 손상형태(중손상)

(c) C형 손상형태(대손상)

나. D형 변형

D형 변형은 수직입력이 차량 앞부분의 우측 또는 좌측으로 치우쳐 한 쪽에 수평압력이 작용하여 그 외압작용 부분이 수축되어 반대방향이 외압으로 당겨지고 구부러진 상태로 프론트 바디가 우측 또는 좌측으로 기울어진 변형이다. 이 손상형태의 특징은 한 방향으로만 외력이 작용하기 때문에 분력효과가 없고 일반적으로 수압측의 뒷부분까지 충격이 파급되는 경향이 있다. 또한 동시에 프론트 휠이 충격을 받아서 바디 손상이 확대되는 경우도 있다. 이 변형을 입력의 크기에 의한 손상정도에 따라 3가지로 분류한다.

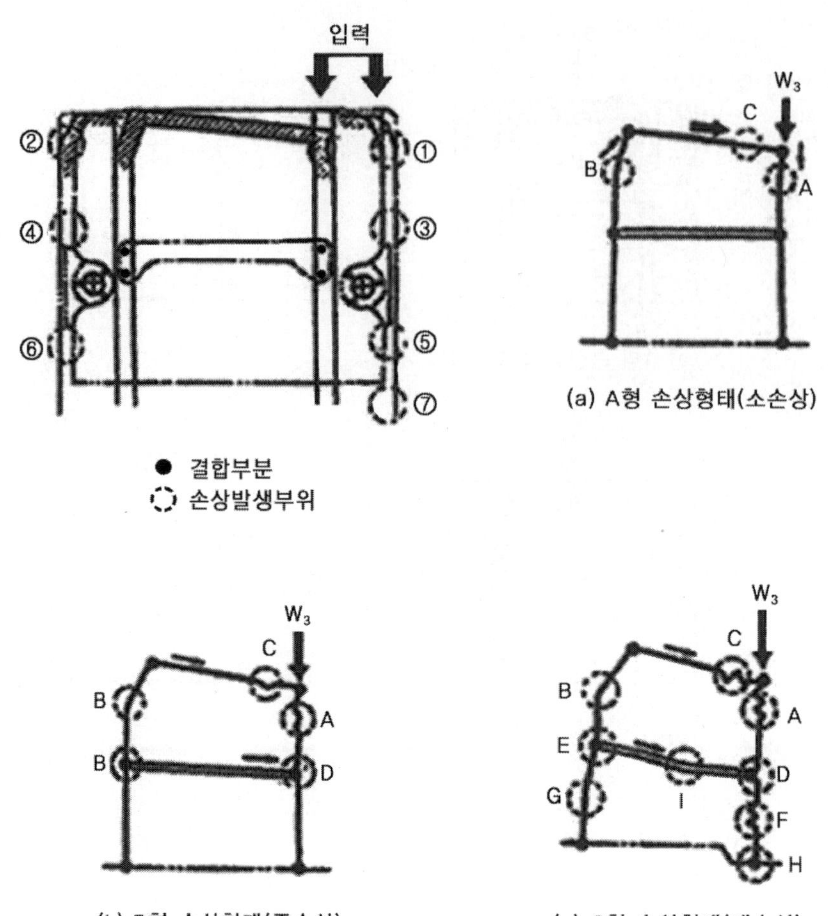

(a) A형 손상형태(소손상)

(b) B형 손상형태(중손상)

(c) C형 손상형태(대손상)

다. S형 변형(좌우 마름모꼴 변형)

S형 변형의 손상형태는 차량 전면부에서 오른쪽 또는 왼쪽 대각선 후방으로 입력이 가해져서 프론트 바디에 국부적인 변형이 발생되거나 앞부분 전체가 좌우 어느 쪽으로 구부러진 상태, 즉 마름모꼴 변형이 발생된 형태이다.

S형 변형 손상의 특징은 입력 각도에 따라 손상형태의 차이가 현저하며, 또한 프론트 휠부에 연속적으로 외압이 작용할 확률이 높아서 이것에 의해 손상이 확대되는 수도 있다.

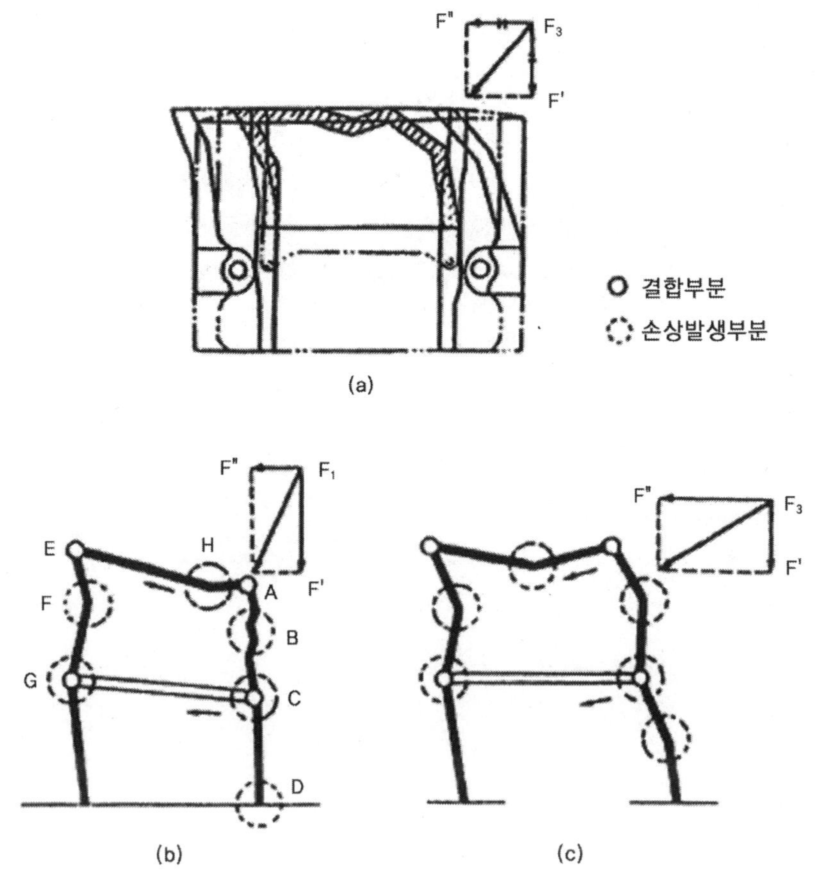

5. 리어 바디의 손상형태

리어 바디의 구조는 바디 형태에 따라 다르다. 가장 표준적인 4도어 세단차의 기본구조를 예를 들면, 리어 서스펜션에서 받은 각종의 하중을 리어 사이드 멤버, 리어 플로워 크로스 멤버 및 리어 패널로 구성되는 플로워에서 각각 나우어 받고 그 상부를 리어 휠 하우스, 리어 필라, 리어 시트 크로스 패널 등으로 보강하고 그 외측을 리어 휀더와 백 패널로 둘러싸서 전체적으로 강도, 강성을 확보하고 있다. 리어 바디에서 외력에 의한 충격의 파급경로와 흡수부위는 아래 그림과 같고 이것은 손상조사를 위한 입력요소와 손상형태의 관점에서 리어 사이드 멤버에 주입력이 있는 경우의 손상형태와 리어 휀더 후면부로 주입력이 있는 경우의 손상형태로 분류한다.

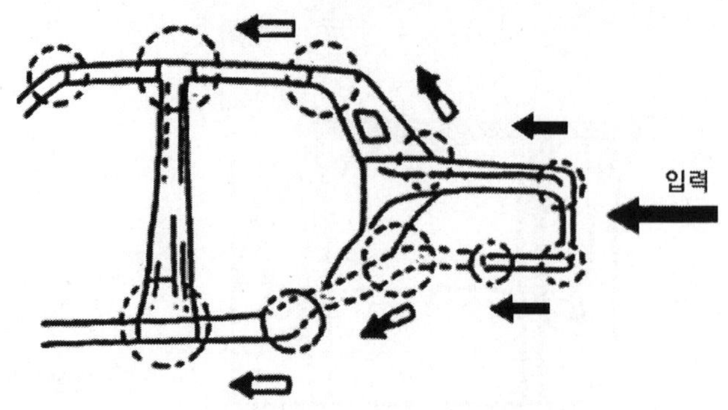

충격의 파급경로와 흡수부위

제2장 수리비 구성

Ⅰ. 수리비 산출의 Flow

자동차사고가 발생하고 자동차가 손상되어 사고현장에서 견인하거나 응급조치 후 정비공장에 입고하게 되면, 손상상태를 파악하고, 수리방법의 판정을 하며, 견적항목을 설정, 견적서 기재내용과 순서, 견적서의 점검 등 전체적으로 수리계획을 세우게 된다.

1. 사고차량의 관찰방법

가. 차량을 살펴보고 해당사고에 의한 손상과 그 이외의 손상유무를 관찰한다.

나. 차량 전후에서 차량전체를 시야에 넣고 상태를 관찰한다.

다. 차량 외관을 전후, 좌우, 좌우경사 45° 방향에서 관찰한다.

라. 힘이 가해진 부위를 관찰하고 힘의 3요소와 중심 관계에서 손상의 파급상황을 고찰한다.

마. 인접한 외판 패널간의 간격의 변화유무를 관찰한다.

바. 후드, 도어, 트렁크 등을 열어보고, 바디를 들어 올려 관찰한다.

사. 탑승자 또는 적재물에 의한 관성작용의 유무를 관찰한다.

아. 충격력의 파급범위를 위크포인트(Weak point)에 따라 관찰한다.

자. 계측이 가능한 골격부위는 계측을 하여 관찰결과를 보완한다.

2. 자동차 손상의 파악방법

자동차의 손상의 파악은 외관뿐만 아니라 파급된 2차적 손상등을 고려하여야 하며, 구체적으로는 접촉으로 인한 피해부위, 보이지 않는 부분의 손상과 해당사고와 무관한 이전의 손상 등으로 구분할 수 있다. 자동차의 손상을 파악하고, 이를 진단하여 수리비에 대한 견적을 내는 것은 매우 중요하므로 다음의 사항을 검토해야 한다.

가. 손상된 부품과 연결된 다른 부품의 변형을 관찰한다.

나. 충돌에 의한 휠얼라인먼트 변형을 검토하여야 한다.

다. 2차 충돌에 의한 손상부품을 점검한다.

라. 충돌에 의한 손상인지, 그 이전의 손상인지를 확인한다.

마. 사고로 인한 긁힘이 있는지 확인한다.

바. 손상부위는 항상 상대차량이나 물건의 흔적이 남는다.

Ⅱ. 손상자동차의 수리비

1. 수리비의 의의

수리비란, 자동차가 사고로 손상된 경우 사고현장에서 견인하거나 응급조치 후 자력으로 정비공장에 입고시키는 데 필요한 인양 및 운반비를 포함하여 현재의 일반적 수리방법에 의해 사회통념상 손상직전의 상태로 원상회복되었다고 인정되는 정도의 수리에 소요된 비용을 말한다.

2. 수리비의 종류

가. 직접수리비

직접수리비는 현재의 일반적 수리방법에 의하여 외관상, 기능상, 사회통념상 손상직전의 상태로 원상회복되었다고 인정되는 정도의 수리에 소요되는 수리비를 말한다.

나. 임시수리비(가수리비)

임시수리비 또는 가수리비는 자동차가 자력으로 이동할 수 없는 경우, 이를 수리하기 위하여 가까운 정비공장까지 자력주행이 가능할 정도로 수리하는 데 필요한 출장수리비 또는 응급조치를 위하여 지출한 수리비 등과 같이 임시수리를 위하여 지출한 수리비를 말한다.

다. 미수선수리비(추정수리비)

미수선수리비 또는 추정수리비는 손상된 자동차를 고칠 수 있는 경우에도 수리하지 않고 매각하거나 폐차 처분하여 수리에 필요한 비용만큼 손해가 발생된 것으로서 산출하여 지급하는 수리비를 말한다. 여기서 자동차를 고칠 수 있는 경우란 다음의 2가지 요건을 동시에 충족시키는 경우를 말한다.

1) 현재의 기술로 손상된 자동차의 수리가 가능한 경우일 것(수리가능성)

2) 수리에 소요되는 비용이 차량가액을 초과하지 아니하는 경우일 것(수리필요성)

3. 수리비의 인정범위

가. 잔존물

수리과정에서 발생하는 잔존물은 수리비에서 공제하고 인정한다. 잔존물은 부품을 교환한 경우에 발생하는 것으로, 부품의 교환이 필요한 경우인지에 대한 판단은 기술성, 보안성, 경제성을 기준으로 하고 있다.

① 기술성 : 손상부위를 교정해도 원상복구가 불가능한 경우

② 보안성 : 교정수리 함으로써 차량의 안전도에 지장을 초래하는 경우

③ 경제성 : 교정수리비가 부품가격과 동일하거나 초과하는 경우

나. 신부품의 교환

신부품의 금액과 비용을 합친 금액을 수리비로 한다. 그러나 신부품의 교환으로 차량의 가액이 증가된 때에는 신구교환차익의 공제로 그 증가된 금액을 공제한다. 보험회사는 감가적용 대상품목에 대하여 표준감가율을 적용하여 공제한다.

다. 인양 및 운반비용

사고차량이 자력으로 움직일 수 없는 경우 이를 수리할 수 있는 가까운 정비공장이나 보험회사가 지정하는 장소까지 이동하는데 소요된 인양 및 운반비용은 수리비용으로 인정한다.

라. 임시수리비

상기 항의 가까운 정비공장이나 보험회사가 지정하는 장소까지 이동하는데 소요된 임시수리비(가수리비)도 수리비로 인정한다.

4. 수리비의 구성

수리비 = 부품대 + 공임 + 임시수리비 + 운반비

가. 원상회복의 개요

자동차보험의 대물배상과 자기차량손해 담보에서 인정하는 수리비는 사고차량이 사고가 생기기 바로 전의 상태로 원상회복하는데 소요되는 비용을 말한다. 이때 원상회복이란, 사회통념상 적정한 방법을 필요에 따라 탈착, 교환, 교정, 도장 등 각 작업상 기술수준에서 타당하게 이루어지고, 자동차의 기능상, 구조상 하자가 없이 사고 이전의 상태로 복원되는 것을 말한다. 그러나 과잉수리, 편승수리가 있어서는 안 된다.

우리나라 법원의 경향은 교환가액 내에서의 수리비 상당액의 물적손해와 불법행위로 인하여 물건이 훼손된 경우 그 손해는 수리가 가능한 때에는 수리비를, 수리가 불가능한 때에는 그 물건의 교환가치(시가)를 통상의 손해로 보고 있다.

나. 부품대(부품운임 및 제작비 포함)

1) 순정부품

순정부품이란 완성차 제작 시 적용된 부품과 동일한 부품으로 제작사 또는 제작사로부터 위임받은 자가 공급하는 부품을 말한다.

자동차제작사에서 공급하는 부품은 각 회사마다 차종별 목록표(Catalogue)가 있고, 여기에 부품번호와 명칭이 있으며, 각 차량의 고유번호인 차대번호와 제작시기에 따른 장착 부품을 확인할 수 있다. 이때 순정품의 확인방법은 홀로그램 스티커와 제작사 마크를 가지고 확인한다.

2) 사제부품

사제부품이란 자동차제작사의 보증이 없는 부품으로 품질불량, 가공불량 등의 하자가 있을 수 있으며, 순정부품에 비하여 가격이 저렴하다. 제작시기가 너무 오래되어 공급의 문제가 있거나 기타의 원인으로 사제부품을 사용한 경우 부품가격을 조사하여 인정한다.

3) 중고품, 재생품(Rework)

수리를 함에 있어 중고품 또는 재생품(Rework)을 사용하는 경우에는 반드시 사전에 피보험자 또는 피해자에게 양해를 구하는 것이 좋다. 이때 가격은 구입가격을 확인하여 인정하며, 일반적으로 교정 수리공임의 범위 내에서 인정하는 것이 타당하다. 중고품이나 재생품을 사용하는 경우는 다음과 같다.

- 판금하거나 잘라서 잇는 것보다 외관도 좋고 수리기간도 단축되는 경우로 중고품으로 교환하는 것이 나을 때
- 신제품의 구입이 곤란할 때(차령이 고령인 경우, 부품업체의 부도 일시적 상황 발생 등)
- 파손된 부품이 원래 중고품이거나 재생품일 때
- 신제품 교환에 따른 감가액의 부담이 너무 클 때

4) 제작부품

대형차량의 탑, 특수부품 등 구입이 곤란한 부품을 제작하여 공급하여야 하는데, 이때 소요되는 형틀제작비용 등은 1회로 전액 상각할 것인지 아니면 계속 사용가능하므로 분할 상각할 것인가를 적절히 판단하여야 한다.

5) 소부품(Short Parts)

볼트(Bolt), 너트(Nut), 스크류(Screw), 와셔(Washer) 등은 낱개로 계상하는 것이 통상적이다. 대체로 소액사고에서는 계상하지 않으며, 수리비의 1% 정도의 10,000원 범위 내에서 인정한다.

다. 수리공임

수리공임은 표준작업시간(SOT: Standard Operation Time)과 사회적, 경제적 요소임 공임률(Labor Rate)의 계산방식에 의하여 산출되며, 현재 손해보험업계와 정비업계간 협상에 의하여 자동차 수리공임 기준표」를 작성하여 정비공장과 정비수가 계약을 맺어 인정하고 있다. 그러나 신차의 계속된 출고와 기준표에 없는 수리작업명도 있어 적용의 한계는 있다.

1) 분해, 조립, 조정, 탈착, 교환공임

- 분해와 조립 : 여러 부분이 결합되어 있는 손상부위의 부품을 낱낱으로 분리 및 해체하고, 다시 결합되어 있는 상태로 회복하는 것
- 탈착 : 부품을 단순하게 떼어내고 장착하는 작업
- 교환 : 부품을 교환하는 작업으로 교환후의 조립 및 조정 등을 완료할 때까지의 모든 작업 포함
- O/H(오버홀) : 전체품(Assembly)을 분해하고 각 구성부품의 점검, 수정, 교환, 조립, 조정 등을 포함하여 완료할 때까지의 모든 작업
- 조정 : 작동상의 기능에 대하여 조정하는 작업 및 완료시에 필요로 하는 시험 등을 포함

2) 판금작업공임

판금작업공임은 표준작업시간에 공임률을 곱하여 산출하거나, 여기서 표준작업시간은 1급 정비공장에서 2급 자동차정비기능사 또는 실무경험 5년 정도의 기능사를 기준으로 계산한 작업시간을 말한다.

3) 도금 및 용접공임

특수부품의 도금 및 용접공임은 정비공장에서 직접 하지 않고 외주에 의하여 수리하는 것이 보통이므로 외주처에 확인하여 인정하는 것이 타당하다.

4) 도장 공임

도장공임은 「자동차 수리공임 기준표」에 차종별, 도료별, 도장부위별로 명기된 도장요금 인정기준을 적용한다.

라. 임시수리비

자동차가 사고 현장에서 자력으로 이동할 수 없는 경우에 이를 가장 가까운 정비공장으로 자력이동하기 위하여 지출한 수리비, 출장수리비, 응급조치를 위한 수리비 등과 같이 임시수리를 위하여 지출한 비용을 인정한다.

마. 인양·운반비

자동차가 자력으로 가까운 정비공장까지 이동하기 어려운 경우, 이를 운반하는 데 사용된 인양·운반비(렉카비), 운송비(트럭, 철도)를 말한다. 이는 도로조건, 심야작업 및 휴일작업 등의 시간적 조건, 날씨 등 여러 여건을 참조하여 결정하게 된다.

Ⅲ. 수리공임 산출의 기초지식

1. 작업시간의 개요

작업시간은 일반적으로 작업량을 시간(작업시간)으로 산정하고, 1시간의 공임단가(공임)를 공장의 경영면에서 계산하여 양쪽을 곱하는 방식으로 행해지고 있다.

작업시간은 근로기준법에서 근로자가 근무하는 근로시간과는 다른 개념이며, 근로시간은 점심시간을 제외한 실제근로시간, 그를 초과한 초과근무시간 등으로 이해하며, 근무시간 중에서 직접 작업 및 작업에 필요한 준비시간을 '작업시간'이라 할 것이다.

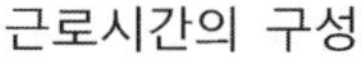
근로시간의 구성

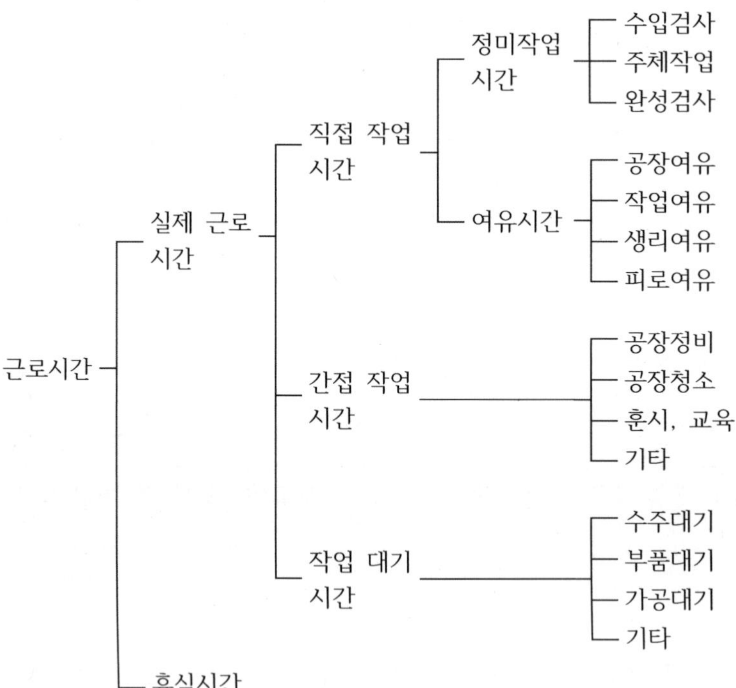

2. 직접작업시간

직접작업시간은 작업을 준비하는 시간과 실제 수리에 소요되는 정미작업시간과 여유시간으로 구성된다. 여유시간은 정미작업을 진행함에 있어 인적, 물적으로 필요한 시간이고 일반적으로는 그 발생이 불규칙하고 우발적이기 때문에 편의상 발생률, 평균시간 등을 조사하고 측정해서 정미시간에 부가시키는 방법을 채택하고 있다.

여유시간은 다음과 같이 분류한다.

가. 공장여유

작업지시, 조회 등 조직 관리상 발생하는 여유시간을 공장여유시간이라 한다.

나. 작업여유

부품, 공구를 떨어뜨린 경우에 줍기, 공기계의 더러운 곳을 떼어내기 등 작업 중에 때때로 발생하는 작업상의 여유시간을 말한다.

다. 생리여유

작업자의 생리적 요구에 따른 땀닦기, 용변, 음료마시기 등의 여유시간을 말한다.

라. 피로여유

기지개, 안마 등 피로의 회복이나 방지를 위한 여유시간을 말한다.

3. 표준작업시간(SOT; Standard Operation Time)

2005년 6월에 공표된 표준작업시간은 보험개발원 자동차기술연구소 및 여주대가 국토해양부의 "자동차보험 적정 정비요금 연구용역"에 컨소시엄 연구기관으로 직접 참여하여 공동으로 산출한 결과로서, 기존에 보험 및 정비업계가 사용하던 Group별 작업시간 체계를 합리적으로 개선하여 차량구조 및 부품 보급 형태에 맞게 차명별로 산출한 작업시간이다.

표준작업시간은 작업을 준비하는 준비작업시간, 실제 수리에 소요되는 정미작업시간, 작업 중에 발생되는 불규칙한 시간(전화받기, 음료마시기, 땀닦기 등)인 여유작업시간 등으로 구성되며, 실제 정비현장의 작업환경을 반영하기 위하여 정미작업시간에다 준비율 및 여유율 45%를 가산하여 표준작업시간을 산출한다.

따라서 표준작업시간은 현장의 작업여건을 충분히 반영한 시간이기 때문에 정비업체의 작업 생산성을 평가하는 기준으로 사용되기도 하기 때문에 경영의 합리화를 위한 참고지표가 될 수도 있어, 자동차제작사의 A/S 작업 및 정비업계의 수리작업에 유용하게 사용되는 자료이다.

최근에는 자동차제작사가 차량요율 적용 및 판매 등을 고려하여 차량설계 단계부터 수리하기 용이한 구조로 차량을 생산하기 때문에 표준작업시간도 이전에 출시된 차량에 비해 다소 낮아지는 추세에 있는데, 예를 들면 대부분의 승용차량의 앞, 뒤 범퍼가 범퍼커버, 레일 등 분할형태로 공급되고, 앞 패널도 용접체결방식에서 볼트체결방식으로 변경되었으며, 라디에이터도 작업공간의 확보로 작업이 용이해지는 등 정비작업 성능이 대폭 개선되고 있는 것을 들 수 있다.

가. 표준조건

1) 표준작업자 : 실무경험 5년 이상 또는 자동차정비기능사 2급 이상의 기능을 가진 자

2) 표준공장 : 복원수리작업을 하는 일반 정비공장에 다음과 같은 설비와 기기를 갖춘 공장(자동차관리법상의 허가기준에 따라 설립된 1급 또는 2급 정비공장)

- 정비공장 허가기준에 표시된 기계, 설비
- 간이 수정기
- 스포트(또는 아트) 용접기
- 가스 용접기

3) 표준차량 : 1 ~ 2년 사용(2 ~ 3만km)한 일반적인 정비 상태의 차량으로 오염, 녹 등이 경미한 상태의 차량

4) 표준부품 : 자동차제작사에서 출하된 순정부품

5) 표준작업속도 : 표준작업자가 평상시 작업하는 속도

나. 표준작업시간의 필요성

1) 공임의 적절성 확보
작업시간에 대한 소요의 정도는 공장설비, 작업자의 기능, 작업 속도 등에 따라 차이가 발생할 수 있고, 작업공임의 표준화를 위해서는 표준작업시간이 필요하며, 일반적이고 객관적으로 표준화된 '표준작업시간'에 따라 공임의 적절성을 확보할 수 있다.

2) 합리적 작업관리 및 경영관리
표준작업시간은 정비공장의 작업관리나 경영관리에 유용하게 사용되며, 합리적인 작업관리는 합리적인 경영관리로 이어지는 유용한 자료이다.

다. 표준작업시간의 구성

- 표준정미작업시간
- 표준작업시간 표준준비작업시간
- 표준여유작업시간

1) 표준정미작업시간 : 탈착, 분해, 검사, 교환, 조립, 조정, 중간검사 등의 작업시간이다.

2) 표준준비작업시간 : 차량의 입고 및 출고, 작업지시서의 읽고 쓰기, 공구준비, 수납, 부품준

비, 스크랩의 폐기 등의 작업시간

3) 표준여유시간 : 공장여유, 작업여유, 생리여유, 피로여유

4. 가동률

가동률(%) = (직접 작업시간/실제 근로시간) × 100%

가동률이란 실제 근로시간 중 직접 작업시간이 차지하는 비율을 말하며 공장 전체의 가동상황을 나타낸다. 정비공장의 가동률이 높으면 경영 수익이 높아지는 것이므로, 경영상의 좋은 지표가 된다.

5. 작업능률

작업능률(%) = (표준 작업시간/직접 작업시간) × 100%

작업능률은 표준작업시간에 대한 직접 작업시간의 소요 정도를 나타낸 지표로서, 이는 정비공장 및 작업자의 작업의 효율성 또는 비효율성을 검토할 수 있게 된다.

작업능률은 정비공장의 환경, 설비 또는 작업자의 기능, 의욕 등의 조건에 의하여 차이가 날 수 있으며, 정비공장의 경영 측면에서는 공장의 가동율과 함께 작업능률을 상승시키는 것이 경영의 합리화를 꾀하는 조건이 될 것이다.

6. 이익률

가. 정비공장의 매출원가 및 원가의 구성

일반적으로 공장경영에 있어서 정비공장의 매출 및 원가의 구성 체계와 비용은 다음과 같다.

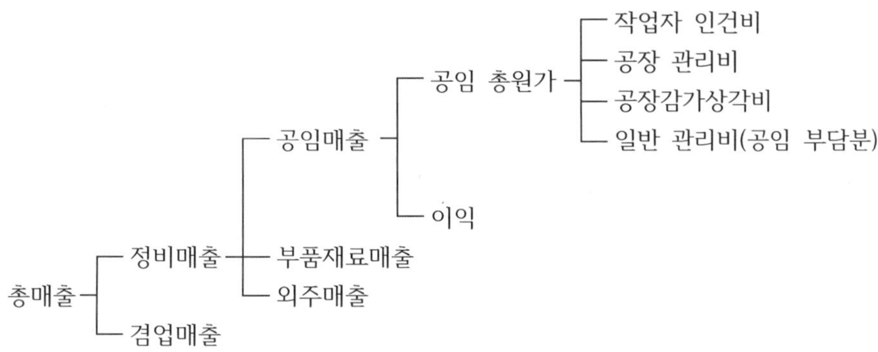

1) 작업자 인건비 : 작업자의 급여, 상여금, 퇴직급여, 복리후생비, 제수상

2) 공장관리비 : 수도광열비, 공장시설물의 수선비, 임차료, 제세공과비, 화재보험료, 기타 소모품(왁스, 석유 등) 등 공장관리에 관한 모든 경비

3) 공장감가상각비 : 정비부문에 속하는 고정자산(공장건물, 정비용기기, 테스터 등)의 감가상각비의 합계

4) 일반관리비 : 사업 전반에 소요되는 비용으로서 매출분류의 공임매출, 부품재료매출, 외주매출, 겸업매출 등 각각에 드는 경비이다. 일반관리비에는 임원의 보수, 공장 간접인원과 사무직원의 인건비, 보험료, 사무용 소모품비, 여비, 교통비, 공장 이외의 감가상각비 등이 있다.

5) 겸업매출 : 자동차정비 이외에 차량, 부품, 용품, 기타 판매 등의 매출

총매출 이익 중 부품재료 매출과 외주매출에 대한 이익률은 일정한 폭을 유지하나, 공임매출이익률은 여러 조건에 따라 차이가 날 수 있으므로, 효율적인 공장경영을 위해서는 공임매출이익률을 관리할 필요가 있다.

나. 이익률

이익률을 산출하는 방법은 2가지가 있다.

1) 원가에 대한 이익률 = $\frac{\text{매출} - \text{원가}}{\text{원가}}$

공임률 = 1시간당 공임 총원가×(1 + 이익률)

2) 매출에 대한 이익률 = $\frac{\text{매출} - \text{원가}}{\text{원가}}$

공임률 = 1시간당 공임 총원가÷(1 - 이익률)

7. 공임률

공임률이란 작업자 1인당, 1시간당 공임의 매출을 말한다. 일반적으로 영업실적의 관리표를 기초로 다음 식에서 목표이익률을 감안하여 공임률을 산출한다.

공임총원가 = 작업자 인건비 + 공장 관리비 + 공장의 감가상각비 + 일반관리비의 공임부부담분

1시간당 공임 총원가 = $\frac{\text{공임총원가(원간)}}{\text{원간실제노동시간} \times \text{가동률공임총원가}}$ = 작업자 1인의 1시간 평균 공임 총원가

제3장

견적기법

Ⅰ. 견적금액의 기본 산출요소

1. 공임

작업공임을 산출하기 위해서 작업방법, 차량구조, 부품 등의 지식을 갖고, 그것을 충분히 활용해야 한다. 작업공임은 주로 「탈착 · 교환」, 「판금수정」, 「도장」 3가지로 분류한다.

가. 탈착 · 교환

탈착 · 교환의 공임을 자동차수리공임기준표(이하 "공임기준표"라 한다)로 산출하는 경우는 공임기준표에 있는 항목을 찾으면 해당공임을 알 수 있다. 공임기준표에 없는 것은 표준작업시간에 공임률을 곱하여 산출한다.

탈착 · 교환의 공임설정의 요소로는 다음과 같은 것이 있다.

- **구성부품의 수** : 동일한 차종이라도 차량의 그레이드와 연식에 따라 구성부품의 차이가 있고, 작업량이 다르다.
- **조립구조의 차이** : 부품은 조립구조의 차이에 의해 탈착 · 교환의 작업시간이 다르기 때문에 공임설정에 있어서 부품의 조립방법에 충분한 주의가 필요하다.
- **부품 보급형태의 차이** : 부품을 교환하는 경우에는 그 보급형태가 전체품 또는 일체품(Assembly)인지, 아니면 부분품(partial)인지에 따라 탈착 · 교환의 공임이 다르다.
- **관련 작업에 의한 차이** : 인접한 2가지 이상의 동시 작업을 하는 경우, 인접 부착부에 대한 탈 · 부착 공수를 생략할 수 있다. 공임의 이중 산출을 방지하여 산출하여야 한다.

나. 판금수정

판금수정의 공임은 주로 수리의 난이도와 작업 기법을 고려한다. 작업난이도에 의해서 기법이 달라지는 것이 있다. 이 경우에는 수리기법, 공임률 항을 참조해서 적절한 작업시간을 파악한 후 합리적인 공임을 산정해야 할 것이다.

다. 도장

도장요금은 표준작업시간에 공임률을 곱하고, 재료대를 더해서 산출한다. 도장요금은 도료와 도장방법에 따라 작업시간과 재료대가 변하므로 당연히 공임에 차이가 발생한다.

2. 보수 도장비

자동차 수리에 있어서 보수 도장에 대한 표준작업시간의 표준공수와 공임, 재료비 등 도장비용에 대하여 견적상의 문제가 제기되긴 하지만, 산업현장의 자동차보수도장의 기술수준과 기술변화를 도모하고, 도장기법 및 소재의 다양화(일반철판, 아연도금철판, 알루미늄, 플라스틱 등)가 이루어지면서 표준작업에 대한 기능 인력의 배출 등을 통해 객관적 표준화가 이루어져 가고 있는 추세이다.

도장비(E = A × K + B)

E : 도장비(견적가격)
A : 공임률(Labor Rate) - 일정 기간 동안 정미작업시간을 추정하여, 이것에 이윤을 부가해서 직접작업자의 총시간으로 나눈 것
K : 공수 또는 지수
B : 재료비

가. 작업시간의 분류

작업시간은 정미작업시간, 준비작업시간, 여유시간으로 분류한다.

정미작업시간은 프라이머 서페이서를 스프레이건에 넣는 작업, 도포부의 청소 및 탈지작업, 프라이머 서페이서 도포 및 보충작업, 적외선 건조기의 설치 및 해체작업, 기타 마스킹 작업 등이 있다. 준비 작업시간은 스프레이건의 세척작업, 프라이머 서페이서 점도조정 및 점도계를 세척하는 작업, 기타작업 등이 있다.

여유시간(정미작업시간×계수)은 마스크와 안경을 걸치는 작업, 프라이머 서페이서의 세팅을 하는 작업, 기타작업 등이 있다.

나. 표준작업자의 설정

공수를 결정하는 것은 일정한 경험과 기량을 가지고 있는 사람이 한다면 이 정도의 시간에 가능하다는 표준을 설정해야 한다. 자동차 보수도장업체에는 표준을 2급 도장기능사, 경험 5년 이상인 자를 기준으로 하며, 공장기준의 경우에는 차량 1대를 넣어서 도장할 수 있는 도장실(부스)이 설치되어 있는 곳이다.

다. 재료비

보수도장의 재료는 상도도료, 상도용 신나, 프라이머 서페이서, 경화제(2액형 도료의 경우), 프라이머 신나, 폴리 퍼티, 래커 퍼티, 마무리 퍼티, 금속표면 처리제, 코팅제, 탈지용 용제, 연마지, 마스킹 테이프, 마스킹, waste, 컴파운드, 왁스, 여과지, 세정용 신나 등이 있다. 재료비는 필요의 품명, 그 단가 및 사용량에 따라 금액을 산정한다.

라. 부품대

부품대의 설정은 자동차제작사가 설정한 표준가격에 의하고 있다. 단, 타이어나 배터리 등 시장에서 확인이 가능한 경우에는 시장의 거래가격을 조사가격으로 한다.

Ⅱ. 견적서 작성순서

1. 자동차 손상 상태의 파악

가. 손상진단의 기초

자동차사고는 정지되어 있는 물체의 파손이 아닌, 돌발적이고 우연한 사고이기 때문에 그 손상의 유형도 다양하다. 따라서 충돌 당시 가해지는 충격력의 위치나 힘의 크기, 접촉면 등에 따라 사고의 실체를 충분히 파악한 후에 견적에 임하여야 한다.

나. 사고 상황의 파악(5W 1H)

1) 사고발생일자(When: 언제) : 손상부위 및 기능부품 등의 녹슨 상태, 차 내외의 오염, 먼지 등의 부착상태

2) 사고발생장소(Where: 어디서) : 도로상황, 기후, 손상부위 및 차 내외의 부착물

3) 사고 발생 시의 운전자(Who: 누가) : 동승자의 수, 충돌 시 관성 작용이 수반된 2차적 손상의 유무

4) 사고상대(What: 무엇을) : 사람, 차, 물건, 손상정도와 그 상태의 분석, 손상부위의 높이, 부착물

5) 사고발생원인(Why: 왜) : 원인에 따른 구조, 기능의 고장유무

6) 어떻게(How: 어떻게) : 사고 발생 시의 사람, 차, 환경. 직접손상과 간접손상 등의 관련성 조사

다. 사고차량의 관찰

1) 외관의 관찰

2) 내판, 골격의 관찰

3) 구조적 측면에서의 관찰

4) 계측에 의한 파악

5) 손상형태에 의한 파악

2. 수리방법의 판정

가. 수리방법의 판정 요소

손상상태, 부품보급 형태, 조립구조, 재질, 부품가격, 수리설비

나. 손상상태 분류

1) 충격력의 작용에 의한 분류
   직접손상, 간접손상, 파급손상, 유발손상, 관성손상

2) 역학적 성질에 의한 분류
   소성변형, 탄성변형

3) 외관에 의한 분류
   신장(늘어남), 오그라듬, 꺾임, 잘라짐, 구부러짐, 요철

3. 견적항목 설정

견적서에 기재되는 항목은 작업항목과 부품항목이 주를 이룬다.

가. 작업항목

작업항목은 크게 기본이 되는 부품의 교환 작업인 주체작업과 주체작업에 포함되는 부대작업으로 나뉜다. 작업의 실시에 있어서 1가지 부품에 실시하는 주체작업과 인접하는 2가지 이상의 부품에 대하여 연속 또는 동시에 실시하는 주체작업을 「관련작업」이라 하고, 이 경우 작업항목은 1가지 부품별로 작업을 각각 설정하지 않고 관련되는 주체작업을 1가지로 정리해서 설정하는 것이 필요하다.

나. 부품항목

부품항목은 보통 교환되는 부품과 필요자재, 오일류 등을 항목으로 설정하고 동시에 사용량과 가격을 산정한다.

부품은 차종과 연식에 따라 명확하고 정확하게 선택되어야 견적이 정확하게 계산되어 나온다. 부품을 정확하지 않게 산정한 경우에는 견적금액이 바뀔 수 있다.

교환부품 중에 Ass'y 일체품뿐만 아니라, 부분품(partial), 유니트(unit) 부품이 공급되는 경우가 많이 있으므로, 세부적으로 손상부위를 정확하게 판정하여 부분품을 사용하면, 부품교환을 최소화 시킬 수 있다.

4. 견적서 기재

견적서의 기입은 다음과 같이 한다.

① 기점을 결정하여 차량을 한 번 순회하는 방법

② 작업내용에 따라 부위별 및 기능별로 구분하는 방법

③ 직접충격을 받는 부분부터 시작하는 방법

Ⅲ. 견적서 작성시 주의사항

보험사고의 경우 견적은, 차량 소유주의 입장에서는 최대한 수리를 하려하고, 보험회사의 경우에는 편승수리나 과잉수리를 방지하고자 하는 입장에 서게 된다.

자동차보험은 손해보험으로서 '이득금지의 원칙'이라는 대원칙아래 보험사고로 사고이전보다 이득이 발생하지 않도록 해야 한다. 따라서 정비공장, 손해보험회사 또는 손해를 사정하는 손해사정사는 양자 검토 · 협의해서 결정해야 한다.

견적서 작성시 대체로 다음과 같은 점에 주의한다.

1. 수리기법에 대한 판단

자동차업계는 자동차제조회사의 제조기술의 발달뿐만 아니라 정비업계의 수리기술과 수리정비기기도 하루가 다르게 발전하고 있다. 따라서 과거의 수리 불가능한 경우의 것들도 수리가 가능한 경우가 있으므로, 수리기법에 대한 판단을 정확히 해야 한다.

2. 자동차의 구조에 대한 판단

자동차가 엔진의 회전력을 차축에 전달하여 차체를 움직이는 원리는 변하지 않지만, 차종에 따라서는 메거니즘이 여러 가지 면에서 상이한 점이 있다. 특히 사고의 경우 가장 손상을 받기 쉬운 바디 차종에 따라 각각 특징이 있다. 따라서 부품의 재질, 구조, 조립부착, 보급형태 등을 인식하고, 손상의 파급, 기능부품의 작동원리 여부, 작업의 난이성 등에 대하여 정확히 판단한다.

3. 사고 상황의 파악

자동차사고의 상황은 복잡하고, 손상의 범위, 모양, 정도도 여러 가지이다. 사고 상황에 따라 손상된 곳의 정확한 파악이 필요하고, 인과관계 있는 견적이 이루어져야 한다.

4. 손상 상황의 파악·분석

사고 자동차에 대하여 외력의 입력방향 또는 탑승자, 적재물 등에 따라 손상이 예상 외로 광범위한 곳까지 미친다. 그러므로 사고 상황을 참고하여 차량 전체를 확인하여야, 견적에서 누락되는 일이 발생하지 않는다. 사고 상황을 기초로 하고, 공학적인 힘의 3요소(방향, 작용점, 크기)를 응용해서 충격과 그 영향권을 분석하고 판단해야 한다.

5. 불명확한 부분의 대응

대부분의 견적서는 차량의 수리 이전에 작성되는 경우가 많은데, 명확하지 않은 부분에 있어서는 유보한 채, 탈착 또는 분해(O/H)시 다시 한 번 확인한 후 적절한 판단을 한다.

Ⅳ. 견적서 기재내용 및 순서

1. 견적서 기재내용

견적서의 양식은 다양하지만, 대부분 기재내용은 유사하다.

가. 성명 : 사고차량 소유주의 주소, 성명, 전화번호

나. 차량 : 차명, 등록번호, 차대번호, 연식, 최초 등록년월일, 차기검사 예정일, 차량 형식, 보디 형태, 엔진 형식, 배기량, 미션 형식, 등급, 특장품, 도장, 주행거리, 시가액 등

다. 수리방법 : 작업항목, 교환부품

라. 견적 : 부품대, 공임, 도장비, 부대비용(견인비, 구난비, 사진대, 기타) 등의 합계 금액

마. 기타 : 입고관계(입고일, 입고방법), 수리일수 등

수리내용의 표시용어

용 어	약호	작 업 내 용
점검	I	부품의 불량, 파손 또는 마모된 곳을 외부에서 점검하는 작업, 특별한 지시가 없는 한 다른 작업을 포함하지 않음.
조정	A	작업상의 기능에 대하여 조정완료 할 때까지의 전 작업
수정	R	부품의 구부러짐, 면의 찌그러짐 등에 대한 수정, 절단, 연마 등의 작업
탈착	R/I	부품을 단순하게 떼어내고 부착하는 작업(점검, 조정을 포함)
교환	X	조정 또는 수정을 할 수 없는 상태로 있는 것을 탈착하여 교환하는 작업(점검, 조정을 포함)
분해, 점검, 조립	W	Ass'y 또는 유니트를 완전히 분해하여, 각 구성부품의 점검, 교환, 조립, 조정완료 할 때까지의 전작업
오버홀	O/H	Ass'y 또는 유니트를 완전히 분해하여, 각 구성부품의 점검, 교환, 조립, 조정완료 할 때까지의 전작업(탈착을 포함하지 않음)
부품교환		Ass'y의 상태로 탈착해서 주체부품을 교환 또는 Over Haul 하는 경우에 일부 사용가능한 부품을 사용하여 조립하는 작업, 점검, 조정을 포함
판금	B	부품의 凹凸, 변형 등을 수정하는 작업
절개		부품의 일부를 절단하거나 잘라내는 작업
절단		같은 작업 후, 타 부품을 잘라 맞추는 작업
용접	P	가스 또는 전기에 의해 부품을 용접하는 작업
도장		선택방법에 따라서 도장하는 작업
측정		단일작업으로 측정 기구를 가지고 측정치를 잡는 방법

2. 견적서 작성 순서

가. 기점을 정해서 차량을 일순(순회)하는 방법

나. 작업내용에 따라서 부위별, 기능별로 구분하는 방법

다. 직접충격을 받은 부분에서 시작하여 충격의 진행방향에 따르는 방법

라. 차의 전반부에서 후반부, 후반부에서 전반부로 이동하는 방법

Ⅴ. A.O.S의 개요

1. A.O.S의 정의

A.O.S는 ARECCOM ON-LINE System의 약어로서 정비업체와 보험회사간의 사고 접수, 수리비 청구, 수리비지급내역 등을 실시간으로 인터넷(온라인)상에서 자유로이 처리 및 확인 할 수 있으며, 정비업체의 보험관련 업무의 경제성, 신속성, 투명성 확보를 목적으로 하는 최첨단 온라인 청구 시스템이다.

2. A.O.S 개발 목적

가. 보상업무 FLOW 개선으로 생산성 증대

- 정비공장 출장 최소화
- 신속한 수리정보 및 청구정보 확인으로 건당 처리 시간 단축
- A.O.S와 자사 기간계(신정보) 시스템 간 연동으로 업무효율 증대

나. 수리비 보험금 투명성 제고

- 온라인 청구로 과잉청구, 허위청구 심리적 억제
- 고객(피보험자) 수리비 관련 정보 제공용이

다. 수리비견적 산출 편리성 제고

라. 보험사별 정보 공유로 업무 편의성 증대

- 보험사기 체크 기능으로 사고조사 효율증대
- 접수 및 완결 정보 공유(사고조사를 위한 최소한의 정보)

3. A.O.S의 주요기능

가. 정비공장 차량 입고 정보 문자메시지 수신

나. 배당 조회(기간계 인터페이스)

다. 수리정보 온라인 수신(1보)

- 개요 : 공장에 방문하지 않고 손상차량의 정보를 온라인으로 수신
- 입수정보 : 차량 최초사진/예상수리작업, 범위/예상수리비 및 메모

라. 정비공장 청구서 온라인 수신(2보)

- 개요 : 공장 수리비 청구서(이미지 포함)를 온라인으로 수신
- 입수정보 : 수리차량 사진/청구서(견적서)/부품 및 유리 청구서 등

마. 손보사 기간계 연동

- 아래콤 결과내용을 기간계 시스템으로 연동
- 내용 : 1보 또는 2보 기간계 전송
- 각 손보사 전산에서 개발하는 D11, Exe 기능(각 손보사 환경에 부합하는 프로그램 개발 환경 제공)

바. 각종 조회 기능

- 정비공장이 작성한 전체 1보, 2보 조회기능
- 전 손보사 접수조회
- 제작사 전체 부품 가격 조회
- 제작사 차량 판매 표 조회
- 타사 완결 조회
- 차량/작업시간(탈부착 및 도장) 조회

사. 쌍방 과실 건에 대한 타사 이첩 기능

아. 1보, 2보 접보 자사 이첩 기능

자. 메시지 기능 : A.O.S 사용자간 전자우편 기능

차. E-mail 기능 : 견적서 및 사진 E-mail 전송 기능

카. 프로그램 자동패치 기능

타. 데이터 자동 유지보수 기능

[제 5 편]

기타 손해사정 실무

제1장 보험계약의 일반사항과 보험금 청구

Ⅰ. 보험계약의 일반사항

1. 보험계약의 성립

가. 보험계약은 보험계약자가 청약을 하고 보험회사가 승낙을 하면 성립한다.

나. 보험계약자가 청약을 할 때 '제1회 보험료(보험료를 분납하기로 약정한 경우)' 또는 '보험료 전액(보험료를 일시에 지급하기로 약정한 경우)'(이하 '제1회 보험료 등'이라 함)을 지급하였을 때, 보험회사가 이를 받은 날부터 15일 이내에 승낙 또는 거절의 통지를 발송하지 않으면 승낙한 것으로 본다.

다. 보험회사가 청약을 승낙했을 때에는 지체 없이 보험증권을 보험계약자에게 준다. 그러나 보험계약자가 제1회 보험료 등을 지급하지 않은 경우에는 보험증권을 주지 않는다.

라. 보험계약이 성립되면 보험회사는 보험기간에 따라 보험기간의 첫 날부터 보상책임을 진다. 다만, 보험계약자로부터 제1회 보험료 등을 받은 경우에는, 그 이후 승낙 전에 발생한 사고에 대해서도 청약을 거절할 사유가 없는 한 보상한다.

2. 약관 교부 및 설명의무 등

가. 보험회사는 보험계약자가 청약을 한 경우 보험계약자에게 약관 및 보험계약자 보관용 청약서(청약서 부본)를 주고 약관의 중요한 내용을 설명하여 준다.

나. 통신판매 보험계약에서 보험회사는 보험계약자의 동의를 받아 다음 중 어느 하나의 방법으로 약관을 발급하고 중요한 내용을 설명하여 준다.

1) 사이버몰(컴퓨터를 이용하여 보험거래를 할 수 있도록 설정된 가상의 영업장)을 이용하여 모집하는 경우 : 사이버몰에서 약관 및 그 설명문(약관의 중요한 내용을 알 수 있도록 설명한 문서)을 읽거나 내려 받게 하는 방법. 이 경우 보험계약자가 이를 읽거나 내려 받은 것을 확인한 때에는 약관을 주고 중요한 내용을 설명한 것으로 본다)

2) 전화를 이용하여 모집하는 경우 : 전화를 이용하여 청약내용, 보험료납입, 보험기간, 계약 전 알릴의무, 약관의 중요한 내용 등 계약 체결을 위하여 필요한 사항을 질문하거나 설명하는 방법. 이 경우 보험계약자의 답변과 확인 내용을 음성 녹음함으로써 약관의 중요한 내용을 설명한 것으로 본다.

다. 가.항에도 불구하고 보험회사는 보험계약자가 동의하는 경우 약관이나 보험계약자 보관용 청약서(청약서부본)를 광기록매체 또는 전자우편 등의 전자적 방법으로 전할 수 있으며, 전화를 이용하는 통신판매 보험계약에서는 확인서를 제공하여 청약서 부본을 주는 것에 갈음할 수 있다.

용어풀이

"부본"이란 원본과 동일한 내용의 문서를 말한다.
"광기록매체"는 통상 CD(Compact Disk)와 같이, 레이저광을 이용하여 기록 · 재생하는 매체를 지칭한다.

라. 다음 중 어느 하나에 해당하는 경우 보험계약자는 계약체결일부터 3개월 이내에 계약을 취소할 있다. 다만, 의무보험은 제외한다.

1) 보험계약자가 청약을 했을 때 보험회사가 보험계약자에게 약관 및 보험계약자 보관용 청약서(청약서 부본)을 주지 않은 경우

2) 보험계약자가 청약을 했을 때 보험회사가 청약 시 보험계약자에게 약관의 중요한 내용을 설명하지 않은 경우

3) 보험계약자가 보험계약을 체결할 때 청약서에 자필서명을 하지 않은 경우

마. 라.항에 따라 계약이 취소된 경우 보험회사는 이미 받은 보험료를 보험계약자에게 돌려 드리며, 보험료를 받은 기간에 대하여 보험개발원이 공시한 보험계약 대출이율에 따라 연 단위 복리로 계산한 금액을 더하여 지급한다.

용어풀이

"통신판매 보험계약"이란 보험회사가 전화.우편.컴퓨터통신 등 통신수단을 이용하여 모집하는 보험계약을 말한다.
"자필서명"에는 날인(도장을 찍음) 또는 전자서명법 제2조 제2호, 제3호 및 제10호에 따른 방식을 포함한다.

3. 보험 안내자료의 효력

보험회사가 보험모집과정에서 제작 · 사용한 보험안내자료(서류, 사진, 도화 등 모든 안내자료를 포함)의 내용이 보험약관의 내용과 다른 경우에는 보험계약자에게 유리한 내용으로 보험계약이 성리된 것으로 본다.

4. 청약 철회

가. 보험계약자는 보험증권을 받은 날부터 15일 이내에 보험계약의 청약을 철회할 수 있다.

나. 가.항에서 보험회사가 보험계약자에게 보험증권을 준 것에 관해 다툼이 있으면 보험회사가 이를 증명한다.

다. 가.항에도 불구하고 다음 중 어느 하나에 해당하는 경우에는 보험계약의 청약을 철회할 수 없다.

1) 전문보험계약자가 보험계약의 청약을 한 경우

2) 청약한 날부터 30일이 지났을 때

3) 의무보험에 해당하는 보험계약

4) 보험기간이 1년 미만인 보험계약

용어풀이

"전문보험계약자"란 보험계약에 관한 전문성과 자산규모 등에 비추어 보험계약의 내용을 이해하고 이행할 능력이 있는 자로서 국가, 한국은행, 금융기관, 주권상장법인 등을 말하며, 구체적인 범위는 보험업법 제2조 제19호에서 정하는 바에 따른다.

라. 보험회사는 보험계약자의 청약 철회를 접수한 날부터 3일 이내에 받은 보험료를 보험계약자에게 돌려준다.

마. 청약을 철회할 당시에 이미 보험사고가 발생했으나 보험계약자가 보험사고가 발생한 사실을 알지 못한 경우는 청약 철회의 효력은 발생하지 않는다.

바. 보험회사가 라.항의 보험료 반환기일을 지키지 못하는 경우, 반환기일의 다음날부터 반환하는 날까지의 기간은 보험개발원이 공시한 보험계약대출이율에 따라 연 단위 복리로 계산한 금액을 더하여 돌려준다.

5. 보험기간

보험회사가 피보험자에 대해 보상책임을 지는 보험기간은 다음과 같다.

구 분	보 험 기 간
1. 원칙	보험증권에 기재된 보험기간의 첫날 24시부터 마지막 날 24시까지. 다만, 의무보험(책임공제를 포함)의 경우 전(前) 계약의 보험기간과 중복되는 경우에는 전 계약의 보험기간이 끝나는 시점부터 시작한다.
2. 예외 : 자동차보험에 처음 가입하는 자동차 및 의무보험	보험료를 받은 때부터 마지막 날 24시까지. 다만, 보험증권에 기재된 보험기간 이전에 보험료를 받았을 경우에는 그 보험기간의 첫날 0시부터 시작한다.

용어풀이

"자동차보험에 처음 가입하는 자동차"란 자동차 판매업자 또는 그 밖의 양도인 등으로부터 매수인 또는 양수인에게 인도된 날부터 10일 이내에 처음으로 그 매수인 또는 양수인을 기명피보험자로 하는 자동차보험에 가입하는 신차 또는 중고차를 말한다. 다만, 피보험자동차의 양도인이 맺은 보험계약을 양수인이 승계한 후 그 보험기간이 종료되어 당해 보험계약을 맺은 경우를 제외한다.

6. 자동차 보험료의 계산 방법

자동차 보험료는 보험회사가 금융감독원에 신고한 후 사용하는 '자동차보험 요율서'에서 정한 방법에 의하여 계산한다.

<예시>

납입할 보험료	=	기본 보험료	×	특약 요율	×	가입자특성요율 (보험가입경력요율 = 교통법규위한경력요율)	×	특별 요율	×	우량할인 불량할증 요율

- 기본보험료 : 차량의 종류, 배기량, 용도, 보험가입금액, 성별, 연령 등에 따라 미리 정해놓은 기본적인 보험료
- 특약요율 : 운전자의 연령범위를 제한하는 특약, 가족으로 운전자를 한정하는 특약 등 가입 시에 적용하는 요율
- 가입자의 특성요율 : 보험가입기간이나 법규위한경력에 따라 적용하는 요율
- 특별요율 : 자동차의 구조나 운행실태가 같은 종류의 차량과 다른 경우 적용하는 요율
- 우량할인 · 불량할증요율 : 사고발생 실적에 따라 적용하는 요율

7. 사고발생 지역

보험회사는 대한민국(북한지역을 포함) 안에서 생긴 사고에 대하여 보험계약자가 가입한 보장종목에 따라 보상한다.

Ⅱ. 보험계약자 등의 의무

1. 계약 전 알릴의무

가. 보험계약자는 청약을 할 때 다음의 사항에 대하여 알고 있는 사실을 보험회사에 알려야 하며,

3).항의 경우 기명피보험자의 동의가 필요하다.

1) 피보험자동차의 검사에 관한 사항

2) 피보험자동차의 용도, 차량종류, 등록번호(이에 준하는 번호도 포함), 차명, 연식, 적재정략, 구조 등 피보험자동차에 관한 사항

3) 기명피보험자의 성명, 연령 등에 관한 사항

4) 그밖에 보험청약서에 기재된 사항 중에서 보험료의 계산에 영향을 미치는 사항

5) 기명피보험자와 피보험자동차 소유자가 다른 경우 소유자에 관한 사항

6) 기타 보험회사가 서면으로 질문한 사항 또는 보험청약서 기재사항

나. 보험회사는 이 보험계약을 맺은 후 보험계약자가 계약 전 알릴 의무를 위반한 사실이 확인되었을 때에는 추가보험료를 더 내도록 청구하거나 (보험회사의 보험계약 해지) 조항에 따라 해지할 수 있다.

2. 계약 후 알릴의무

가. 보험계약자는 보험계약을 맺은 후 다음의 사실이 생긴 것을 안 때에는 지체 없이 보험회사에게 그 사실을 알리고 승인을 받아야 한다. 이 경우 보험회사는 그 사실에 따라 보험료가 변경되는 경우에는 보험료를 더 받거나 돌려주고 계약을 승인하거나, 보험약관의 (보험회사의 보험계약 해지) 조항에 따라 해지할 수 있다.

1) 용도, 차종, 등록번호, 적재정량, 구조 등 피보험자동차에 관한 사항이 변경된 사실

2) 피보험자동차에 화약류, 고압가스, 폭발물, 인화물 등의 위험물을 싣게 된 사실

3) 기타 위험이 뚜렷이 증가하거나 또는 적용할 보험료에 차이를 발생시키는 사실

나. 보험계약자는 보험증권에 기재된 주소 또는 연락처가 변경된 때에는 지체 없이 보험회사에 알려야 한다. 이를 알리지 아니한 경우에는 보험회사가 알고 있는 최근의 주소로 통지함으로 인해 불이익을 입을 수도 있다.

3. 사고 발생 시의 의무

가. 보험계약자 또는 피보험자는 사고가 생긴 것을 안 때에는 다음의 사항을 이행하여야 한다.

1) 지체 없이 손해의 방지와 경감에 힘쓰고, 남으로부터 손해배상을 받을 수 있는 권리가 있는 경우에는 그 권리(공동불법행위 등의 경우 연대 채무자 상호간의 구상권을 포함. 이하 동일)의 보전과 행사에 필요한 절차를 밟아야 한다.

2) 다음 사항을 보험회사에 지체 없이 서면으로 알려야 한다.

가) 사고가 발생한 때, 곳, 상황 및 손해의 정도

나) 피해자 및 가해자의 성명, 주소, 전화번호

다) 사고에 대하여 증인이 있을 때에는 그의 성명, 주소, 전화번호

라) 손해배상의 청구를 받은 때에는 그 내용

3) 손해배상의 청구를 받은 경우에는 미리 보험회사의 동의 없이 그 전부 또는 일부를 합의하여서는 안 된다. 그러나 피해자의 응급치료, 호송 그 밖의 긴급조치에 대하여는 보험회사의 동의를 필요로 하지 아니한다.

4) 손해배상청구의 소송을 제기하려고 할 때 또는 제기당한 때에는 지체 없이 서면으로 보험회사에 알려야 한다.

5) 피보험자동차를 도난당하였을 때에는 지체 없이 그 사실을 경찰관서에 신고하여야 한다.

6) 보험회사가 사고를 증명하는 서류 등 꼭 필요하다고 인정하는 서류와 증거를 요구한 경우에는 지체 없이 이를 제출하여야 하며, 또한 보험회사가 손해를 조사하는 데에 협력하여야 한다.

나. 보험회사는 보험계약자 또는 피보험자가 정당한 이유 없이 위 '가.'에서 규정하고 있는 사항을 이행하지 아니한 경우에는 그로 말미암아 늘어난 손해액이나 회복할 수 있었을 금액을 손해보상액에서 공제하거나 지급하지 아니한다.

Ⅲ. 보험계약의 변동 및 보험료의 환급

1. 보험계약 내용의 변경

가. 보험계약자는 의무보험을 제외하고는 보험회사의 승낙을 받아 다음에 정한 사항을 변경할 수 있다.

1) 보험계약자. 다만, 보험계약자가 당해 보험계약의 권리, 의무를 피보험자동차의 양수인에게 이전함에 따라 보험계약자가 변경되는 경우에는 보험약관의 (피보험자의 양도) 조항에 따른다.

2) 보험가입금액, 특별약관 등 그 밖의 계약의 내용

나. 보험회사는 가.항에 따라 계약내용의 변경으로 보험료가 변경된 경우 보험계약자에게 보험료를 돌려주거나 추가보험료를 청구할 수 있다.

다. 보험계약 체결 후 보험계약자가 사망한 경우 당해 보험계약에 의한 보험계약자의 권리 · 의무는 사망시점에서의 법정상속인에게 이전한다.

2. 피보험자동차의 양도

가. 보험계약자 또는 기명피보험자가 보험기간 중에 피보험자동차를 양도한 경우에는 당해 보험계

약으로 인하여 생긴 보험계약자 및 피보험자의 권리와 의무는 피보험자동차의 양수인에게 승계되지 않는다. 그러나 보험계약자가 당해 보험계약의 권리와 의무를 양수인에게 이전하고자 한다는 뜻을 서면 등으로 보험회사에 통지하여 보험회사가 승인한 경우에는 그 승인한 때부터 양수인에게 당해 보험계약을 적용한다.

나. 보험회사가 가.항에 의한 보험계약자의 통지를 받은 날부터 10일 이내에 승인 여부를 보험계약자에게 통지하지 않으면, 그 10일이 되는 날의 다음날 0시에 승인한 것으로 본다.

다. 가.항에서 규정하는 피보험자동차의 양도에는 소유권을 유보한 매매계약에 따라 자동차를 '산 사람' 또는 대차계약에 따라 자동차를 '빌린 사람'이 그 자동차를 피보험자동차로 하고, 자신을 보험계약자 또는 기명피보험자로 하는 보험계약이 존속하는 동안에 그 자동차를 '판 사람' 또는 '빌려준 사람'에게 돌려주는 경우도 포함한다. 이 경우 '판 사람' 또는 '빌려준 사람'은 양수인으로 본다.

라. 보험회사가 가.항의 승인을 하는 경우에는 피보험자동차의 양수인에게 적용되는 보험요율에 따라 보험료의 차이가 나는 경우 피보험자동차가 양도되기 전의 보험계약자에게 남는 보험료를 돌려주거나, 피보험자동차의 양도 후의 보험계약자에게 추가보험료를 청구한다.

마. 보험회사가 가.항의 승인을 거절한 경우 피보험자동차가 양도된 후에 발생한 사고는 보험금을 지급하지 않는다.

바. 보험계약자 또는 기명피보험자가 보험기간 중에 사망하여 법정상속인이 피보험자동차를 상속하는 경우 이 보험계약도 승계된 것으로 본다. 다만, 보험기간이 종료되거나 자동차의 명의를 변경하는 경우에는 법정상속인을 보험계약자 또는 기명피보험자로 하는 새로운 보험계약을 맺어야 한다.

3. 피보험자동차의 교체

가. 보험계약자 또는 기명피보험자가 보험기간 중에 기존의 피보험자동차를 폐차 또는 양도한 다음 그 자동차와 동일한 차량종류이고 다른 자동차로 교체한 경우에는, 보험계약자가 당해 보험계약을 교체된 자동차에 승계시키고자 한다는 뜻의 서면 등으로 보험회사에 통지하여 보험회사가 승인한 때부터 이 보험계약이 교체된 자동차에 적용된다. 이 경우 기존의 피보험자동차에 대한 보험계약의 효력은 보험회사가 승인할 때에 상실된다.

나. 보험회사가 서면 등의 방법으로 통지를 받은 날부터 10일 이내에 가.항에 의한 승인 여부를 보험계약자에게 통지하지 않으면, 그 10일이 되는 날의 다음날 0시에 승인한 것으로 본다.

다. 가.항에서 규정하는 '동일한 차량종류의 다른 자동차로 교체한 경우'란 개인소유 자가용 승용자동차 간에 교체한 경우를 말한다.

라. 보험회사가 가.항의 승인을 하는 경우에는 교체된 자동차에 적용하는 보험요율에 따라 보험료의 차이가 나는 경우 보험계약자에게 남는 보험료를 돌려드리거나 추가보험료를 청구할 수 있

다. 이 경우 기존의 피보험자동차를 말소등록한 날 또는 소유권을 이전등록한 날부터 승계를 승인한 날의 전날까지의 기간에 해당하는 보험료를 일할로 계산하여 보험계약자에게 돌려주어야 한다.

4. 보험계약의 취소

보험회사가 보험계약자 또는 피보험자의 사기에 의해 보험계약을 체결한 점을 증명한 경우, 보험회사는 보험기간이 시작된 날부터 6개월 이내(사기 사실을 안 날부터 1개월 이내)에 계약을 취소할 수 있다.

5. 보험계약의 효력 상실

보험회사가 파산선고를 받은 날부터 보험계약자가 보험계약을 해지하지 않고 3개월이 경과하는 경우에는 보험계약이 효력을 상실한다.

Ⅳ. 보험금을 청구할 수 있는 경우

1. 피보험자는 각 담보별로 다음의 경우에 보험금을 청구할 수 있다.

담보 종류	청구할 수 있는 경우
대인배상Ⅰ, 대인배상Ⅱ, 대물배상	대한민국 법원에 의한 판결의 확정, 재판상의 화해, 중재 또는 서면에 의한 합의로 손해배상액이 확정된 때
자기신체 사고	① 사망보험금의 경우에는 피보험자가 사망한 때 ② 부상보험금의 경우에는 피보험자의 상해등급 및 치료비가 확정된 때 ③ 후유장해보험금의 경우에는 피보험자에게 후유장해가 생긴 때
무보험자동차에 의한 상해	피보험자가 무보험자동차에 의해 생긴 사고로 죽거나 다친 때
자기차량 손해	사고가 발생한 때. 다만, 피보험자동차를 도난당한 경우에는 도난사실을 경찰관서에 신고한 후 30일이 지난 때에 보험금을 청구할 수 있다. 만약, 경찰관서에 신고한 후 30일이 지나 보험금을 청구하였으나 피보험자동차가 회수된 경우에는, 보험금의 지급 및 피보험자동차의 반환여부는 피보험자의 의사에 따른다.

2. 청구절차 및 유의사항

가. 보험회사는 보험금 청구에 관한 서류를 받은 때에는 지체 없이 지급할 보험금액을 정하고 그 정하여진 날로부터 7일 이내에 지급한다.

용어풀이

"7일이내"란 보험금액이 최종 확정된 날(0시 기준)로부터 계산하여 주말 및 법정공휴일을 포함하여 7일째 되는 날을 말한다. 단, 7일째 되는 날이 주말 또는 법정공휴일인 경우에는 그 다음날인 평일로 한다.

나. 보험회사가 정당한 사유 없이 보험금액을 정하는 것을 지연하였거나 가.항에서 정한 지급기일 내에 보험금을 지급하지 않았을 때, 지급할 보험금이 있는 경우에는 그 다음날부터 지급일까지의 기간에 대하여 보험금을 지급할 때의 적립이율에 따라 연 단위 복리로 계산한 금액을 보험금에 더하여 지급한다. 다만, 피보험자에게 책임이 있는 사유로 지급이 지연될 때에는 그 해당기간에 대한 이자를 더하지 않는다.

용어풀이

"연 단위 복리"란 이자 계산 시 원금에 대한 이자를 원금에 가산시킨 후 이 합계액을 새로운 원금으로 계산하는 이자계산 방법이다.

다. 보험회사는 보험금 청구에 관한 서류를 받은 때에는 30일 이내에 피보험자에게 보험금을 지급하는 것을 거절하는 이유 또는 그 지급을 연기하는 이유(추가 조사가 필요한 때에는 확인이 필요한 사항과 확인이 종료되는 시기 포함)를 서면(전자우편 등 서면에 갈음할 수 있는 통신수단을 포함)으로 통지하지 않는 경우, 정당한 사유 없이 보험금액을 정하는 것을 지연한 것으로 본다.

라. 보험회사는 손해배상천구권자가 손해배상을 받기 전에는 보험금의 전부 또는 일부를 피보험자에게 지급하지 않으며, 피보험자가 손해배상청구권자에게 지급한 손해배상액을 초과하여 피보험자에게 지급하지 않는다.

마. 피보험자의 보험금 청구가 손해배상청구권자의 직접청구와 경합하는 때에는 보험회사는 손해배상 청구권자에게 우선하여 보험금을 지급한다.

바. 대인배상Ⅰ, 대인배상Ⅱ, 자기신체사고, 무보험자동차에 의한 상해의 경우에는 보험회사는 피보험자의 청구가 있거나 그 밖의 원인에 의하여 대인사고 피해자가 발생한 사실을 안 때에는 피해자 또는 손해배상청구권자를 진료하는 의료기관에 그 진료에 따른 자동차보험 진료수가의 지급의사 유무 및 지급한도 등을 통지한다.

용어풀이

"자동차보험 진료수가"란 교통사고 환자에 대한 적절한 진료를 보장하고 보험회사 등, 의료기관 및 교통사고환자 간의 진료비에 관한 분쟁을 방지하기 위하여 자동차손해배상보장법에 따라 국토교통부에서 정하여 고시하는 진료비 기준금액을 말한다.

사. 무보험자동차에 의한 상해의 경우에는 피보험자의 배상의무자에 대하여 지체 없이 서면으로 손해배상청구를 한 후 보험회사에 보험금을 청구해야 한다.

3. 제출서류

피보험자는 보장종목별로 다음의 서류 등을 구비하여 보험금을 청구해야 한다.

보험금 청구시 필요 서류	대인배상	대물배상	자기차량손해	자기신체사고	무보험자동차에 의한 상해
1. 보험금 청구서	○	○	○	○	○
2. 손해액을 증명하는 서류(진단서 등)	○	○	○	○	○
3. 손해배상의 이행사실을 증명하는 서류	○	○			
4. 사고발생의 때와 장소 및 사고사실이 신고된 관할 경찰서			○		○
5. 배상의무자의 주소, 성명 또는 명칭, 차량번호					○
6. 배상의무자의 대인배상Ⅱ 또는 공제계약의 유무 및 내용					○
7. 피보험자가 입은 손해를 보상할 대인배상Ⅱ 또는 공제계약, 배상의무자 또는 제3자로부터 이미 지급받은 손해배상금이 있을 때에는 그 금액					○
8. 도난 및 전손 사고 시 폐차증명서 또는 말소사실 증명서			○		
9. 그밖에 보험회사가 꼭 필요하여 요청하는 서류 등(수리개시 전 자동차 점검·정비 견적서, 사진 등. 이 경우 수리 개시 전 자동차점검.정비 견적서의 발급 등에 관한 사항은 보험회사에 구두 또는 서면으로 위임할 수 있으며, 보험회사는 수리 개시 전 자동차점검·정비견적서를 발급한 자동차 정비업자에게 이에 대한 검토 의견서를 수리 개시 전에 회신하게 된다)	○	○	○	○	○

Ⅴ. 손해배상청구권자의 직접청구 및 지급(배상책임담보)

1. 피보험자가 손해배상청구권자에게 법률상의 손해배상책임을 지는 사고가 생긴 때에는, 손해배상청구권자는 보험회사에 직접 보험금을 청구할 수 있다. 그러나 보험회사는 피보험자가 그 사고에 관하여 가지는 항변으로써 손해배상청구권자에게 대항할 수 있다.

참고

피보험자는 사고 시 손해배상청구권자(손해배상을 청구할 권리를 가진 자)에 대하여 배상책임의 유무 또는 배상책임의 범위 등을 주장할 수 있다. 이와 마찬가지로 손해배상청구권자가 직접 보험회사에 손해배상금을 청구한 경우, 보험회사도 피보험자와 동일하게 손해배상청구권자의 손해배상청구에 대하여 대응(대항)할 수 있다는 의미이다.

2. 청구절차 및 유의사항

가. 보험회사가 손해배상청구권자의 청구를 받았을 때에는 지체 없이 피보험자에게 통지한다. 이 경우 피보험자는 보험회사의 요청에 따라 증거확보, 권리보전 등에 협력하여야 한다. 만일 피보험자가 정당한 이유 없이 협력하지 아니한 경우에는 그로 말미암아 늘어난 손해에 대하여 보상하지 아니한다.

나. 보험회사가 손해배상청구권자에게 지급하는 보험금은 이 약관에 의하여 보험회사가 피보험자에게 지급책임을 지는 금액을 한도로 한다.

다. 보험회사가 손해배상청구권자에게 보험금을 직접 지급하였을 때에는 그 금액의 한도 내에서 피보험자에게 보험금을 지급한 것으로 한다.

라. 보험회사는 보험금 청구에 관한 서류를 받은 때에는 지체 없이 지급할 보험금액을 정하고 그 정하여진 날로부터 7일 이내에 지급한다.

마. 보험회사가 정당한 사유 없이 손해배상액을 정하는 것을 지연하였거나 라.항에서 정하는 지급기일 내에 손해배상금을 지급하지 않았을 때, 지급할 손해배상금이 있는 경우에는 그 다음날부터 지급일까지의 기간에 대하여 보험금을 지급할 때의 적립이율에 따라 연 단위 복리로 계산한 금액을 손해배상금에 더하여 지급한다. 그러나 손해배상청구권자에게 책임이 있는 사유로 지급이 지연될 때에는 그 해당기간에 대한 이자를 더하지 않는다.

바. 보험회사가 손해배상 청구에 관한 서류를 받은 때부터 30일 이내에 손해배상청구권자에게 손해배상금을 지급하는 것을 거절하는 이유 또는 그 지급을 연기하는 이유(추가 조사가 필요한 때에는 확인이 필요한 사항과 확인이 종료되는 시기 포함)를 서면(전자우편 등 서면에 갈음할 수 있는 통신수단을 포함)으로 통지하지 않는 경우, 정당한 사유 없이 보험금액을 정하는 것을 지연한 것으로 본다.

사. 보험회사는 손해배상청구권자의 요청이 있을 때는 손해배상액을 일정기간을 정하여 정기금으로 지급할 수 있다. 이 경우 각 정기금의 지급기일의 다음날부터 다 지급하는 날까지의 기간에 대하여 보험개발원이 공시한 정기예금이율에 따라 연 단위 복리로 계산한 금액을 손해배상금에 더하여 지급한다.

3. 제출서류

직접 청구시 필요 서류	대인배상 I · II	대물배상
1. 교통사고 발생사실을 확인할 수 있는 서류	○	○
2. 손해보상청구서 또는 보험금 청구서	○	○
3. 손해액을 증명하는 서류	○	○
4. 그밖에 보험회사가 꼭 필요하여 요청하는 서류 등(수리개시 전 자동차 점검 · 정비 견적서, 사진 등. 이 경우 수리 개시 전 자동차점검. 정비 견적서의 발급 등에 관한 사항은 보험회사에 구두 또는 서면으로 위임할 수 있으며, 보험회사는 수리 개시 전 자동차점검 · 정비견적서를 발급한 자동차 정비업자에게 이에 대한 검토 의견서를 수리 개시 전에 회신하게 된다)	○	○

Ⅵ. 보험금의 분담 등

1. 보험금의 분담

대인배상 Ⅰ.Ⅱ, 대물배상, 무보험자동차에 의한 상해, 자기신체사고, 자기차량손해에서는 다음과 같이 보험금을 분담한다.

가. 이 보험계약과 보상책임의 전부 또는 일부가 중복되는 다른 보험계약(공제계약을 포함)이 있는 경우에, 다른 보험계약이 없는 것으로 하여 각 보험계약에 의해 산출한 보상책임액의 합계액이 손해액보다 많게 되는 경우에는 다음의 산식에 따라 보험금을 지급한다.

$$\text{손해액} \times \frac{\text{이 보험계약에 의해 산출한 보상책임액}}{\text{다른 보험계약이 없는 것으로 하여 각 보험계약에 의해 산출한 보상책임액의 합계액}}$$

나. 당해 보험계약의 대인배상 Ⅰ, 대인배상 Ⅱ, 대물배상에서 동일한 사고로 인하여 당해 보험계약에서 배상책임이 있는 피보험자가 둘 이상 있는 경우에는 제10조(지급보험금의 계산)에 의한 보상한도와 범위에 따른 보험금을 각 피보험자의 배상책임의 비율에 따라 분담하여 지급한다.

Ⅶ. 보험회사의 불성실행위로 인한 손해배상책임

가. 보험회사는 당해 보험계약과 관련하여 임직원, 보험설계사, 보험대리점에게 책임이 있는 사유로 인하여 보험자 및 피보험자에게 발생된 손해에 대하여 관계 법률 등에서 정한 바에 따라 손해배상책임을 진다.

나. 보험회사가 보험금의 지급여부나 지급금액에 관하여 보험계약자 또는 피보험자의 곤궁, 경솔 또는 무경험을 이용해서 현저하게 공정을 잃은 합의를 한 경우에도 손해를 배상할 책임을 진다.

Ⅷ. 보험계약의 소멸

1. 보험계약의 무효

보험계약이 보험계약자 또는 보험계약자의 대리인의 사기행위에 의하여 맺어진 경우에는 무효로 된다.

2. 보험계약의 효력 상실

보험회사가 파산선고를 받은 날로부터 보험계약자가 보험계약을 해지함이 없이 3월이 경과하는 경우에는 보험계약은 효력을 상실한다.

3. 보험계약자의 보험계약의 해지 또는 해제

가. 보험계약자는 언제든지 임의로 보험계약을 해지할 수 있다. 다만, 의무보험에 대한 보험계약은 다음의 경우에만 해지할 수 있다.

1) 피보험자동차가 자동차손해배상보장법 제5조 제4항에서 규정하는 자동차(의무보험 강제 가입대상에서 제외되거나 도로가 아닌 장소에 한하여 운행하는 자동차)로 변경된 경우

2) 피보험자동차를 양도한 경우. 다만, '피보험자동차의 양도' 또는 '피보험자동차의 교체'에 따라 보험계약이 양수인 또는 교체(대체)된 자동차에 승계된 경우에는 의무보험에 대한 보험계약을 해지할 수 없다.

3) 피보험자동차의 말소등록으로 운행을 중지한 경우. 다만, '피보험자동차의 교체' 에 따라 보험계약이 교체(대체)된 자동차에 승계된 경우에는 의무보험에 대한 보험계약을 해지할 수 없다.

4) 천재지변, 교통사고, 화재, 도난 등의 사유로 인하여 피보험자동차를 더 이상 운행할 수 없게 된 경우. 다만, '피보험자동차의 교체' 에 따라 보험계약이 교체(대체)된 자동차에 승계된 경우에는 의무보험에 대한 보험계약을 해지할 수 없다.

5) 당해 보험계약을 맺은 후에 피보험자동차에 대하여 이 보험계약과 보험기간의 일부 또는 전부가 중복되는 의무보험이 포함된 다른 보험계약(공제계약을 포함)을 맺은 경우

6) 보험회사가 파산선고를 받은 경우

7) 자동차손해배상보장법 제5조의 2에서 정하는 '보험 등의 가입의무 면제'사유에 해당하는 경우

나. 이 보험계약이 의무보험만 체결된 경우로서, 이 보험계약을 맺지 전에 피보험자동차에 대하여 의무보험이 포함된 다른 보험계약(공제계약을 포함. 이하 동일)이 유효하게 맺어져 있는 경우에는 보험계약자는 그 다른 보험계약이 종료하기 전에 이 보험계약을 해제할 수 있다. 만일, 그 다른 보험계약이 종료한 후에는 그 종료인 다음날로부터 보험기간이 개시되는 의무보험이 포함된 새로운 보험계약을 맺은 경우에 한하여 이 보험계약을 해제할 수 있다.

다. 타인을 위한 보험계약의 경우에는, 보험계약자는 기명피보험자의 동의를 얻거나 보험 증권을 소지한 경우에 한하여 위 '가.' 또는 '나.'의 규정에 따라 보험계약을 해지 또는 해제할 수 있다.

4. 보험회사의 보험계약의 해지

보험회사는 다음의 경우에는 보험 증권에 기재된 보험계약자의 주소지에 서면으로 통지함으로써

보험계약을 해지할 수 있다.

가. 보험계약자가 계약 전 알릴의무를 위반할 때

1) 보험계약자가 보험계약을 맺을 때 고의 또는 중대한 과실로 '보험계약자 등의 의무사항' 중 '계약 전 알릴의무 사항'에 관하여 알고 있는 사실을 알리지 아니하거나 사실과 다르게 알린 경우. 다만, 다음의 경우에는 보험회사는 보험계약을 해지하지 못한다.

가) 보험계약을 맺은 때에 보험회사가 보험계약자가 알려야 할 사실을 알고 있었거나 보험회사의 중대한 과실로 알지 못하였을 때

나) 보험계약자가 보험금을 지급할 사고가 발생하기 전에 보험청약서의 기재사항에 대하여 서면으로 변경을 신청하여 보험회사가 이를 승인한 때

다) 보험회사가 보험계약약을 맺은 날부터 보험계약을 해지하지 않고 6개월이 경과한 때

라) 보험을 모집한 자(이하 "보험설계사 등"이라 함)가 보험계약자 또는 피보험자에게 계약 전 알릴 의무를 이행할 기회를 부여하지 않았거나 보험계약자 또는 피보험자가 사실대로 알리는 것을 방해한 경우. 또는 보험계약자 또는 피보험자에 대해 사실대로 알리지 않게 하였거나 부실하게 알리도록 권유했을 때. 다만, 보험설계사 등의 행위가 없었다 하더라도 보험계약자 또는 피보험자가 사실대로 알리지 않거나 부실하게 알린 것으로 인정되는 경우에 보험회사는 보험계약을 해지할 수 있다.

마) 보험계약자가 알려야 할 사항이 보험회사가 위험을 측정하는 데에 관련이 없는 때 또는 적용할 보험료에 차액이 생기지 아니한 때

2) 보험회사는 보험계약자가 계약 전 알릴의무를 이행하지 아니하여 보험계약을 해지한 때에는 해지 이전에 생긴 사고에 대하여도 보상하지 아니한다. 이 경우 보험회사가 이미 보험금을 지급하였을 때에는 보험계약자는 이를 보험회사에 돌려주어야 한다. 다만, 보험계약자가 고의 또는 중대한 과실로 알리지 아니하거나 다르게 알린 사실이 사고의 발생에 영향을 미치지 아니하였음을 증명한 때에는 보험회사는 보상한다.

나. 보험계약자가 계약 후 알릴의무를 위반할 때

1) 보험계약자가 보험계약을 맺은 후에 '보험계약자 등의 의무사항' 중 '계약 후 알릴의무사항'으로 규정한 사실이 생긴 것을 알았음에도 불구하고 지체 없이 알리지 아니하거나 사실과 다르게 알린 경우. 다만, 다음의 경우에는 보험회사는 보험계약을 해지하지 못한다.

가) 보험회사가 보험계약자가 계약 후 알릴의무를 이행하지 아니한 사실을 안 날로부터 보험계약을 해지하지 아니하고 1개월이 경과한 때

나) 보험회사가 보험계약자로부터 '계약 후 알릴 의무'에서 정하는 사실을 통지받은 후 1개월이 지난 경우

다) 보험계약자가 알려야 할 사실이 뚜렷하게 위험 또는 적용보험료를 증가시킨 것이 아닌 때

2) 보험회사는 보험계약자가 계약 후 알릴의무를 이행하지 아니하여 보험계약을 해지한 때에는 해지 이전에 생긴 사고에 대하여도 보상하지 아니한다. 이 경우 보험회사가 이미 보험금을 지급하였을 때에는 보험계약자는 이를 보험회사에 돌려주어야 한다. 다만, 보험계약자가 알리지 아니하거나 다르게 알린 사실이 사고의 발생에 영향을 미치지 아니하였음을 증명한 때에는 보험회사는 보상한다.

다. 보험계약자가 정당한 이유 없이 법령에서 정한 자동차검사를 받지 아니한 경우

라. 보험계약 내용의 변경 또는 위험의 변경으로 인하여 보험회사가 '보험계약자 등의 의무사항' 중 계약 전 알릴의무 위반 사실이 확인된 때와 계약 후 알릴의무 위반 사실이 확인된 때, 또는 '보험계약의 승계' 중 피보험자동차를 양도하는 경우와 피보험자동차를 다른 자동차로 교체(대체)하는 경우 등에 의하여 추가보험료를 청구한 날로부터 14일 이내에 보험계약자가 그 보험료를 지급하지 아니한 경우. 다만, 의무보험금에 대하여 적용하지 아니한다.

마. 보험금의 청구에 관하여 보험계약자, 피보험자, 보험금을 수령하는 자 또는 이들의 법정대리인의 사기행위가 있는 경우.

Ⅸ. 보험료의 환급

보험회사는 보험계약이 소멸된 경우에는 다음의 규정에 의한 보험료를 보험계약자에게 환급한다.

1. 보험계약이 무효로 된 경우

무효의 유형	환급방법
보험계약자 또는 피보험자가 선의이며 중대한 과실이 없는 경우	보험료의 전액을 환급
보험계약자 또는 피보험자의 과실이 있는 경우	보험회사가 무효사실을 안 날까지의 경과기간에 대하여 단기요율로 계산한 보험료를 공제하고 나머지를 환급
보험계약자 또는 피보험자의 고의 또는 중대한 과실이 있는 경우	보험료를 환급하지 아니함

2. 보험계약이 효력을 상실한 경우

효력 상실의 유형	환급방법
보험계약자 또는 피보험자에게 책임이 없는 사유로 인한 경우	경과되지 않은 기간에 대하여 일할로 계산한 보험료를 환급
보험계약자 또는 피보험자에게 책임이 있는 사유로 인한 경우	보험회사가 효력 상실을 안 날까지의 경과기간에 대하여 단기요율로 계산한 보험료를 공제하고 나머지를 환급

3. 보험계약이 해지된 경우

해지의 유형	환급방법
보험계약자 또는 피보험자에게 책임이 없는 사유로 인한 경우 또는 피보험 자동차가 자동차손해배상보장법 제5조 제4항의 자동차로 변경됨으로 인한 경우	경과되지 않은 기간에 대하여 일할로 계산한 보험료를 환급. 다만, 이 계약을 해지하기 전에 보험회사가 보상하여야 하는 사고가 발생한 경우에는 보험료를 환급하지 아니한다.
보험계약자 또는 피보험자에게 책임이 있는 사유로 인한 경우	경과기간에 대하여 단기요율로 계산한 보험료를 공제하고 나머지를 환급. 다만, 이 계약을 해지하기 전에 보험회사가 보상하여야 하는 사고가 발생한 경우에는 보험료를 환급하지 아니한다.

'보험계약자 또는 피보험자에게 책임이 있는 사유'라 함은 다음의 경우를 말한다.

가. 보험계약자 또는 피보험자가 임의 해지하는 경우(다만, 의무보험의 해지사유 해당하는 경우는 제외)

나. '보험 계약의 소멸과 보험료의 환급' 중 보험회사의 보험계약의 해지사유에 해당하는 경우

다. 보험료미납으로 인한 계약효력 상실

4. 보험계약의 해제

보험계약이 해제된 경우에는 보험료 전액을 환급한다.

제2장 과실상계

Ⅰ. 과실상계의 의의

현재 자동차 보험에서 사용하는 자동차사고의 과실비율 인정기준은 1974년 11월 일본 동경지법 민사27부 소속 판사 3인에 의해 공동 발표된 "민사교통소송에 있어서의 과실상계율 등의 인정기준"을 토대로 우리나라 교통법규를 비교 · 검토 후 이를 일부 수정하여 과실약도표 형식으로 1976년부터 사용해 왔으며, 이를 수차에 걸쳐 개정 후 지금까지 사용해 오고 있다.

1. 과실의 의의

자동차사고에서 과실상계는 통상적인 사람을 기준으로 마땅히 해야 할 의무를 게을리 하였거나, 또는 해서는 아니 될 의무를 행한 경우로서 행위자에게 부과된 주의의무위반을 말한다. 여기서 가해자의 과실은 법적 의무위반의 강(强)한 의미의 주의의무위반을 말하고, 피해자의 과실은 사회통념상, 신의성실의 원칙상, 공동생활상 요구되는 약(弱)한 의미의 부주의(不注意)를 말한다.

불법행위로 인한 손해배상에서 피해자의 과실이 손해의 발생 또는 확대에 기여한 경우, 손해의 공평한 부담을 위하여 피해자의 손해배상금을 산정할 때 피해자의 과실만큼 상계 내지 참작하는 것이 원칙이다. 따라서 과실인정기준은 자동차사고 시 공평한 손해배상을 위하여 절대적으로 필요하다 할 것이다.

2. 과실상계를 하는 이유

피해자 스스로의 과실로 초래된 손해는 피해자 자신이 부담하고 피해자의 부담분을 가해자에게 전가할 수 없고 자기의 고의 내지 과실에 의한 손해는 자신이 책임을 부담하는 과실책임주의 원칙과 가해자 및 피해자간의 손해의 공평한 분담이라는 손해배상의 기본원칙에 따라 과실상계를 하고 있다.

3. 과실상계의 조건

가. 피해자(측)에 과실이 존재해야 한다.

나. 피해자(측)에게 사고발생을 회피하는데 필요한 주의의무를 할 수 있는 사리변식능력, 즉 책임능력이 있어야 한다.

다. 피해자(측)의 과실과 손해의 발생 또는 확대 사이에 상당인과관계가 있어야 한다.

4. 기본과실의 설정

가. 각 사고유형별로 도표에 기본과실을 먼저 정한다.

나. 자동차와 보행자 사고의 경우에는 보행자의 기본과실만을 표시하고 이에 수정 요소를 가감산한다.

다. 자동차와 자동차사고, 자동차와 이륜자동차사고, 자동차와 자전거사고 및 고속 도로사고의 기본과실은 원칙적으로 두 차량 모두에게 정하고 두 차량을 도표에서 AB로, 과실비율은 숫자로 표시한다(예 : A30 B70).

라. 수정요소의 비율은 도표상 해당차량에 표시하되, -표시는 감산을, 표시가 없는 경우 가산을 의미한다.

5. 과실상계를 위한 과실비율의 수정방법

가. 우선 구체적 사고에 합당한 유형을 찾는다. 수정요소가 있는 경우 해당차량에 가산 내지 감산을, 상대차량에는 반대로 감산 내지 가산을 적용한다. 단 현저한 과실과 중과실이 경합할 경우 중과실의 수정요소만을 적용한다.

나. 도표에서 수정요소의 구분이 점선으로 되어 있는 경우는 하나를 선택해서 무거운 쪽의 과실만을 적용한다.

다. 수정요소의 수치는 기본과실에 가산 또는 감산한다. 해당차량과 상대차량의 최종 과실비율의 합계는 언제나 100%가 되어야 한다.

Ⅱ. 유형별 과실요소의 해설

1. 자동차와 보행자의 사고 유형

가. 적용범위

'자동차와 보행자의 사고 유형의 과실도표'는 자동차와 보행자의 사고에 적용한다. 원동기장치 자전거를 포함하는 이륜자동차와 보행자의 사고에도 이 기준을 적용한다.

> 자동차의 정의(도로교통법 제2조 제17호)
>
> "자동차"라 함은 철길이나 가설된 선에 의하지 아니하고 원동기를 사용하여 운전되는 차(견인되는 자동차도 자동차의 일부로 본다)로서 다음의 차를 말한다.
> 「자동차관리법」 제3조의 규정에 의한 자동차. 다만, 원동기장치 자전거를 제외한다.
> (1) 승용자동차 (2) 승합자동차 (3) 화물자동차
> (4) 특수자동차 (5) 이륜자동차

나. 용어 정의

1) 자동차

자동차관리법 제3조에 규정된 승용 · 승합 · 화물 · 특수 · 이륜자동차, 건설기계관리법 제26조 제1항 단서의 규정(동법 시행령 별표 4)에 의한 건설기계를 말하며, 자동차와 보행자의 사고에 해당하는 과실도표에서는 자동차관리법이 제외한 원동기장치 자전거 및 군용차량을 포함하여 적용한다.

용어풀이

"이륜자동차"란 자동차관리법시행규칙 제2조 제1항 제5호의 규정에 의거 배기량 50cc 미만인 것을 제외한 모든 이륜차

용어풀이

"원동기장치 자전거"란 자동차관리법 제3조의 규정에 의한 이륜자동차 가운데 배기량 125cc 이하의 이륜자동차와 50cc 미만(전기를 동력으로 하는 경우에는 정격출력 0.59kW 미만)의 원동기를 단 차를 말한다(여기서 "차"란 도로교통법상의 "차"를 말한다).

자동차관리법 및 군수품관리법에 따르면 군용차량은 도로교통법 상의 자동차에 해당하지 않으나 실무에서는 당연히 '자동차'의 개념에 포함시켜 운용되므로 여기서는 '자동차'의 정의를 군용차량이 포함된 개념으로 사용하기로 한다.

2) 보행자

도로를 통행하는 자로써 유모차 및 신체장애자용 의자차를 사용하는 자, 도로 위의 작업자, 유희자, 도로 위에 우두커니 서 있는 자, 도로 위에 앉아 있거나 누워 있는 자를 포함하며 이륜자동차 및 자전거를 끌고 가는 자, 횡단보도에서 손수레 · 우마차를 끌고 가는 자를 포함한다.

용어풀이

"도로"란 도로교통법 제2조 제1호에 정해진 '도로'의 정의에 따른다. "도로"라 함은 다음 각 목의 곳을 말한다.

가. 「도로법」에 의한 도로

나. 「유류도로법」에 의한 유로도로

다. 그밖에 현실적으로 불특정 다수의 사람 또는 차마의 통행을 위하여 공개된 장소로서 안전하고 원활한 교통을 확보할 필요가 있는 장소

용어풀이

"손수레, 우마차"란 도로교통법 제2조 제16호에 따르면 손수레 · 우마차는 '차'에 해당하며 이를 끌고 가는 행위는 운전행위에 해당한다. 따라서 도로교통법 제13조 제3항에 정해진 도로의 통행방법에 따라 도로 우측을 통행하여야 하지만 손수레 · 우마차를 끌고 횡단보도를 횡단하는 경우에는 보행자로 해석한다. 다만 손수레 · 우마차를 차도로 끌고 가는 경우에는 자전거사고를 준용한다.

도로교통법 제13조(차마의 통행)

③ 차마의 운전자는 도로(보도와 차도가 구분된 도로에서는 차도를 말한다)의 중앙(중앙선이 설치되어 있는 경우에는 그 중앙선을 말한다. 이하 같다.)으로부터 우측부분을 통행하여야 한다.

다. 수정요소

1) 가산요소

기본 과실률에 보행자의 과실을 가중시키는 요소로써 아래의 적용 기준에 의하여 가중한다.

가) 야간 기타시야장애

① '야간'은 일몰 후부터 일출 전까지를 말한다.

② '기타시야장애'란 야간 개념을 제외하고 운전자가 보행자의 존재를 쉽게 인식할 수 없는 경우를 말한다. 예컨대 차량의 앞뒤 또는 심한 오르막이나 커브길, 골목길 등에서 보행자가 갑자기 튀어나옴으로써 운전자가 사고 이전에 보행자의 유무를 알 수 없었던 경우를 말한다. 다만 보행자가 횡단보도를 횡단하거나 신호기 또는 경찰공무원의 신호에 따라 도로를 차 앞 또는 차 뒤에서 횡단하는 경우에는 보행자의 과실을 가산하지 않는다.

③ 야간에는 보행자가 차량의 전조등을 켠 차의 발견이 용이하지만 운전자는 보행자의 발견이 쉽지 않으므로 가산요소로 적용한다. 다만 가로등 등의 조명으로 인하여 자동차의 운전자가 전조등에 의하지 않더라고 보행자의 발견이 용이한 장소에서의 사고는 가산하지 않는다.

④ 도로교통법 제37조에 정해진 차량의 등화 의무를 게을리 한 경우에는 보행자 과실의 감산요소 중 차량의 현저한 과실로 적용한다.

용어풀이

"차량의 등화"란 도로교통법 제37조(차의 등화) 규정에 따르면, 모든 차는 밤(해가 진 후부터 해가 뜨기 전까지를 말한다)에 도로에 있는 때에는 대통령령이 정하는 바에 따라 전조등. 차폭등. 미등 그 밖의 등화를 켜야 한다.

나) 간선도로

① '간선도로'라 함은 차도폭이 20m 이상이거나 또는 왕복 6차로 이상의 도로로서 교통량이 많은 도로를 말한다.

② 간선도로인 경우 차량의 통행이 많고 차량이 고속주행을 하는 반면 보행자의 도로횡단 등을 도와주는 시설물이 설치된 경우가 많으므로 보행자의 과실을 가산한다.

다) 정지 · 후퇴 · 사행(蛇行)

보행자가 횡단 중 갑자기 멈추어 서는 경우(정지), 다시 돌아서서 출발점으로 돌아가거나 뒷걸음질 하는 경우(후퇴), 차도를 갈지자로 걸어가거나 또는 어슬렁거리는 경우(사행)에 가산요소로 적용한다.

라) 횡단규제표지

횡단금지표시 등의 안전표지 또는 가드레일, 펜스, 차단봉 등에 의하여 차도 횡단이 금지된 장소를 횡단하는 경우에는 보행자의 과실을 가산한다.

마) 교차로 대각선 횡단

횡단보도가 설치되지 않은 교차로에서 도로교통법 제10조 제3항에 위반하여 보행자가 차도를 최단거리로 횡단하지 않고 교차로 내부를 대각선 방향으로 또는 비스듬히 횡단하는 경우에는 가산요소로 적용한다.

> **도로교통법 제10조(도로의 횡단)**
>
> ③ 보행자는 제1항의 규정에 의한 횡단보도가 설치되어 있지 아니한 도로에서는 가장 짧은 거리로 횡단하여야 한다.

2) 감산요소

자동차와 보행자의 사고의 해당도표의 기본과실율에 보행자의 과실을 감산시키는 요소로써 아래의 적용기준에 의하여 감산한다.

가) 주택 · 상점가 · 학교

① 주택 · 상점가 · 학교는 보행자의 통행과 횡단이 빈번한 장소이므로 운전자는 보다 많은 주의가 요구되기 때문에 보행자 과실비율의 감산요소로 적용한다. 다만 어린이 보호구역으로써 감산하는 초등학교의 경우에는 이 감산요소를 적용하지 아니한다.

② 공장이나 관청가 또는 대규모 체육시설 등의 지역에서도 보행자가 많은 출퇴근시간, 종료시간 등에는 감산 적용한다.

나) 어린이 · 노인

① '어린이'는 사고일 현재 만 6세 이상 만 12세 이하를 기준으로 하고, '노인'은 노인복지법 규

정에 따라 만 65세를 기준으로 한다.

② 어린이나 노인은 일상생활에서 자신의 안전을 확보할 행위능력이 통상인보다 낮으므로 감산요소로 적용한다.

③ 6세 미만자는 유형별 과실 세부기준을 적용한다.

다) 집단횡단

① 집단횡단이란, 2인 이상의 동시횡단을 의미하며 보행자가 다른 1인을 업거나 또는 안은 경우는 제외한다.

② 운전자가 통상의 경우보다 보행자의 존재를 인식하기 쉬우므로 감산요소로 적용한다.

라) 보 · 차도 구분 없음

① 보 · 차도의 구분은 도로교통법의 규정에 따른다.

② 보도와 차도가 구분되지 않은 도로에서는 운전자가 통상의 경우보다 보행자의 동태에 더 주의를 기울여야 하므로 감산요소로 적용한다.

도로교통법 제2조(정의)

4. "차도"라 함은 연석선(차도와 보도를 구분하는 돌 등으로 이어지 선을 말한다. 이하 같다). 안전표지나 그와 비슷한 공작물로써 경계를 표시하여 모든 차의 교통에 사용하도록 된 도로의 부분을 말한다.
9. "보도"라 함은 연석선, 안전표지나 그와 비슷한 공작물로써 경계를 표시하여 보행자(유모차 및 행정자치부령이 정하는 신체장애인용 의자차를 포함한다. 이하 같다)의 통행에 사용하도록 된 도로의 부분을 말한다.

③ 포장된 차도를 따라 흰색 선으로 구분된 비포장도로가 이어져 있으면 이는 보 · 차도의 구분이 있는 것으로 본다.

마) 차의 현저한 과실

① 자동차의 과실이 통상의 주의의무위반이나 사고회피의무 등의 의무보다 그 정도가 무거운 경우에 한하여 보행자의 과실을 감산한다.

② 자동차의 과실로 고려할 점은,

ⓐ 한눈팔기 등 전방주시의무 위반이 현저한 경우

ⓑ 도로교통법의 주취한계 미달 음주운전

ⓒ 시속 10km 이상 20km 미만의 제한속도 위반

ⓓ 핸들 또는 브레이크 조작의 현저한 부적절

ⓔ 도로교통법 제49조 제1항 제2호(시각장애인, 지체장애인의 횡단시 일시정지의무), 제3호(차량 유리의 암도가 높은 경우), 제10호(휴대전화사용)에 정해진 의무 위반의 경우 등으로 한다.

③ 도로교통법 제49조 제1항 제2호 가목에 정한 어린이 횡단시 일시정지의의무위반시에는 '어린이'를 별도의 감산요소로 고려하고 있으므로 이경우의 감산요소로는 적용하지 아니한다.

④ 도로교통법 제37조에 위반하여 야간에 전조등 등화를 켜지 않은 경우에도 현저한 과실로 본다.

바) 차의 중과실

① 위와 같은 현저한 과실에 비하여 그 정도가 중한 법규위반이 있는 경우에 보행자의 과실을 감산하나.

② 졸음운전, 도로교통법 제43조(무면허운전 등의 금지), 제44조(음주운전금지), 제45조(과로운전금지), 제46조(공동위험행위의 금지) 위반의 경우, 시속 20km 이상의 제한속도 위반, 마약 등 약물 운전 등 운전자의 과실이 중대한 법규위반인 경우에 적용한다.

사) 어린이보호구역 및 노인보호구역

① 도로교통법 제12조 및 제12조의 2에 정해진 어린이보호구역 내의 어린이 사고 또는 노인보호구역 내의 노인사고는 감산한다.

② 이 감산요소와 별도의 감산요소인 '어린이 · 노인'의 감산요소가 경합할 경우 이 감산요소를 적용한다.

아) 정지선 안쪽

자동차가 횡단보도를 통과하기 전 무단횡단하는 보행자를 충격하였을 경우 사고지점이 횡단보도 정지선 안쪽이라면 운전자도 정지의무를 위반한 것이므로 감산요소로 적용한다.

2. 자동차와 자동차의 사고 유형

가. 적용범위

쌍방이 이륜자동차(원동기장치 자전거 포함)인 경우에도 이 기준을 적용하며, 한쪽이 이륜자동차인 경우는 자동차와 이륜자동차의 사고유형의 기준에 의한다.

용어풀이

"이륜자동차"란 자동차관리법시행규칙 제2조 제1항 제5호의 규정에 의한, 배기량 50cc 미만인 것을 제외한 모든 이륜자동차

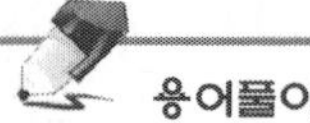
용어풀이

"원동기장치 자전거"란 자동차관리법 제3조의 규정에 의한 이륜자동차 가운데 배기량 125cc 이하의 이륜자동차와 50 미만(전기를 동력으로 하는 경우에는 정격출력 0.59킬로와트 미만)의 원동기를 단 차(도로교통법 제2조 제18호, 여기서의 "차"란 도로교통법상의 "차"를 말한다.

나. 수정요소

이하에서는 수정요소로써 여러 도표에 중복하여 적용되는 요소를 중심으로 다음과 같이 정의한다.

1) 야간 기타 시야장해, 간선도로, 주택 · 상점가 · 학교, 현저한 과실, 중과실 등 여기에서 정의하지 않은 수정요소는 특별한 사정이 없는 한 '자동차와 보행자 사고' 및 다른 사고 유형에서 정의한 내용을 적용 또는 준용한다.

2) 대형차

가) 대형차는 파괴력이 커서 운전상 많은 주의의무가 요구되므로 결과 발생에 대해 많은 책임을 부담해야 하며(우자 위험부담의 원칙(優者 危險負擔의 原則)), 교차로 등을 통과할 때 차지하는 면적이 넓고 많은 시간을 필요로 하는 등 다른 자동차에 대한 진로방해의 정도가 크고, 위험회피 가능성이 적기 때문에 과실을 가산한다.

나) 대형차란 상대 차량에 비해 상대적으로 대형인 차량을 의미하는 것이 아니라, 해당 차량 자체가 대형인 경우를 말한다.

다) 대형차의 범위는 승차정원이 36인승 이상이거나 길이 · 너비 · 높이 모두가 소형을 초과하여 길이가 9미터 이상인 승합자동차, 최대적재량이 5톤 이상이거나 총중량이 10톤 이상의 화물자동차, 총중량이 10톤 이상인 특수자동차, 건설기기, 기타 이와 유사한 자동차를 말한다(자동차관리법 시행규칙(별표 1) 참조).

3) 명확한 선진입

가) 교차로에 진입할 때(일시정지선이 있는 교차로의 경우에는 그 정지선을 통과하는 시각) 우선 진입한 차량이 타차량보다 통행의 우선권이 있다.

나) 명확한 선진입의 여부는 교차로(또는 일시정지선)에서부터 충돌지점까지 거리와 양차의 속도를 고려하여 결정해야 하며, 선진입의 정도가 명확한 경우에만 적용한다.

다) 동시에 교차로에 진입시에는, 좌회전차와 직진 및 우회전차와의 사이에는 직진 및 우회전차가 좌회전차보다 우선한다. 또한 긴급자동차, 대로차, 우측차에 통행의 우선권이 있다(도로교통법 제16조 제1항, 제26조 참조).

4) 서행 또는 감속 불이행

가) 서행은 운전자가 차를 즉시 정지시킬 수 있는 정도의 느린 속도로 진행하는 것(도로교통법

제2조 제26호)을 말한다.

나) 감속은 통상의 속도보다 명확하게 속도를 줄이는 것을 말하며, 대략 제한속도의 1/2 전후를 의미한다.

다) 서행할 장소는 교통정리가 행해지고 있지 않은 교차로 등으로써 도로교통법이 정하고 있으며, 교차로에 일단 진입한 이후에는 서행의무가 없으므로 진입당시의 서행여부에 따라 이를 수정요소로 적용한다.

5) 급좌(우)회전, 기좌회전 및 좌회전 금지위반

가) 급좌회전은 직행차의 지근거리에서 좌회전하는 경우를 말한다. 예컨대 직행차가 통상의 속도로 일시정지선을 넘어 교차로 부근까지 와 있는 때에 좌회전차가 좌회전을 개시한 경우이다.

나) 기좌회전은 직행차가 교차로에 진입하는 시점에서 좌회전차가 좌회전을 완료하였거나 또는 그에 가까운 상태를 말한다. 다만, 이때에도 양 차량의 속도를 감안하여 기좌회전여부를 판단한다.

다) 좌회전금지위반은 노면 또는 교통표지 등에 의해 좌회전을 금지하는 장소에서 좌회전하는 경우이다.

6) 소좌회전과 대좌회전

가) 소좌회전은 교차로의 중심 내측에 다가서지 아니하는 좌회전으로서 중앙선을 몰고 운전하는 경우 등을 말한다.

나) 대좌회전은 소좌회전의 반대 경우로 미리 진로 중앙으로 다가서지 아니하는 좌회전을 말한다(도로교통법 제25조 참조).

도로교통법 제 25조(교차로 통행방법)

② 모든 차의 운전자는 교차로에서 좌회전을 하고자 하는 때에는 미리 도로의 중앙선을 따라 서행하면서 교차로의 중심 안쪽을 이용하여 좌회전하여야 한다. 다만, 지방경찰청장이 교차로의 상황에 따라 특히 필요하다고 인정하여 지정한 곳에서는 교차로의 중심 바깥쪽을 통과할 수 있다.

7) 진로변경 금지장소

차마는 안전표지 등에 의해 특별히 진로변경이 금지된 곳에서는 진로를 변경해서는 안 된다. 따라서 진로변경이 안전표지로써 금지된 교차로, 터널 안, 다리 위, 도로의 구부러진 곳 등에서의 진로변경(차로변경) 중 사고 시에는 지로를 변경한 차마에게 과실을 가산한다(도로교통법 제22조 참조). 다만, 버스전용차로 방향으로 진로변경 중 사고는 전용차로위반과 중복되므로 중복 가산하지 않는다. 도로 구간에 진로변경 금지표지는 백색 실선으로 표시한다.

도로교통법 제 22조

제22조(앞지르기 금지의 시기 및 장소)

① 모든 차의 운전자는 다음 각 호의 어느 하나에 해당하는 경우에는 앞차를 앞지르지 못한다.
  1. 앞차의 좌측에 다른 차가 앞차와 나란히 가고 있는 경우
  2. 앞차가 다른 차를 앞지르고 있거나 앞지르고자 하는 경우

② 모든 차의 운전자는 이 법이나 이 법에 의한 명령 또는 경찰공무원의 지시를 따르거나 위험을 방지하기 위하여 정지 또는 서행하고 있는 다른 차를 앞지르지 못한다.

③ 모든 차의 운전자는 다음 각 호의 어느 하나에 해당하는 곳에서는 다른 차를 앞지르지 못한다.
  1. 교차로
  2. 터널 안
  3. 다리 위
  4. 도로의 구부러진 곳, 비탈길의 고개마루 부근 또는 가파른 비탈길의 내리막 등 지방경찰청장이 도로에서의 위험을 방지하고 교통의 안전과 원활한 소통을 확보하기 위하여 필요하다고 인정하는 곳으로서 안전표지에 의하여 지정한 곳

8) 전용차로 위반

차종별 전용차로(버스전용차로와 다인승전용차로로 구분함)를 위반하여 차로변경 중 발생한 사고의 경우, 전용차로를 위반한 각각 자동차(이륜자동차 및 원동기장치 자전거 포함)에게 가산한다(도로교통법 제15조 참조). 노선버스 등 전용차로 운행차량이 전용차로를 이탈하여 타 차로로 차로변경 중 일어난 사고에도 동일하게 적용한다.

도로교통법 제15조

제15조(전용차로의 설치)

① 시장 등은 원활한 교통을 확보하기 위하여 특히 필요한 때에는 지방경찰청장 또는 경찰서장과 협의하여 도로에 전용차로(차의 종류 또는 승차인원에 따라 지정된 차만 통행할 수 있는 차로를 말한다. 이하 같다)를 설치할 수 있다.

② 전용차로의 종류, 전용차로로 통행할 수 있는 차와 그밖에 전용차로의 운영에 관하여 필요한 사항은 대통령령으로 정한다.

③ 제2항의 규정에 의하여 전용차로로 통행할 수 있는 차가 아닌 차는 전용차로로 통행하여서는 아니 된다. 다만, 긴급자동차가 그 본래의 긴급한 용도로 운행되고 있는 경우 등 대통령령이 정하는 경우에는 그러하지 아니하다.

용어풀이

"버스전용차로"란 도로교통법 제15조 동법 시행령 제9조 및 [별표1]에 따라 노선버스 및 36인승 이상의 대형승합자동차, 36인승 미만의 사업용 승합자동차, 어린이 통학버스 등 이회의 차마는 버스전용차로 통행이 금지된다. 다만, 도로교통법 제15조 제3항 단서, 동법 시행령 제10조에 따라 긴급자동차가

본래의 용도로 운행하는 경우, 택시가 승객의 승·하차를 위하여 일시 통행하는 경우, 도로의 파손·공사 그 밖의 부득이한 장해로 인해 버스전용차로가 아니면 통행할 수 없는 경우에는 제외한다.

용어풀이

"다인승차로"란 도로교통법 시행령 [별표1]에 따라 3인 이상 승차한 승용자동차 및 승합자동차만이 통행할 수 있다.

9) 진로변경, 신호불이행 또는 지연

교차로에서 좌·우회전시 또는 차로를 변경할 때 진로변경 신호를 이행하지 않거나 또는 도로교통법 소정의 진로변경 신호의 시기와 방법을 위반한 경우 이를 가산요소로 수정한다.

용어풀이

"진로변경 신호의 시기"란 좌·우회전, 횡단, 회전, 동일방향으로 진행하면서 진로를 변경하고자 할 때 그 행위를 하고자 하는 지점에 이르기 전 30미터(고속도로에서는 100미터) 이상의 지점에 이르렀을 때 진로변경 신호를 해야 한다(도로교통법 제38조, 시행령 제21조, [별표2] 참조).

10) 차체를 내밀고 대기

차가 노외에서 차도로 진입하는 경우 노외차가 차체를 차도에 일부 노출시키고 대기를 하다가 발진 중에 사고가 발생한 경우이다. 따라서 노외차가 차체를 내밀고 정차 중인 상태에서 타차와의 충돌사고는 노외차에게 과실비율을 수정요소로써 가산할 수 없으며, 별도의 유사 과실도표를 적용해야 한다.

11) 교차로 정체 중 진입(꼬리물기 등)

신호기에 의해 교통정리가 행해지는 교차로에 들어가려는 모든 차는 진로의 앞쪽에 있는 차의 상황에 따라 교차로 내에 정지하게 되어 있어 다른 차의 통행에 방해가 될 우려가 있는 경우에는 그 교차로에 진입해서는 아니 되며, 이를 위반시 가산요소로 수정한다(도로교통법 제25조 제4항 참조).

도로교통법 제25조(교차로 통행방법)

⑤ 모든 차의 운전자는 신호기에 의하여 교통정리가 행하여지고 있는 교차로에 들어가려는 때에는 진행하고자 하는 진로의 앞쪽에 있는 차의 상황에 따라 교차로(정지선이 설치되어 있는 경우에는 그 정지선을 넘은 부분을 말한다)에 정지하게 되어 다른 차의 통행에 방해가 될 우려가 있는 경우에는 그 교차로에 들어가서는 아니 된다.

12) 신호기에 의해 교통정리가 행해지고 있는 교차로

정상적으로 작동하는 신호기나 교통경찰 등에 의해 교통정리가 행해지고 있는 교차로를 말한다. 신호기가 설치되었으나 정상 작동이 되지 않거나, 신호위반 여부가 불분명한 사고의 경우에는 신호기에 의해 교통정리가 이루어지지 않는 경우의 도표를 준용한다.

13) 회전위험장소, 회전금지장소

① 회전위험장소란 시야가 불량한 굴곡도로, 고개마루 부근, 교차로, 도로의 모퉁이 부근, 차량의 속도가 높고 교통량이 특히 빈번한 도로, 눈이나 비로 인해 미끄러지기 쉬운 장소를 말한다.

② 회전금지장소란 중앙선이나 기타 교통표지에 의해 회전이 금지된 장소를 말한다.

3. 자동차와 이륜자동차의 사고 유형

가. 적용범위

한쪽이 이륜차인 사고의 경우에 적용하며, 이륜차를 끌고 가는 경우는 보행자이므로 여기서 제외한다. 자동차관리법시행규칙 제2조 제1항 제5호의 규정에 의거 50cc 미만은 이륜차의 범위에서 제외되나, 50cc 미만의 차량의 운행속도. 운행형태 등을 고려할 때 단순히 배기량만으로 달리 취급할 이유가 없어 50cc 미만의 차량과 사륜차와의 사고도 본 도표를 적용하도록 한다.

나. 수정요소

자동차와 이륜자동차의 사고 유형에 관한 과실비율의 수정요소는 자동차와 자동차의 사고의 경우의 수정요소와 동일하게 적용한다.

4. 자동차와 자전거(농기계 포함)의 사고 유형

가. 적용범위

'자동차와 자전거(농기계 포함)의 사고 유형'의 과실 도표는 자동차와 자전거와의 사고 시에 적용된다. 이 경우 자동차는 이륜자동차(원동기장치 자전거 포함)가 포함되고, 자전거에는 농기계 등이 포함되는 바, 그 구체적인 범위는 아래의 용어정의를 참조한다.

나. 용어 정의

1) 자전거

자동차와 자전거(농기계 포함)의 해당도표의 적용을 받는 "자전거"는 도로교통법상 "차마" 또는 "차"에는 포함된다. "자동차" 또는 "자동차 등"에는 포함되지 아니한다. 특히 "원동기장치 자전거"는 "이륜자동차"에 포함되어 본 항목의 적용을 받는 "자전거"의 범위에서는 제외되며,

한편 본 항목의 적용을 받는 "자전거"의 경우에도 이를 끌고 가는 경우에는 "보행자"에 포함되는 것으로 해석한다.

자동차와 자전거(농기계 포함)의 사고 유형의 해당 도표에서는 자전거가 피해자가 된 경우에 자동차나 이륜차에 비교하여 자전거에 더 유리하게 과실상계 비율을 수정하고 있지만, 보행자와 동일시하는 정도까지는 수정하지 않는 것을 기본으로 하여 과실상계의 기준을 설정하고 있다. 이와 같이 과실상계의 기준을 정한 이유는, 자전거의 속도가 자동차나 이륜차의 속도와 보행자의 속도와의 중간이 되고 있고, 따라서 자전거가 비교적 낮은 속도(시속 15km 정도)로 진행하고 있음을 전제로 하고 있다.

2) 농기계 등

자동차와 자전거(농기계 포함)의 사고 유형의 해당 도표에서는 "자전거" 이외에 "농기계"의 경우에도 "자전거"의 사고와 유사한 것으로 보아 이를 적용시키고 있는 바, 이러한 "농기계"는 농촌기계확촉진법 제2조에 규정하고 있는 농업기계 중 경운기, 농업용 트랙터 등을 의미하나 이에 한정되지는 아니하고, 도로교통법 제2조 제16호에 규정하고 있는 "우마"의 경우 및 이와 유사한 "차"의 경우에도 포함되는 것으로 해석한다. 이하, "자전거"라 함은 다른 특별한 사정이 없는 한 위와 같은 범주의 "농기계'를 포함하는 개념으로 해석한다.

다. 수정요소

자동차와 자전거(농기계 포함)의 사고 유형의 과실비율의 인정기준에서 수정요소는 "자동차와 이륜차와의 사고"의 경우와 거의 동일하지만, 자전거의 경우에 다음과 같은 요소는 특별히 수정요소로서 고려하고 있다.

1) 간선도로

사고가 발생한 도로가 간선도로의 경우에는 자동차의 통행이 빈번하고, 고속 주행하므로 자전거는 통상의 도로에 비하여 보다 세심한 주의를 요하는 것으로 보이므로 과실비율의 가산요소로 적용된다. 이 경우 간선도로라 함은 폭이 20m 이상이거나 왕복 6차선 이상의 도로로서 교통량이 많은 도로를 말한다.

2) 야간

야간의 경우 자전거는 전조등을 켠 자동차를 발견하기 쉬운 것에 비하여, 자동차는 자전거의 발견이 반드시 용이하지 않기 때문에 가산요소로 적용하고 있다. 자동차가 전조등 등의 등화를 켜지 않는 경우에는 감산요소로 적용한다.

3) 자전거의 좌측통행

차마의 운전자는 도로의 중앙으로부터 우측부분을 통행하여야 하고(도로교통법 제13조 제3항), 자전거는 자전거 전용도로가 있는 경우에는 자전거전용도로를 이용하고, 자전거도로가 설치되지 아니한 도로의 경우 우측가장자리 부분으로 통행하여야 하는 바(도로교통법 제13조의2 제1항, 제2항). 따라서 자전거가 좌측으로 통행하는 경우에는 수정요소로 작용하게 된다. 특히, 자전거가 좌측통행을 하고, 차량에서 보아 우측에서 교차로에 진입하는 경우에는, 자동차로서는 사고를 회피하는 것이 어렵게 되는 측면이 있기 때문에 그에 상응하는 수정을 하여야 하는 것이다. 그러나 차량에서 보아 자전거가 좌측에서 진입하는 경우에는, 우측통행하고 있는 경우보다도 자전거를 시인할 수 있는 시간이 더욱 길게 되므로 같은 수준으로 취급할 수 없게 된다. 따라서 기본적으로 자전거가 좌측통행을 하고, 또한 차량에서 보아 우측에서 진입한 경우에만 자전거의 가산 요소로 적용하는 것으로 하였다. 다만, 신호기에 의한 교통정리가 행하여지고 있는 교차로에 있어서의 기본 비율은, 자전거가 좌측을 통행한 것도 고려가 끝난 상태가 되고, 이 때문에 특별히 수정요소로 고려할 필요가 없다.

도로교통법 제13조(차마의 통행)

③ 차마의 운전자는 도로(보도와 차도가 구분된 도로에서는 차도를 말한다)의 중앙(중앙선이 설치되어 있는 경우에는 그 중앙선을 말한다. 이하 같다)으로부터 우측부분을 통행하여야 한다.

제13조의2(자전거의 통행방법의 특례)

① 자전거의 운전자는 자전거도로(제15조 제1항에 따라 자전거만이 통행할 수 있도록 설치된 전용차로를 포함한다. 이하 이 조에서 같다)가 따로 있는 곳에서는 그 자전거도로를 통행하여야 한다.
② 자전거의 운전자는 자전거도로가 설치되지 아니한 곳에서는 도로의 우측 가장자리에 붙어서 통행하여야 한다.

4) 자전거의 현저한 과실

자전거 운전자에게 통상의 사고회피 의무위반의 정도보다 무거운 과실이 있는 경우로써, 다음과 같은 경우를 말한다.

가) 도로교통법상 주취한계 미달 음주운전의 경우(혈중알콜농도 0.05% 미만, 단 자전거의 경우 음주운전이 처벌되지 아니하므로 실제 혈중알콜농도를 측정키 어려움)

나) 2인 이상이 탑승한 경우

다) 야간에 전조등 등화를 켜지 않은 경우

라) 우산을 쓰는 등의 원인으로 한 손 운전을 한 경우

마) 한눈팔기 운전 등 전방주시의무를 현저히 결여한 경우

바) 휴대전화, DMB 폰 등의 통화 장치를 통한 통화 또는 화상을 주시하면서 운전한 경우

사) 자전거가 지그재그로 사행 운전하는 경우

5) 자전거의 중과실

자전거 운전자의 과실이 현저한 과실보다도 그 정도가 중한 경우로써, 다음과 같은 경우를 말한다.

가) 주취한계 이상의 음주 운전

나) 제동장치 불량이 확실한 경우

다) 확실하게 높은 속도로 진입한 경우

다만, 자전거의 속도에 대해서는 엄밀한 인정이 곤란하다고 생각되며, 비탈길을 브레이크 없이 내려온 경우 등 속도가 매우 높은 것을 쉽게 추인할 수 있는 경우만을 수정요소로 하는 것이 합당하다.

6) 어린이 · 노인

어린이는 도로교통법 제11조, 제12조의 제반 규정에 의하여 특별한 보호를 받으며, 사회생활상 자신의 안전을 확보할 행위능력이 통상인보다 낮으므로 감산하고, 노인의 경우에도 그러하다. 이 경우 어린이란 만 6세 이상 만 12세 이하의 자를, 노인이란 일률적으로 규정할 수 없으나 사고일 현재 만 65세 이상의 자를 상정하고 있다. 특히, 유아(6세 미만의 자 - 도로교통법 제11조 1항)는 3 · 4발 자전거 등 유아용의 차를 운전하는 경우가 대부분이기 때문에 보행자로서 취급되는 경우가 더 많을 것이다.

도로교통법 제11조(어린이 등에 대한 보호)

① 어린이의 보호자는 교통이 빈번한 도로에서 어린이를 놀게 하여서는 아니되며, 유아(6세 미만의 사람을 말한다. 이하 같다)의 보호자는 교통이 빈번한 도로에서 유아만을 보행하게 하여서는 아니 된다.

도로교통법 제12조의2(노인 및 장애인 보호구역의 지정 및 관리)

① 시장 등은 교통사고의 위험으로부터 노인 또는 장애인을 보호하기 위하여 필요하다고 인정하는 때에는 제1호부터 제3호까지의 규정에 따른 시설의 주변도로 가운데 일정 구간을 노인보호구역으로, 제4호에 따른 시설의 주변도로 가운데 일정 구간을 장애인보호구역으로 각각 지정하여 차마의 통행을 제한하거나 금지하는 등 필요한 조치를 할 수 있다.

7) 인근에 자전거 도로가 있는 경우

도로교통법 제132조의2(자전거의 통행방법의 특례)는 자전거의 운전자는 자전거전용도로를 통행하여야 한다고 의무화하고 있으므로 이를 위반한 경우 그 과실을 가산한다. 한편, 자전거도로는 자전거의 운행방향과 동일방향으로 존재하여야 하고, 이 경우 인근이라 함은 대략 20m

이내의 거리를 의미한다고 해석한다.

8) 자전거횡단도 이용

'자전거횡단도'라 함은 자전거가 일반 도로를 횡단할 수 있도록 도로교통법 제15조의2 규정에 의한 안전표지에 의하여 지정된 도로의 부분을 말하며, 차마의 운전자는 자전거가 자전거 횡단도를 통행하고 있는 때에는 자전거 횡단을 방해하거나 위험을 주지 아니하도록 그 자전거횡단도 앞(정지선이 설치되어 있는 곳에서는 그 정지선)에서 일시정지하여야 한다. 이 경우, 자전거 횡단도를 이용하였을 경우의 해석시에는 엄밀하게 자전거 횡단도가 아니더라도 그곳으로부터 1~2m 정도 떨어진 장소는 자전거 횡단도와 동일시하여도 무방할 것이다.

제15조의2(자전거횡단도의 설치 등)

① 지방경찰청장은 도로를 횡단하는 자전거운전자의 안전을 위하여 행정안전부령으로 정하는 기준에 따라 자전거횡단도를 설치할 수 있다.
② 자전거운전자가 자전거를 타고 도로를 횡단하고자 하는 때에는 자전거횡단도가 따로 있는 곳에서는 자전거횡단도를 이용하여야 한다.
③ 차마의 운전자는 자전거가 자전거횡단도를 통행하고 있는 때에는 자전거 횡단을 방해하거나 위험을 주지 아니하도록 그 자전거횡단도 앞(정지선이 설치되어 있는 곳에서는 그 정지선을 말한다)에서 일시정지하여야 한다.

9) 자동차의 현저한 과실

자동차 운전자의 과실이 통상의 전방주시의무 위반이나 사고회피의무 위반의 정도보다 중한 경우로서

가) 한눈팔기 운전 등의 현저한 전방주시의무위반의 경우

나) 도로교통법상 주취한계 미달 음주운전의 경우

다) 핸들 · 브레이크 조작이 현저하게 부적절한 경우

라) 10km 이상 20km 미만의 제한속도 위반의 경우 등을 말한다.

10) 자동차의 중과실

자동차 운전자의 과실이 현저한 과실보다도 그 정도가 중한 법규위반 내용의 경우로

가) 졸음운전의 경우

나) 도로교통법상 주취한계 이상의 음주운전의 경우

다) 무면허 운전의 경우

라) 20km 이상의 제한속도 위반의 경우

마) 마약 등의 약물운전의 경우 등을 말한다.

11) 자전거의 교차로 대각선 횡단

자전거가 교차로에서 차도를 최단거리로 횡단하지 아니하고, 교차로 내부를 비스듬히(사각) 대각선으로 횡단하는 경우를 말한다.

5. 고속도로(자동차 전용도로 포함)의 사고 유형

가. 적용범위

1) 고속도로(자동차 전용도로 포함)의 사고 유형의 과실비율 인정 기준은 고속도로와 자동차 전용도로에서 일어난 사고에만 적용한다. 따라서 고속도로 휴게소나 정류장 내에서의 사고, 고속도로 진 · 출입로 직전에서의 사고, 자동차전용구간 이외의 이륜차나 보행자 등과의 혼용구간의 사고 등에는 이 기준을 적용하지 않는다.

2) 고속도로 등에서 기사고 차량을 충돌하는 경우나 선행사고에 대한 과실비율은 고속도로 등에서의 추돌사고에 관한 도표를 적용하거나 준용하여 판단한다.

3) 긴급자동차인 이륜자동차를 제외한 일반이륜자동차는 통상 고속도로 등을 통행할 수 없으므로(도로교통법 제63조) 일반이륜자동차가 고속도로 등을 통행하다가 사고를 당하거나 야기한 경우에는 중과실을 준용하여 고속도로 등을 통행 할 수 있는 자동차의 사고보다 과실비율을 20% 가산한다.

도로교통법 제63조

제63조(통행 등의 금지) 자동차(이륜자동차는 긴급자동차에 한한다) 외의 차마의 운전자 또는 보행자는 고속도로 등을 통행하거나 횡단하여서는 아니 된다.

나. 수정요소

아래에서 설명되지 않은 수정요소는 "자동차와 자동차의 사고"에서의 수정요소를 준용한다.

1) 분기점 출입로 부근

고속도로 합류지점이나 진출입로 부근에서는 고속도로로 진 · 출입하는 차량의 출현이 예상되므로 직행차량의 주의의무가 요구된다. 여기서 분기점 출입로 부근이라 함은 합류 또는 진 · 출입지점을 말하며, 통상 노상에 점선표시로 구분해 놓고 있다. 따라서 이 지점을 벗어나서 갓길로 운행 후 고속도로 차로로 재진입하던 중 일어난 사고는 여기서 제외된다. 다만, 휴게소, 정류장, 기타 주 · 정차할 수 있는 경계를 나타낸 곳으로 빠져 나가려는 차량이나 이를 위해 상기 지점 이전에서 적법하게 차로를 변경하는 차량과의 사고에는 이 수정요소를 가감해서 적용한다.

2) 진로변경 금지장소

차마는 안전표지로써 특별히 진로변경이 금지된 곳에서 진로변경을 해서는 아니 된다. 따라서 진로변경이 안전표지로써 금지된 교량, 터널, 교차로, 굴곡도로 등에서의 진로변경(차로변경) 중 일어나 사고에 대해, 진로를 변경한 차마에게 과실을 가산한다. 도로 구간에 진로변경금지 표시는 백색 실선으로 한다.

3) 전용차로 위반

차종별 전용차로(버스전용차로와 다인승전용차로로 구분함)를 위반하여 차로 변경 중 발생한 사고의 경우, 전용차로를 위반한 각각 자동차(이륜차 및 원동기장치 자전거 포함)에게 가산요소로 수정한다. 노선버스 등 전용차로 운행차량이 전용차로를 이탈하여 타차의 차로로 차로변경 중 일어난 사고에도 동일하게 적용한다.

용어풀이

"버스전용차로"란 도로교통법 제15조에 의거 노선버스 및 36인승 이상의 대형승합자동차, 36인승 미만의 사업용승합자동차, 어린이 통학버스 등 이외 차마는 버스 전용차로의 통행이 금지된다. 다만 동법 시행령 제9조 제1항의 별표1에 의거 택시의 승하차시 일시 통행하는 경우, 긴급자동차가 본래의 용도로 운행하는 경우, 도로공사나 파손, 기타 부득이한 장애로 인해 버스전용차로가 아니면 통행할 수 없는 경우는 제외한다.

용어풀이

"다인승차로"란 도로교통법 제15조에 의거 3인승 이상 승차한 승용자동차 및 승합자동차만이 통행할 수 있다.

도로교통법 제15조(전용차로의 설치)

① 시장 등은 원활한 교통을 확보하기 위하여 특히 필요한 때에는 지방경찰청장 또는 경찰서장과 협의하여 도로에 전용차로(차의 종류 또는 승차인원에 따라 지정된 차만 통행할 수 있는 차로를 말한다. 이하 같다)를 설치할 수 있다.

4) 신호불이행 및 지연

차로를 변경할 때 진로변경 신호를 불이행하거나 또는 도로교통법 소정의 지로변경 신호의 시기와 방법을 위반한 경우 이를 수정한다.

진로변경 신호의 시기 및 방법

고속도로에서 동일방향으로 진행하면서 진로를 변경하고자 할 때 그 행위를 하고자 하는 지점에 이르기 전 100미터(일반도로에서는 30미터) 이상의 지점에 이르렀을 때 왼팔을 수평으로 펴서 차체의 좌측 밖으로 내밀거나 오른팔을 차체의 우측 밖으로 내어 팔꿈치를 굽혀 수직으로 올리거나 방향지시기 등을 조작하여 진로변경 신호를 해야 한다[도로교통법 시행령 제21조 별표].

Ⅲ. 유형별 과실적용 세부기준

1. 과실상계 우선적용 사고

가. 기준

번호	세 부 유 형	과실상계율(%)
1	보호자의 자녀(6세 미만) 감호태만 가. 간선도로 나. 일반도로	 20~40 10~30
2	차량 밑에서 놀거나 잠자는 행위	20~40
3	차도에서 택시를 잡는 행위	
	가. 음주상태	
	나. 기타	
4	좌석안전띠 미착용	10~20
5	이륜차 탑승자 안전모 미착용	10~20
6	정원초과(승용차, 승합차, 화물차, 이륜차 포함)	10~20
7	적재함에 탑승행위 가. 화물차 나. 경운기	 20~40 10~20
8	차내에 서 있다가 넘어진 사고	10~20
9	출발 후 갑자기 뛰어내리거나 뛰어오름	60~80
10	달리는 차에 매달려 가다가 추락 가. 화물차 나. 버스	 40~60 20~30

나. 기준 적용의 원칙

1) 최저 및 최고비율의 중간수치를 기본과실로 하되, 기본과실로써 중간수치라 함은 아래의 예와 같다.

예 과실상계율이 10%~30%인 경우 중간수치는 20%를 적용하며, 10%~20%인 경우 중간수치는

10%를 적용한다.

2) 유형별 과실요소 해설의 가·감산 요소를 수정하여 적용하되, 가·감산 후의 최종과실비율은 최저치 미만으로 적용할 수 없으며, 또한 최고치를 초과하여 적용할 수 없다.

3) 과실이 없는 다른 차량의 탑승 피해자에게도 이 기준을 적용한다.

4) 기타 도로사정 및 교통사정 등을 종합적으로 감안하여 적용한다.

2. 세부적용 예

가. 보호자의 자녀감호 태만

1) 도로에서 유아를 놀게 하거나 통행하게 하는 보호자의 행위는 도로교통법 제11조 제1항의 위반이 된다. 사고일 현재 만 6세 미만의 유아는 사고 위험의 인식이나 자기보호 능력이 불충분한 자이므로 그 보호자는 사고 발생 시 민법 제756조의 감호태만과실이 인정되어 손해배상책임을 진다.

2) 사고 당시 만 6세 이상 만 12세 이하의 어린이는 「자동차와 보행자의 사고」의 해당 도표를 적용한다.

3) 유아가 도로에서 차량 밑에 들어가 놀던 중 또는 도로에서 자전거를 타고 가던 중 발생한 사고 등도 이 기준을 적용한다.

4) 일반적으로 도로변에서 놀거나 서 있던 중 사고가 발생한 경우보다 도로를 무단횡단하는 경우가 보호자에게 보다 큰 과실을 적용해야 한다.

도로교통법 제11조(어린이 등에 대한 보호)

- 제1항 : 어린이의 보호자는 교통이 빈번한 도로에서 어린이를 놀게 하여서는 아니 되며, 유아(6세 미만의 사람을 말한다)의 보호자는 교통이 빈번한 도로에서 유아만을 보행하게 하여서는 아니 된다.

나. 차량 밑에서 놀거나 잠자는 행위

1) 사고장소, 도로여건, 주취여부, 사고시각 등을 종합하여 과실비율을 인정한다.

2) 도로가 아닌 장소 및 보·차도 구분이 없는 장소 등에서 차량 밑에서 놀던 중 사고에는 최저치를 적용하고, 차량 밑에서 잠자는 행위에는 최고치를 적용한다.

도로교통법 제68조(도로에서의 금지행위 등)

- 제3항 제2호 : 도로에서 교통에 방해가 되는 방법으로 눕거나 앉거나 서 있는 행위

다. 차도에서 택시를 잡는 행위

1) 차도에서 택시를 잡는 행위는 도로교통법 제8조 제1항 및 제2항을 위반하는 행위가 된다. 다만, 보·차도 구분이 없는 도로상에서 택시를 잡는 행위는 도로의 가장자리에서만 가능하다.

2) 보행자의 과실은 야간, 음주, 간선도로, 차도로의 진입거리가 긴 경우 잘 보이지 않는 옷의 색 등에 해당하는 경우 가산하며, 운전자의 사고 회피 여지 등 중과실이 있는 경우 감산한다.

> 도로교통법 제8조(보행자의 통행)
>
> ① 보행자는 보도와 차도가 구분된 도로에서는 언제나 보도를 통행하여야 한다. 다만, 차도를 횡단하는 경우, 도로공사 등으로 보도의 통행이 금지된 경우나 그 밖의 부득이한 경우에는 그러하지 아니하다.
> ② 보행자는 보도와 차도가 구분되지 아니한 도로에서는 도로의 좌측 또는 길가장자리구역으로 통행하여야 한다.

> 도로교통법 제68조(도로에서 금지행위 등)
>
> - 제3항 제1호 : 도로에서 술에 취하여 갈팡질팡하는 행위

라. 좌석안전띠의 미착용

1) 좌석안전띠가 설치되어 있으나 이를 착용하지 않은 채 사고가 발생하였으며, 또한 좌석안전띠의 미착용이 사고발생 또는 손해확대와 인과관계가 있어야 과실상계할 수 있다. 도로교통법상 자동차의 운전자는 옆 좌석 탑승자에게 좌석안전띠를 착용하도록 주의할 의무가 있으며 이를 위반한 경우 가산요소로 한다.

2) 좌석안전띠 미착용 과실은 일반도로를 포함한 모든 도로에서 적용되며 시내 및 시외도로를 불문한다.

3) 좌석안전띠가 설치되어 있지 않은 차량, 특히 유아보호용 장구가 설치되어 있지 않은 사업용 택시 등에 승차한 유아에게는 좌석안전띠 미착용 과실을 적용할 수 없다.

> 도로교통법 제50조(특정 운전자의 준수사항)
>
> ① 자동차(이륜자동차를 제외한다)의 운전자는 자동차를 운전하는 때에는 좌석안전띠를 매어야 하며, 그 옆 좌석의 승차자에게도 좌석안전띠(유아인 경우에는 유아보호장구를 장착한 후의 좌석안전띠를 말한다)를 매도록 하여야 한다. 다만, 질병 등으로 인하여 좌석안전띠를 매는 것이 곤란하거나 행정자치부령으로 정하는 사유가 있는 때에는 그러하지 아니하다.
> ② 자동차(이륜자동차를 제외한다)의 운전자는 그 옆 좌석 외의 좌석의 승차자에게도 좌석안전띠를 매도록 주의를 환기해야 하며, 승용차에 있어서 유아가 그 옆 좌석 외의 좌석에 승차하는 경우에는 좌석안전띠를 매도록 하여야 한다.

마. 이륜차 탑승인의 안전모 미착용

1) 이륜차 운전자 및 승차자의 안전모 미착용은 이륜차 운전자의 도로교통법 제50조 제3항 위반으로써 사고발생 및 손해확대와 인과관계가 있는 경우에 한하여 과실상계할 수 있다. 또한 위 조항에 따라 이륜차의 운전자에게는 승차자가 안전모를 착용하도록 주의를 환기할 의무가 있는 바, 이를 위반한 경우 운전자의 가산요소로 한다.

2) 이륜차 운전자의 안전모 미착용 과실은 아래의 "자동차와 이륜차 사고"에서의 운전자의 고유과실과 합산하여 적용한다.

3) 두개골 손상이 직접원인이 되어 사망한 경우 등과 같이 안전모 미착용과 손해확대 사이에 밀접한 관계가 있는 사고에는 최고치를 적용한다.

> 도로교통법 제50조(특정 운전자의 준수사항)
>
> ② 이륜자동차 및 원동기장치 자전거의 운전자는 행정자치부령이 정하는 인명보호장구를 착용하고 운행하여야 하며, 승차자에게도 이를 착용하게 하여야 한다.

바. 정원초과(승용차, 승합차, 화물차, 이륜차 포함)

이륜차를 포함하여 자동차의 승차정원을 초과한 경우 피해차량이 무과실이라 하더라도 정원을 초과한 경우 이 기준의 과실을 적용한다.

> 도로교통법 제39조(승차 또는 적재의 방법과 제한)
>
> ① 모든 차의 운전자는 승차인원 · 적재중량 및 적재용량에 관하여 대통령령이 정하는 운행상의 안전기준을 넘어서 승차시키거나 적재하고 운전하여서는 아니 된다. 다만, 출발지를 관할하는 경찰서장의 허가를 받은 때에는 그러하지 아니한다.

> 도로교통법 시행령 제22조(운행상의 안전기준)
>
> - 제1호 : 자동차(고속버스 운송사업용 자동차 및 화물자동차를 제외한다)의 승차인원은 승차정원의 11할 이내. 다만, 고속도로에서는 승차정원을 넘어서 운행할 수 없다.
> - 제2호 : 고속버스 운송사업용 자동차 및 화물자동차의 승차인원은 승차정원 이내

판 례

이륜차가 정원을 초과하여 운전 중 사고가 발생하였다면 핸들조작이 어려워지고 사소한 장애에 대처할 수 없어 사고가 쉽게 발생하리라는 것은 경험칙상 명백하므로 정원을 초과하여 운전한 운전자의 잘못은 손해의 발생 또는 확대와 상당인과관계가 있다고 인정되며, 아울러 동승피해자도 동승함

으로써 정원을 초과케 한 잘못이 있으므로 양자 공히 과실상계한다(대법원 94.5.24. 선고 93다57407 판결).

사. 적재함 탑승행위

1) 화물차나 경운기의 적재함은 화물의 적재 및 운송을 위한 자동차의 구조장치로서 적재함에 사람을 탑승시킨 후 운행하는 것은 사고발생 빈도나 위험의 심도를 매우 높게 하므로 과실을 적용한다.

2) 여기서 탑승차량은 피보험차량 이외의 타차도 포함되며, 타차의 고유과실이 없는 경우에도 피해자의 적재함 탑승과실을 적용한다.

3) 피보험차량의 적재함 탑승 피해자로서 동승자감액대상인 경우 양쪽의 과실비율을 합산하여 적용한다.

> **도로교통법 제49조(모든 운전자의 준수사항)**
>
> - 제1항 제11호 : 운전자는 자동차의 화물적재함에 사람을 태우고 운행하지 아니 할 것

아. 차내에 서 있다가 넘어진 사고

1) 버스나 승합차 등이 급정거 등을 하는 경우 손잡이를 제대로 잡지 않는 등 탑승자가 자기의 안전을 보호하기 위한 조치를 태만히 하여 차내에 넘어진 경우에 한하여 과실상계한다.

2) 여기서 차내란 자차 및 타차 내 모두를 말한다.

자. 출발 후 갑자기 뛰어내림

1) 버스 등 승합차의 탑승자가 임으로 차에서 뛰어내리는 경우(뛰어 오르는 경우를 포함한다)를 말한다.

2) 버스 이외의 차량에서도 주행 중인 차내에서 탑승자가 임의로 뛰어내리는 경우 그 경위에 따라 과실비율을 인정한다.

   차내에서 탑승자가 갑자기 뛰어내리거나 뛰어 오르다 일어난 사고의 경우 피해자인 탑승자의 일방적인 의사에 의한 행위로 고의 내지 미필적 고의까지 인정될 수 있는 사고이고 운전자의 예견가능성이 적으므로 피해자의 과실을 대폭 인상하여 사고경위에 따라 그 과실비율을 60~80%로 적용하는 것으로 개정하였다. 그러나 이 기준은 운전자가 탑승자가 뛰어 내리거나 뛰어 오르려는 것을 알고도 이를 제지 또는 차량을 정차하는 등 안전조치를 취하지 않은 경우는 적용하지 않는다.

도로교통법 제68조(도로에서의 금지행위)

- 제3항 제6호 : 도로를 진행하고 있는 차마에 뛰어 오르거나 매달리거나 차마에서 뛰어 내리는 행위

차. 달리는 차에 매달려 가다가 추락

차에 매달리는 행위를 운전자가 용이하게 발견할 수 있음에도 이를 게을리 한 경우 최저치를 적용하고 후사경 등으로 볼 수 없는 사각지역에 매달린 경우에는 최고치를 적용한다.

도로교통법 제68조(도로에서의 금지행위)

- 제3항 제6호 : 도로를 진행하고 있는 차마에 뛰어 오르거나 매달리거나 차마에서 뛰어내리는 행위

제3장 손익상계

Ⅰ. 손익상계의 의의

손익상계(損益相計)는 불법행위에 있어서 채무불이행으로 인하여 채권자에게 손해발생과 동시에 이익도 있는 경우에 배상액을 정함에 있어서 그 손해액으로부터 이익을 공제하는 것을 말한다.

손익상계에서 공제되어야 할 이익의 범위는 책임원인인 채무불이행과 상당인과관계에 있는 것에 한한다. 따라서 채무불이행과는 별개의 계약원인에 의한 이익은 공제할 이익에 포함될 수 없다.

민법상 손익상계에 대한 직접적인 규정은 없지만, 공평부담을 원칙으로 하는 손해배상의 성질상 당연히 인정된다 할 것이다.

Ⅱ. 손익상계의 유형

손익상계는 생명침해로 인한 손해배상에서 사망자가 생존에 얻을 수 있었던 수입액, 즉 '손해'가 발생하여 배상하려는 금액에서 생존하였더라면 지출해야 할 생활비가 지출되지 않음으로 인하여 발생하는 '이익'을 공제하는 '생활비 공제', 업무 중인 근로자의 교통사고 발생 시 산업재해보상보험법에 의한 보상을 받은 경우의 공제, 형사합의금의 공제 등이 있다.

1. 생활비 공제

교통사고로 피해자가 사망한 경우 망인의 일실수입을 계산함에 있어서 사망자 본인이 살아있었더라면 일정한 수입을 얻기 위하여 기본적인 생계비를 지출하였을 것이고, 그러한 생계비를 지출하고 남은 것이 망인의 순수한 수입이 될 것이기 때문에, 이를 공제하게 된다.

소득활동을 위한 사망자의 생계비는 다양한 것이 있지만, 음식비, 의료비, 주거비, 교통비, 오락비, 교제비, 통신비 등을 총칭한다 할 것이다. 그러나 개개인별로 생계비를 정확하게 산출한다는 것은 어렵기 때문에, 일반적으로 법원에서는 사망자의 여러 가지 사정을 참작하여 1/3, 30%, 35%를 적용하는데, 대체로 가해자 · 피해자 간 생활비 공제 1/3 적용에 다툼이 없이 처리되곤 한다.

2. 협사합의금 공제

사망자의 부상이나 사망으로 인해 가해자로부터 형사합의시 수령한 금원 등은 전부 또는 일부에 대하여 공제하게 된다. 그러나 실무에서는 형사합의시 가해자 · 피해자간 '채권양도' 등 형사합의금의 공제를 하지 않는 방식으로 처리되곤 한다.

3. 타 법률의 배 · 보상에 따른 공제

가. 산업재해보상보험법상의 보험급여

교통사고 발생 시 피해자가 근로자로서 업무 중이었다면, 근로기준법이나 산업재해보상보험법에 의하여 휴업급여 등의 보험급여를 받을 수 있고, 그러한 경우 교통사고라는 하나의 원인으로 하여 보험회사의 손해배상금과 근로자로서의 보험급여를 이중으로 받게 된다면 이익이 발생하게 되어 이를 공제하게 된다.

나. 자동차손해배상보장보험법상의 보험급여

교통사고 피해자가 보험회사로부터 자동차손해배상보장법상의 책임보험금을 지불받은 경우에는 그 한도 내에서 보유자에 대한 손해배상청구권이 소멸되므로, 자동차손해배상보장법상 책임보험금은 손해액에서 공제하여야 한다.

다. 공무원연금법 등의 보험급여

공무원연금법(사립학교 연금법, 국민연금법 등)에 의한 유족연금, 유족일시금, 유족보상금 등이 피해자 또는 그 유족에게 지급된 경우에 이를 손해배상액에서 공제할 것인가가 문제가 되는데, 법원의 경향은 지급사유가 국가의 행위로 인하여 발생한 경우는 공제하지 않으며, 제3자의 가해행위로 인하여 발생한 경우에는 공무원연금법 제33조(다른 법령에 따른 급여와의 조정) 제2항 및 제3항 규정에 따라 제3자에 대한 손해배상청구권의 대위로 유족급여 등이 공제하여야 한다고 본다.

제33조(다른 법령에 따른 급여와의 조정)

② 이 법에 따른 급여의 사유가 제3자의 행위로 인하여 발생한 경우에는 공단이나 지방자치단체는 그 급여의 사유에 대하여 이미 지급한 급여액(장해연금을 받는 경우에는 장해보상금을 받는 것으로 보아 산정한 금액)의 범위에서 수급권자가 제3자에 대하여 가지는 손해배상청구권을 취득한다. 다만, 제3자가 다음 각 호의 어느 하나에 해당하는 경우에는 공무원연금급여심의회의 심의를 거쳐 손해배상청구권의 전부 또는 일부를 행사하지 아니할 수 있다.

1. 해당 공무원 또는 공무원이었던 자의 배우자
2. 해당 공무원 또는 공무원이었던 자의 직계존비속
3. 공무수행 중인 공무원

③ 제2항의 경우에 수급권자가 그 제3자로부터 같은 사유로 이미 손해배상을 받았을 때에는 그 배상액의 범위에서 급여를 지급하지 아니한다.

제4장 이득금지의 원칙과 보험자대위

Ⅰ. 이득금지의 원칙

이득금지의 원칙(The principle of indemnity)은 손해보상의 원칙, 실손보상의 원칙과도 유사한 개념이며, 보험사고의 발생으로 보험자가 피보험자에게 지급하는 보험금은 실제손해 이상이 되어서는 안 된다는 손해보험의 대원칙이다. 손해보험은 보험사고로 인한 보험금지급을 통하여 사고식선의 상태를 회복하는데 목적이 있으며, 보험사고를 통한 이득을 금지함으로써 보험의 사행성으로 인한 도덕적 위험을 방지 또는 억제하고자 한다.

우리나라는 보험계약법에서 이득금지의 원칙을 명문화하지는 않았지만, 상법 제669조(보험계약의 목적), 제672조(중복보험), 제676조(손해액의 산정기준, 시가보상), 제682조(제3자에 대한 보험자대위)를 통해 동(同) 원칙의 목적을 실현하고 있다.

Ⅱ. 보험자 대위

1. 보험자 대위의 의의

보험회사가 보험사고로 인한 손실을 보상한 경우 피보험자 또는 보험계약자가 보험의 목적이나 제3자에 대하여 가지는 권리를 법률상 당연히 취득하는 것을 보험자대위라 한다(상법 제681조, 제682조).

보험자대위의 목적은 보험사고로 인하여 보험금을 취득한 피보험자에게 또다시 잔존물이나 제3자에 대한 권리를 취득함으로 인하여 이득이 발생하지 않도록 하기 위함이며, 이는 손해보험의 이득금지의 원칙에 합당한 제도이다.

보험자 대위권은 법률상 당연히 취득하는 권리이므로 당사자 간의 의사표시를 필요로 하지 않는다. 보험자대위는 제3자에 대한 대위와 보험목적인 잔존물에 대한 대위가 있다.

2. 제3자에 대한 보험자대위(청구권 대위)

손해가 제3자의 행위로 인하여 생긴 경우에 보험금액을 지급한 보험자는 그 지급한 금액의 한도에서 그 제3자에 대한 보험계약자 또는 피보험자의 권리를 취득한다(상법 제682조). 그러나 보험자가 보험금액의 일부를 지급한 때에는 피보험자의 권리를 해하지 아니하는 범위 내에서 그 권리를 행사할 수 있다(상법 제682조 단서조항).

자동차보험에서 제3자에 대한 청구권대위가 인정되는 경우는 대인배상Ⅰ, 대인배상Ⅱ, 대물배상, 무보험 자동차에 의한 상해, 자기차량손해, 다른 자동차담보 특별약관, 자동차상해 특별약관에 적용된다.

청구권 대위의 발생요건은 제3자에 의한 손해의 발생하여야 하며, 보험금이 지급되어야 한다.

보험자 대위권의 목적은 보험사고로 인하여 피보험자에게 이득이 발생하지 않도록 하기 위함이므로 보험자 대위권에 의한 보험회사의 제3자에 대한 구상권과 피보험자의 제3자에 대한 손해배상 청구권이 경합하는 경우에는 피보험자의 손해배상청구권이 우선한다.

3. 보험의 목적에 대한 대위(잔존물 대위)

보험의 목적의 전부가 멸실한 경우에 보험금액의 전부를 지급한 보험자는 그 목적에 대한 피보험자의 권리를 취득한다(상법 제681조). 그러나 보험가액의 일부를 보험에 붙인 경우에는 보험자가 취득할 권리는 보험금액의 보험가액에 대한 비율에 따라 이를 정한다(상법 제681조 단서조항).

잔존물 대위의 발생요건은 보험목적의 전부 손해가 발생하여야 하며, 보험금의 전부가 지급되어야 한다.

피보험자동차의 잔존물에 대한 권리는 보험금 전액을 지급한 때에 보험회사에게 이전되며, 보험목적물에 대한 소유권 등 모든 권리이다.

잔존물 대위의 경우 보험회사의 권리취득이 잔존물 가액보다 그 처리비용이 더 소요되는 경우와 같이 오히려 회사에 불이익한 경우 보험회사는 대위권의 행사를 포기할 수 있다.

제5장 소멸시효와 제척기간

Ⅰ. 의의

권리자가 권리를 행사할 수 있음에도 일정기간 동안 권리를 행사하지 않는 상태가 계속되는 경우 그 권리를 처음부터 없었던 것으로 인정하는 제도를 소멸시효라 한다. 소멸시효의 기산점은 권리를 행사할 수 있는 최초의 시점으로 한다.

Ⅱ. 소멸시효 기간

공동불법 행위자간의 구상권, 가지급금 반환 청구권, 판결 등으로 확정된 채권은 10년, 중복보험으로 인한 타보험사에 대한 청구권의 보험자 대위권은 5년, 불법행위로 인한 손해배상청구권, 자기차량손해와 무보험자동차상해 처리 후 배상의무자에 대한 청구권의 보험자 대위권, 보험금 청구권, 보험료 반환청구권, 무면허와 주취운전 중 사고로 인한 사고부담금은 3년, 보험료 청구권은 2년으로 한다.

Ⅲ. 소멸시효 중단과 정지

소멸시효는 그동안 진행되었던 소멸시효 기간의 효력이 없어지고 그때로부터 다시 소멸시효가 기산되는 소멸시효의 중단과, 일정한 정지사유가 발생한 경우 시효의 진행이 정지되었다가 그 사유가 없어진 때부터 나머지 시효기간에 대하여 진행되는 소멸시효의 정지가 있다.

소멸시효의 중단사유로는 청구, 압류, 가압류, 가처분, 승인이 있고, 정지사유로는 제한능력자의 시효정지, 재산관리자에 대한 제한능력자의 시효정지, 부부간의 권리와 시효정지, 상속재산에 관한 권리와 시효정지, 천재 기타 사변의 시효정지가 있다.

Ⅳ. 소멸시효 이익의 포기

소멸시효가 완성된 후 시효완성으로 인하여 이익을 받을 수 있는 자가 시효 완성의 이익을 받지 않겠다는 의사표시 후 시효이익을 포기할 수 있다.

V. 제척기간

권리관계를 신속히 확정하기 위하여 법률이 정한 존속기간으로서 일정한 기간이 경과되면 당연히 권리가 소멸되는 것을 제척기간이라 한다. 이는 소멸시효와 달리 중단, 정지사유가 존재하지 않는다. 소멸시효는 법률에 '시효로 인하여'라는 표현되어 제척기간과 구별된다.

제6장 보험사기

Ⅰ. 보험사기의 개념 및 특성

1. 보험사기의 개념

보험사기는 “보험사기행위로 보험금을 취득하거나 제3자에게 보험금을 취득”하는 행위라고 할 수 있다(보험사기방지특별법 제8조). 이는 “사람을 기망하여 재물의 교부를 받거나 재신상의 이익을 취득하여 성립하는 범죄”의 형법 사기죄(형법 제347조)에 대한 특별법으로 우선 적용된다.

보험사기는 경성사기(Hard Fraud)와 연성사기(Soft Fraud)로 구분한다. 경성사기는 보험금을 편취할 목적으로 살인, 상해, 방화 등 범죄를 고의로 발생시키거나 도난 또는 사고의 위장으로 적극적인 보험사고를 발생 도는 조작하는 경우를 말한다(조해균, 1990: 18; 박영수, 2014: 65-66, 김혜란, 2016: 9). 연성사기는 기회성 범죄로서 이미 발생한 보험사를 과장하거나 왜곡, 보험사고 이외의 사고가 발생하였을 경우 이를 보험사고로 위장하는 경우를 의미한다(김헌수, 2005: 49-50; 배철효, 2005; 158-159; 김선협, 2016: 30, 김혜란, 2016;9).

2. 보험사기의 특징

보험사기는 개인이 아닌 보험회사에 보험금을 청구하는 제도라는 점에서 일반 형법상 사기와 다른 특징을 가지고 있다. 보험사기 피해의 간접성과 광범위성, 사기의 복잡성과 다양성, 공범에 의한 범죄, 조직화와 지능화, 인간성 상실, 보험제도 기반의 약화의 특징을 가지고 있다.

Ⅱ. 보험사기의 유형

1. 기망행위를 통한 보험계약 체결

보험계약의 최대선의 원칙을 준수하지 않는 허위고지, 자동차사고 발생 후에 사고일자 등을 조작, 변경하는 유형이다.

2. 보험사고의 고의 유발

고의로 사고를 조작해 보험금을 청구하는 행위이다. 보험금 편취를 목적으로 자동차사고를 유인하거나 진행 중인 자동차에 고의로 부딪히는 행위 등이 있다.

3. 보험사고의 위장 및 날조

보험사고를 조작하는 경우와 보험사고가 아닌 것을 보험사고로 위장하는 경우, 다른 사고로 파손된 차량을 교통사고로 인하여 파손된 것으로 신고하는 경우 등이 있다.

4. 보험사고 발생 시 범죄행위 자행

자동차사고 시 보험금을 청구하기 위해 과다청구, 편승 수리하는 경우가 있다.

Ⅲ. 보험사기의 폐해

보험사기는 선의의 보험계약자가 납부하는 보험료를 편취하는 행위로서, 다른 선의의 보험계약자의 보험료 상승으로 연결된다. 보험사기의는 살인 등의 방법으로 보험금 청구를 하는 경우가 있어 인명경시풍조의 조장이 우려되고, 보험요율의 인상이 발생하며, 보험제도 존립기반의 약화 현상으로 이어지는 사회문제이다.

Ⅳ. 보험사기의 대응체계

보험사기의 발생이 증가함에 따라 보험사기방지특별법이 제정되었고, 보험사기에 대하여는 금융감독원, 보험회사, 형사사법기관, 건강보험심사평가원, 국민건강보험공단, 정부합동보험범죄전담대책반, 국토교통부에서 보험사기에 대하여 대응하고 있다.

부 록

1. 대물보상 사례

사례 1 : 대물사고

사고 상황 및 보험계약사항

사고일	2009. 12.	사고장소	IC 진입로 부근
사고내용	가해 #1차량이 주행 중, 선행차량 급브레이크 작동으로 추돌을 피하기 위하여 우측차량 운전석 측면을 #1차량 앞부분으로 충격	차종	카스타
		과실	1. 도로교통법 제48조 안전운전의무위반 2. 피해자의 과실 0%
손해배상책임	1. #1차량 안전운전주의의무 위반 과실로 피해차량 손상 2. 민법 제750조 손해배상책임		
보험회사의 보상책임	1. #1차량의 기명피보험자 약관 제10조2.의 피보험자 해당 2. #1차량 피보험자동차로서 민법상 손해배상책임 3. 타인 재물 피해가 발생하고 보험자의 면책사항에 해당하지 않음 4. #1차량의 부보사인 보험회사는 약관상 배상책임.1.보상책임 있음.		
피해자의 직접청구권	1. 상법 제724조 제1항 및 제2항 피해자의 직접청구권 2. 보통약관 피보험자의 법률상 손해배상책임 부담사고의 손해배상청구권자(피해자) 직접청구 가능		
보험계약사항	개인용자동차종합보험	담보종목	대물배상
특약사항	1. 기명피보험자 1인 한정 특약, 연령한전 35세 이상 특약		
결정보험금	1. 3,940,000원		

견적서

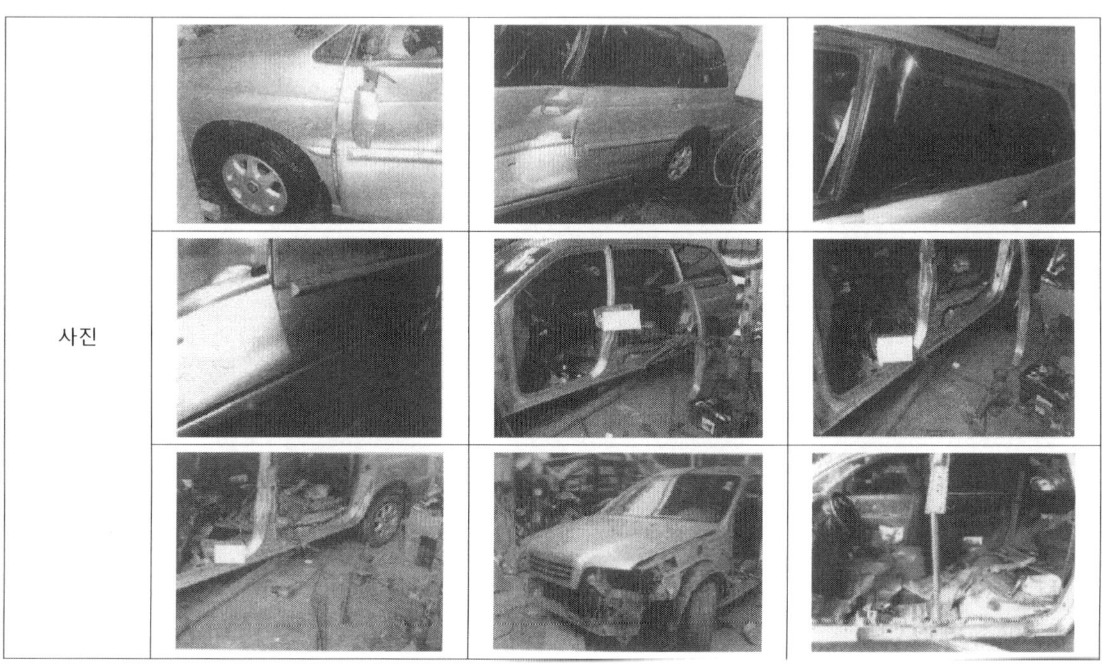

수리사항 견적정보

제작사/차종	기아-RV	차량명칭		카스타	
모델명	LX7인승 LPG	최초등록일	2002.03	부품적용일	2010.01
주행거리	km	입고일자	2009.12	출고일자	
탈부착 작업시간 종류	개정표준	탈부착 M/H	22,500원	판금 M/H	22,500원
도장 작업시간 종류		도장 M/H	22,500원	중복체크	검증완료

수리비 정산정보

공임		부품		합계		도장할증(C5-2코드)	
탈착교환	525,880	순정부품	9,000	합계	1,510,000	보카시	0
판금수리	184,500	할인율	0%	부가세	10% 151,000	투톤	0
견인구난	0	순정정산	9,000	과실상계	0%	폴리싱	0
재료대	272,925	중고부품		면책금		할증계	0
도장공임	515,290	유리부품		대차공제		전체도장	1,636,695
할증공임	0	부품소계	9,000				
가열건조비	13,000	청구부품	10,000				
도장정산	801,215	감가상각					
공임소계	1,511,595	잔존물	10,595	지급액	1,661,000		
청구공임	1,750,340	차감소계	10,595	청구액	1,936,374		

주요 작업항목(일부 소액/소규모작업 제외)

작업항목 및 부품명	작업	H.Q	부품	금액	작업항목 및 부품명	작업	H.Q	부품	금액
프론트 범퍼	탈착	1.27		28,580	사이드 스텝(좌) 판금	도장	1.42	17,700	31,950
프론트 범퍼	수리	1		33,750	리어 범퍼	수리	0.5		33,750
포그램프(좌)	탈착	0.27		6,080	리어 범퍼 판금	도장	1.42	17,700	31,950
포그램프(우)	탈착	0.27		6,080	리어 콤비네이션 램프(좌)	탈착	0.33		7,430
프론트 범퍼 부분 판금	도장	1089	31,100	56,700	리어 휀더 패널(좌)	판금	1.7		56,250
보닛	불인정	0.5		11,250	쿼터 패널(좌) 판금	도장	1.75	21,500	39,380
보닛	불인정	0.15		3,260	프론트 서스펜션 ASS'Y(좌)	오버홀	1.71		38,480
라디에이터 그릴	불인정	0.33		7,430	프론트 서스펜션 ASS'Y(우)	오버홀	1.71		38,480
보닛 판금	불인정	3.18		71,550	휠 얼라이먼트 (전자식)	조정	1.9		42,750
헤드램프(좌)	탈착	0.4		9,000	사이드실 몰딩(좌)	교환	0.47		10,580
헤드램프(우)	탈착	0.4		9,000	선바이저		1	10,000	
시그널램프(좌)	탈착	0.2		4,500	공통시간작업	도장	2.2		49,500
시그널램프(우)	탈착	0.2		4,500	가열건조비	도장			13,000
프론트 휀더(좌)	교환	1.13		25,430					
프론트 휀더(좌) 판금	도장	1.33	20,500	29,930					
프론트 휀더(우)	판금	1.5		33,750					
프론트 휀더(우) 판금	도장	1.86	23,000	29,930					
프론트 휀더(우)	판금	1.5		33,750					
프론트 휀더(우) 판금	도장	1.86	23,000	41,850					
프론트 필러 ASS'Y(좌)	판금	2		90,000					
프론트 도어(좌)	교환	3.2		72,000					
사이드미러(전동식,좌)	교환	0							
문짝사각유리(앞,좌)	교환	0.54		12,150					
프론트 도어(우)	1/30H	0.77		26,210					
프론트 도어(우)	판금	0.5		11,250					
프론트 도어(우) 판금	도장	2.55	31,500	57,380					
리어 도어(좌)	교환	2.8		63,000					
문짝사각유리(뒤, 좌)	교환	0.54		12,150					
리어 도어(좌)교환	도장	1.97	30,500	44,330					
리어 도어(우)	오버홀	1.93		21,710					
리어 도어(우)	판금	1		22,500					
리어 도어(우)판금	도장	2.69	33,100	60,530					
센터 필라(좌)	교환	3.33		74,930					
센터 필러 트림(좌)	교환	0							
센터 필러(좌) 교환	도장	0.74	10,300	16,650					

사례 2 : 대물사고

사고 상황 및 보험계약사항

<table>
<tr><td>사고일</td><td>2009. 12.</td><td>사고장소</td><td>백화점 앞 노상</td></tr>
<tr><td rowspan="2">사고내용</td><td rowspan="2">가해 #1 차대차 일반시내도로 신호등유
교차로 1차선 직진 중 후미추돌 사고</td><td>차종</td><td>투싼</td></tr>
<tr><td>과실</td><td>1. 도로교통법 제48조 안전
운전의무위반
2. 피해자의 과실 0%</td></tr>
<tr><td>손해배상책임</td><td colspan="3">1. #1차량 안전운전주의의무 위반 과실로 피해차량 손상
2. 민법 제750조 손해배상책임</td></tr>
<tr><td>보험회사의 보상책임</td><td colspan="3">1. #1차량의 기명피보험자 약관 제10조의2 피보험자 해당
2. #1차량 피보험자동차로서 민법상 손해배상책임
3. 타인 재물 피해가 발생하고 보험자의 면책사항에 해당하지 않음
4. #1차량의 부보사인 보험회사는 약관상 배상책임. 1.보상책임 있음.</td></tr>
<tr><td>피해자의 직접청구권</td><td colspan="3">1. 상법 제724조 제1항 및 제2항 피해자의 직접청구권
2. 보통약관 피보험자의 법률상 손해배상책임 부담사고의 손해배상청구권자(피해자) 직접 청구 가능</td></tr>
<tr><td>보험계약사항</td><td>업무용자동차종합보험</td><td>담보종목</td><td>대물배상</td></tr>
<tr><td>특약사항</td><td colspan="3">1. 연령한정 30세 이상 특약</td></tr>
<tr><td>결정보험금</td><td colspan="3">1. 3,754,500원</td></tr>
</table>

견적서

사진	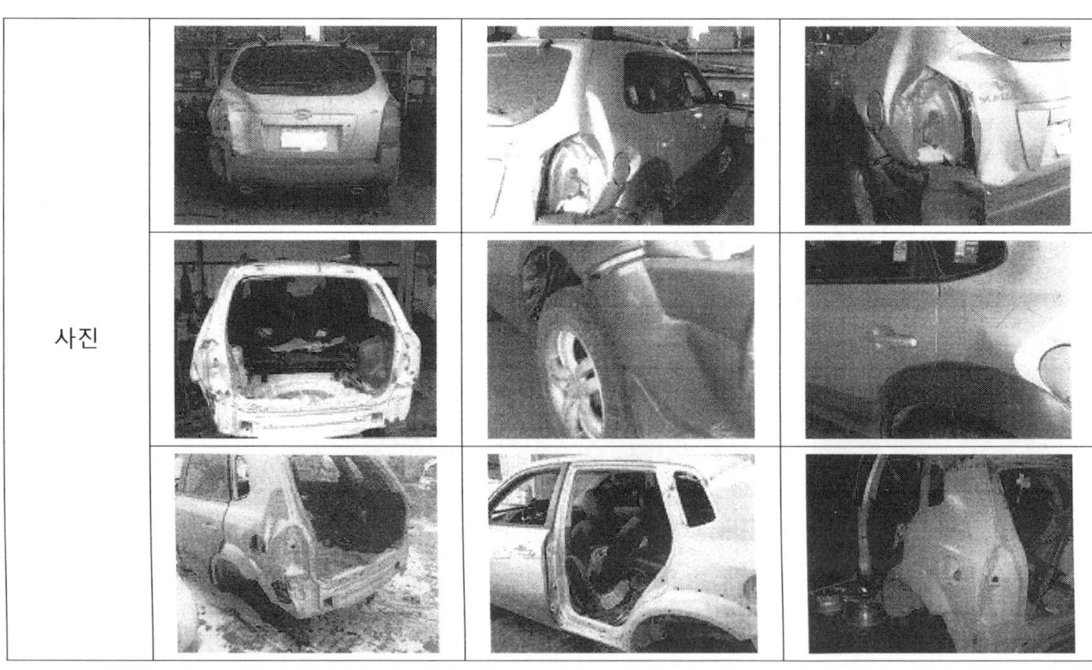

수리사항 견적정보

제작사/차종	현대-RV	차량명칭		투산	
모델명	2WD JX(디젤)	최초등록일	2007.08	부품적용일	2010.01
주행거리	km	입고일자	2010.01	출고일자	
탈부착 작업시간 종류	개정표준	탈부착 M/H	23,500원	판금 M/H	23,500원
도장 작업시간 종류		도장 M/H	23,500원	중복체크	검증완료

수리비 정산정보

공임		부품		합계		도장할증(C5-2코드)	
탈착교환	741,950	순정부품	50,000	합계	1,350,000	보카시	0
판금수리	152,750	할인율	0%	부가세	10% 135,000	투톤	0
견인구난	0	순정정산	50,000	과실상계	0%	폴리싱	0
재료대	129,900	중고부품		면책금		할증계	0
도장공임	267,440	유리부품		대차공제		전체도장	1,636,695
할증공임	0	부품소계	50,000				
가열건조비	13,000	청구부품	100,000				
도장정산	410,340	감가상각					
공임소계	1,305,040	잔존물	5,040	지급액	1,485,000		
청구공임	1,364,500	차감소계	5,040	청구액	1,610,950		

주요 작업항목(일부 소액/소규모작업 제외)

작업항목 및 부품명	작업	H.Q	부품	금액	작업항목 및 부품명	작업	H.Q	부품	금액
리어 범퍼	교환	1.24		29,140	연료탱크	탈착	1.09		25,620
리어 범퍼교환	도장	2.28	31,100	53,580	리어 배선	탈착	1.9		44,650
리어 범퍼커버			90,420		리어 시트	탈착	0.59		13,870
리어 도어(좌)	탈착	0.58		13,630	안전벨트(좌)	탈착	0.25		5,880
리어 도어(좌)	1/3OH	0.7		16,450	리어 휀더(좌)	교환	5.3		124,550
리어 도어(좌)	판금	1.5		35,250	리어 휀더(좌)	도장	1.42	20,100	33,370
리어 도어(좌)판금	도장	2.77	34,800	65,100	트렁크바닥 패널	판금	1.5		58,750
리어 도어(와이퍼부착형)	교환	1.92		45,120	트렁크내 트림(좌)	교환	0.43		10,110
리어 도어 쇼버(좌)	교환	0.11		2,590	하이마운팅 스톱램프	교환	0.2		4,700
리어 도어 힌지(좌)	불인정	0.16		3,760	리어 도어 교환	도장	2.3	38,700	54,050
리어 콤비네이션램프(좌)	교환	0.27		6,350	리어 패널 교환	교환	0.41	5,200	9,640
리어 콤비네이션(우)	탈착	0.27		6,350	리어 휠 가드(좌)	교환	0.23		5,410
리어 휀더 패널(내측, 좌)	교환	3		70,500	D필라 익스텐션 패널(좌)	교환	1.3		30,550
안전벨트(뒤, 좌)	탈착	0.25		5,880	트렁크룸 내 트림	교환	0.43		10,110
안전벨트(뒤, 우)	불인정	0.25		5,880	리어 필러 트림(우)	탈착	0.22		5,170
트렁크 내 트림(리어)	탈착	0.43	1	10,110	트렁크룸 내 트림(프론트)	탈착	0.43		10,110
리어 사이드 멤버 ASS'Y(좌)	판금	3.5		94,900	안전벨트(2점식) NO.1	탈착	0.18		4,230
배기파이프 2번 미들	불인정	0.46		10,810	배기파이프 3번 머플러	교환	0.44		10,340
리어 서스펜션 ASS'Y(좌)	탈착	1.68		39,480	리어 서스펜션 ASS'Y(우)	탈착	1.68		39,480
리어 서스펜션 크로스멤버	교환	0.9		21,150	실리콘 및 언더코팅		0	100,000	
교환대상 그린수가 인정바랍니다									
공통시간작업	도장	2.2		51,700					
가열건조비	도장			13,000					

사례 3 : 대물사고

사고 상황 및 보험계약사항

사고일	2010. 01	사고장소	보건소 앞 교차로
사고내용	가해 #1 차대차 일반 시내도로 신호등무교차로 1차선 직진 중 후미추돌 사고. 신호등 없는 교차로 자차 직진 중 좌측에서 우측으로 진행하는 차량과 충격 후 자차 튕기며 돌 구조물에 부딪힘.	차종	로체 어드벤스
		과실	1. 도로교통법 제48조 안전운전의무위반 2. 피해자의 과실 60%
손해배상책임	1. #1차량 안전운전주의의무 위반 과실로 피해차량 손상 2. 민법 제750조 손해배상책임		
보험회사의 보상책임	1. #1차량의 기명피보험자 약관 제10조2.의 피보험자 해당 2. #1차량 피보험자동차로서 민법상 손해배상책임 3. 타인 재물 피해가 발생하고 보험자의 면책사항에 해당하지 않음 4. #1차량의 부보사인 보험회사는 약관상 배상책임.1.보상책임 있음		
피해자의 직접청구권	1. 상법 제724조 제1항 및 제2항 피해자의 직접청구권 2. 보통약관 피보험자의 법률상 손해배상책임 부담사고의 손해배상청구권자(피해자) 직접 청구 가능		
보험계약사항	개인용자동차종합보험	담보종목	대물배상
특약사항	1. 기명피보험자 1인 한정 특약, 연령한전 35세 이상 특약		
결정보험금	1. 2,698,000원		

견적서

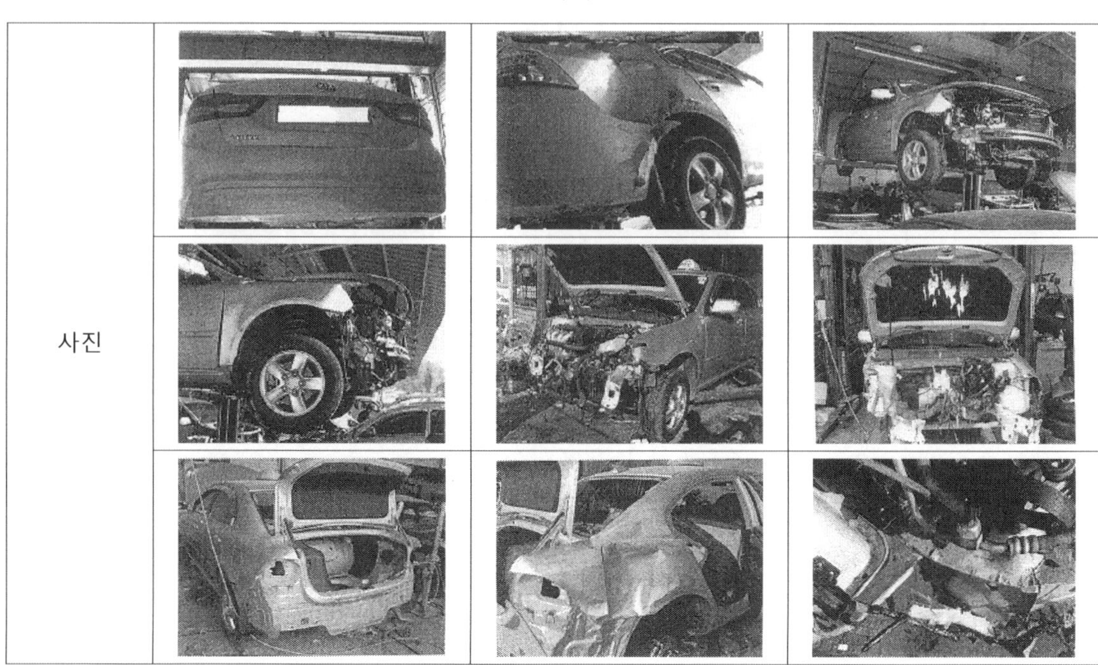

수리사항 견적정보

제작사/차종	기아-승용	차량명칭		로체 이노베이션	
모델명	LX 20(영업)	최초등록일	2009.02	부품적용일	2010.01
주행거리	km	입고일자	2010.01	출고일자	
탈부착 작업시간 종류	개정표준	탈부착 M/H	20,000원	판금 M/H	20,000원
도장 작업시간 종류		도장 M/H	20,000원	중복체크	검증완료

수리비 정산정보

공임		부품		합계		도장할증(C5-2코드)	
탈착교환	1,294,800	순정부품	3,438,130	합계	6,174,998	보카시	0
판금수리	646,000	할인율	5%	부가세	10%	투톤	0
견인구난	46,900	순정정산	3,266,224	과실상계	60% 3,704,998	폴리싱	0
재료대	367,060	중고부품		면책금		할증계	0
도장공임	543,945	유리부품		대차공제		전체도장	1,964,600
할증공임	0	부품소계	3,266,223				
가열건조비	13,000	청구부품	3,598,830				
도장정산	924,005	감가상각					
공임소계	2,911,705	잔존물	2,930	지급액	2,470,000		
청구공임	3,456,600	차감소계	2,930	청구액	3,104,390		

주요 작업항목(일부 소액/소규모작업 제외)

작업항목 및 부품명	작업	H.Q	부품	금액	작업항목 및 부품명	작업	H.Q	부품	금액
프론트 범퍼	교환	2.48		49,600	그릴-프론트 범퍼	교환	1	7,000	
프론트 범퍼 커버		1	94,200		그릴-프론트 범퍼 사이드(좌)			4,400	
브라켓-프론트 범퍼 사이드		1	1,220		커버-블랭킹 프론트 포그(좌)			4,400	
브라켓-프론트 범퍼 사이드		1	1,220		그릴-프론트 범퍼 사이드(우)			4,400	
업소버-프론트 범퍼 에너지		1	12,900		커버-블랭킹 프론트 포그(우)			4,400	
레일 어셈블리 -프론트 범퍼		1	48,700		립프-프론트 범퍼			8,000	
브라켓-프론트 범퍼 상부		1	1,530		램프 어셈블리 -프론트 포그			18,700	
브라켓-프론트 범퍼 상부		1	1,530		램프 어셈블리 -프론트 포그			18,700	

작업항목 및 부품명	작업	H.Q	부품	금액	작업항목 및 부품명	작업	H.Q	부품	금액
프론트 범퍼 교환	도장	1.82	32,100	36,400	프론트 사이드 멤버 Ass'y(좌) 교환	판금	8		160,000
라디에이터 그릴	교환	0.26		5,600	프론트 사이드 멤버(좌) 판금	도장	0.85	12,700	17,000
라디에이터 그릴 어셈블리		1	64,200		프론트 사이드 멤버 Ass'y(우) 교환	교환	8		160,000
라디에이터 그릴 상부 커버		1	3,700		프론트 사이드 멤버(우) 교환	도장	0.42	10,100	
후드	교환	1.06		21,200	카울 그릴	탈착	0.41		8,200
후드 패널 어셈블리		1	157,000		카울 패널	판금	3		60,000
후드 웨더스트립 어셈블리		1	5,000		대쉬 패널	판금	2		60,000
후드 록크	교환	0.3		6,000	프론트 필러 Ass'y(우)	판금	0.5		60,000
후드 래치 어셈블리		1	6,200		윈도우 필러(우) 판금	도장	0.34	4,300	6,800
후드 래치 릴 핸들 어셈블리		1	2,000		프론트 도어(우)	판금	1.3		40,000
후드 케이블	탈착	0.23		4,600	프론트 도어(우)	1/20H	1.05		21,000
후드 교환	도장	2.93	49,200	58,600	프론트 웨더스트립 어셈블리		1	6,300	
프론트 패널 Ass'y(조립식)	교환	1.09		21,800	프론트 도어 몰딩 어셈블리		1	6,900	
라디에이터 서 패널 컴플리트		1	74,100		프론트 도어 판금(우)	도장	2.99	37,900	59,800
프론트 임팩트 센서		1	30,100		리어 도어(우)	교환	2.81		56,200
헤드램프(좌)	교환	0.3		6,000	리어 도어 패널 어셈블리(우)		1	140,000	
헤드램프 어셈블리(좌)		1	102,000		리어 도어 래치 어셈블리(우)		1	22.200	
헤드램프(우)	교환	0.3		6,000	리어 도어 웨더스트립		1	10,900	
헤드램프 어셈블리(우)		1	102,000		리어 도어 테이프-검정색		1	1,220	
프론트 휀더(좌)	교환	0.55		11,000	리어 도어 테이프		1	1,730	
휀더 패널(좌)		1	55,100		리어 도어 교환(우)	도장	1.68	28,200	
프론트 휠 가이드(좌)	교환	0.26		5,200	사이드스텝 몰딩(좌)	불인정	0.49		9,800
프론트 휠 가드(좌)		1	7,000		사이드 실 몰딩(좌)	불인정	1	38,800	
프론트 휀더(좌)	도장	1.86	31,200	37,200	사이드 스텝 몰딩(좌)	불인정	0.94	12,300	
프론트 휀더(우)	교환	0.55		11,000	사이드 스텝 몰딩(우)	교환	0.49		9,800

휀더 패널(우)		1	55,100		리어 범퍼	교환	1.82		36,400
프론트 휠 가이드(우)	교환	0.26		5,200	리어 범퍼 커버		1	103,000	
프론트 휠 가드 어셈블리(우)		1	7,000		리어 범퍼 브라켓 어셈블리		1	3,600	
프론트 휠 가드 어셈블리(좌)		1	1,300		리어 범퍼 브라켓 앗세이		1	3,600	

작업항목 및 부품명	작업	H.Q	부품	금액	작업항목 및 부품명	작업	H.Q	부품	금액
리어 범퍼 에너지 업소버	불인정	1	15,900		콘솔박스	불인정	0.48		9,600
리어 범퍼빔 앗세이		1	62,300		리어 시트	탈착	0.49		9,800
리어 범퍼 교환	도장	2.94	49,300	58,800	크래쉬 패드 배선	불인정	1.23		24,600
트렁크 리드	교환	2.11		42,200	엔진룸 배선	탈착	1.96		39,300
트렁크 리드 패널 어셈블리		1	129,000		배터리	탈착	0.36		7,200
기아 서브 로고 어셈블리		1	5,400		에어컨 컨덴서	교환	0.55		11,000
LOTZE 엠블램		1	2,700		에어 가드(우)		1	1,630	
LX20 엠블램		1	1,730		쿨러 컨덴서 어셈블리		1	115,000	
트렁크리드 쇼버(좌)	불인정	0.15		3,000	에어컨 파이프 NO.1	탈착	0.25		5,000
트렁크리드 쇼버(우)	탈착	0.15		3,000	에어컨 파이프 NO.2	탈착	0.25		5,000
트렁크리드 힌지(우)	탈착	0.28		5,600	에어컨 파이프 NO.3	탈착	0.25		5,000
백 패널(리어 패널)	불인정	0.5		50,000	에어컨 파이프 NO.4	탈착	0.25		5,000
리어 패널 부분판금	도장	0.82	13,400	19,400	에어컨 가스	교환	2.26		45,200
리어 콤비네이션 램프(좌)	탈착	0.33		6,600	에어컨 컴프레셔	교환	0.4		8,000
리어 콤비네이션 램프(우)	교환	0.33		6,600	컴프레셔 어셈블리		1	92,000	
리어 콤비네이션 램프 어셈블리		1	39,200		라이에이터(A/T)	교환	0.81		16,200
리어 콤비네이션 램프 어셈블리		1	37,300		워터 파이프		1	92,000	
콤비네이션 패널(우)	판금	1		30,000	에어 가드(좌)		1	1,630	
컴비램프 패널(우)판금	도장	0.38	2,400	7,600	라디에이터 휀	교환	0.23		4,600
리어 휀더(우)	교환	6.1		122,000	라디에이터 블로워 어셈블리		1	88,200	
콤비램프 리어 우측 하우징		1	11,400		라디에이터 리저브 탱크	탈착	0.3		6,000

쿼터 외측 패널 어셈블리(우)		1	184.000		프론트 워셔 탱크	교환	0.33		6,600
쿼터 아우터 익스텐션 앗세이		1	7,200		워셔 리저버 & 펌프 어셈블리		1	11,000	
리어 필러 패널(우)	판금	0.5		40,000	와이퍼 노즐		1	1,430	
안전벨트(뒤,우)	탈착	0.35		7,000	와이퍼 노즐		1	1,430	
리어 휀더(우)교환	도장	2.07	30,700	41,400	알터네이터	교환	0.27		5,400
패키지 트레이 패널(용접식)	판금	0.5		20,000	알터네이터 어셈블리		1	199,000	
리어 사이드 멤버 앗세이(우)	판금	5		100,000	스타터모터	탈착	0.2		4,000
트렁크바닥 패널	판금	1.5		60,000	언더커버	교환	0.42		8,400
트렁크바닥 패널 부분판금	도장	2.47	18,200	58,200	언더커버 패널(우)		1	3,000	
크래쉬 패드	불인정	4.09		81,800	언더커버 패널(좌)		1	3,000	

작업항목 및 부품명	작업	H.Q	부품	금액	작업항목 및 부품명	작업	H.Q	부품	금액
언더커버	불인정	1	14,100		프론트 하부 암 컴플리트		1	55,000	
엔진 ASS'Y (가솔린, LPG)	탈착	3.96		79,200	범퍼 러버		1	3,500	
엔진 마운팅 및 브라켓(좌)	교환	0.48		9,600	프론트 쇽업쇼버 앗세이(우)		1	36,800	
엔진 마운팅 브라켓		1	29,400		서브프레임 ASS'Y	교환	1.9		38,000
T/M 마운팅 브라켓		1	24,800		크로스멤버 컴플리트		1	166,000	
엔진 마운팅 및 브라켓(우)	교환	0.48		9,600	스테이 우측		1	1,730	
엔진 마운팅 및 브라켓(앞)	교환	0.48		9,600	리어 서스펜션 ASS'Y(우)	탈착	2.03		40,600
롤 스토퍼 브라켓 어셈블리		1	14,800		리어 허브& 베어링 어셈블리		1	54,100	
엔진 마운팅 및 브라켓(뒤)	교환	0.48		9,600	리어 서스펜션 암 컴플리트		1	19,900	
리어 마운팅 브라켓 어셈블리		1	16,400		리어 쇽업쇼버 어셈블리		1	27,000	
롤 스토퍼 브라켓 어셈블리		1	16,400		브레이크 호스(우)		1	3,500	
에어 크리너	교환	0.41		8,200	리어 서스펜션 크로스멤버	탈착	0.96		19,200
에어 크리너 어셈블리		1	21,800		리어 스테빌라이저 바 이셈블리	불인정	1	20,400	

에어 흡기 호스	불인정	1	19,200		리어 스테빌라이저 링크 어셈블리	불인정	1	7,000	
에어 덕트 어셈블리	불인정	1	15,700		타이어(앞, 우)	교환	0.64		12,800
에어 덕트 앗세이	불인정	1	12,300		타이어(뒤, 우)	교환	0.64		12,800
리조네이터	교환	0.28		5,600	스티링컬럼ASS'Y	불인정	1.3		26,000
리조네이터 어셈블리		1	8,300		볼 조인트 어셈블리		1	11,000	
파워스티어링 펌프	교환	0.38		7,600	에어백 모듈(좌)	불인정	0.32		6,400
파워스티어링 펌프 어셈블리		1	67,000		파워스티어링 기어	탈착	0.7		14,000
파워 스티어링 리저버 어셈블리		1	4,900		휠 얼라이먼트 (전자식)	조정	2.29		45,800
리저버 마운팅 브라켓		1	4,900		사고견인	견인비	0		46,900
파워 스티어링 호스 어셈블리		1	32,000		뒤 유리	탈착	2		70,000
오일쿨러 튜브		1	5,700		부동액		1	15,000	
배기파이프 1번 (프론트)	탈착	0.61		12,200	엔진 마운팅 브라켓		1	35,000	
트랜스미션(A/T)	탈착	1.3		26,000	타이어(앞, 우)		1	88,000	
드라이브 샤프트(좌)	불인정	1.15		23,000	타이어(뒤, 우)		1	88,000	
프론트 서스펜션 ASS'Y(우)	교환	3.25		65,000	공통시간작업	도장	2.2		44,000
프론트 액슬 너클(우)		1	44,300		가열건조비	도장			13,000
프론트 휠 허브 베어링		1	24,400						
볼 조인트 어셈블리		1	11,000						

사례 4 : 대물사고

사고 상황 및 보험계약사항

사고일	2010. 01	사고장소	고가도로 위
사고내용	가해 #1 차대차 지방국도 기타 2차선 이상 직진 중 후미추돌 선행차량 추돌 후 추돌 당함.	차종	그랜저 TG
		과실	1. 도로교통법 제48조 안전운전의무위반 2. 피해자의 과실 0%
손해배상책임	1. #1차량 안전운전주의의무 위반 과실로 피해차량 손상 2. 민법 제750조 손해배상책임		
보험회사의 보상책임	1. #1차량의 기명피보험자 약관 제10조2.의 피보험자 해당 2. #1차량 피보험자동차로서 민법상 손해배상책임 3. 타인 재물 피해가 발생하고 보험자의 면책사항에 해당하지 않음 4. #1차량의 부보사인 보험회사는 약관상 배상책임.1.보상책임 있음.		
피해자의 직접청구권	1. 상법 제724조 제1항 및 제2항 피해자의 직접청구권 2. 보통약관 피보험자의 법률상 손해배상책임 부담사고의 손해배상청구권자(피해자) 직접 청구 가능		
보험계약사항	개인용자동차종합보험	담보종목	대물배상
특약사항	1. 기명피보험자 1인 한정 특약, 연령한전 35세 이상 특약		

견적서

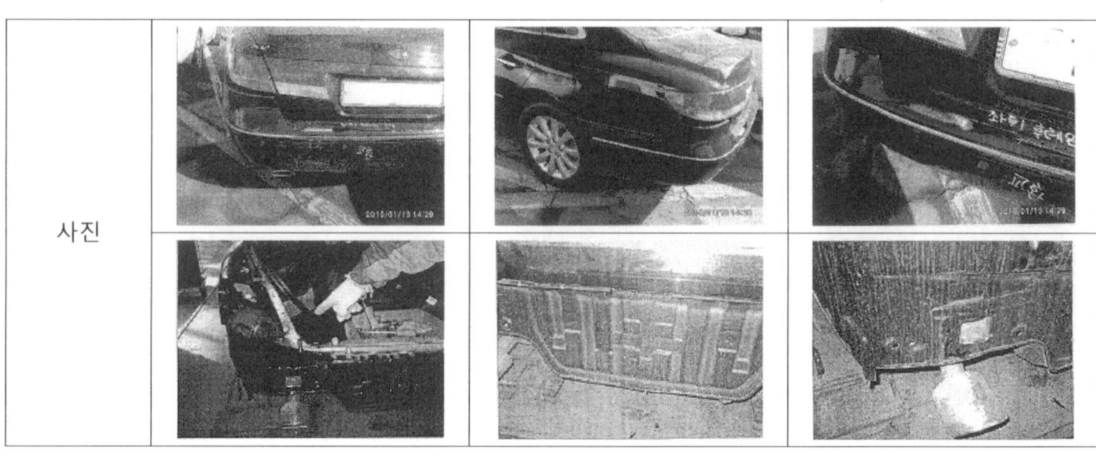

수리사항 견적정보

제작사/차종	대우-승용	차량명칭		올뉴마티즈(05)	
모델명	JOY(고급)	최초등록일	2007.07	부품적용일	2010.01
주행거리	km	입고일자	2010.01	출고일자	
탈부착 작업시간 종류	개정표준	탈부착 M/H	21,000원	판금 M/H	21,000원
도장 작업시간 종류		도장 M/H	21,000원	중복체크	검증완료

수리비 정산정보

공임		부품		합계		도장할증(C5-2코드)	
탈착교환	168,580	순정부품		합계	540,000	보카시	0
판금수리	136,500	할인율	0%	부가세	10% 54,000	투톤	0
견인구난	0	순정정산	0	과실상계	0%	폴리싱	0
재료대	75,600	중고부품		면책금		할증계	0
도장공임	155,820	유리부품		대차공제		전체도장	1,964,600
할증공임	0	부품소계					
가열건조비	13,000	청구부품					
도장정산	244,420	감가상각					
공임소계	548,500	잔존물	8,500	지급액			
청구공임	580,000	차감소계	8,500	청구액			

주요 작업항목(일부 소액/소규모작업 제외)

작업항목 및 부품명	작업	H.Q	부품	금액	작업항목 및 부품명	작업	H.Q	부품	금액
리어 범퍼	교환	0.94		19,740	트렁크룸 내 트림(좌)	탈착	0.39		8,190
리어 범퍼 교환	도장	1.09	17,700	22,890	뒤휀더(좌)판금	도장	1.37	17,000	28,770
리어 도어 (와이퍼 부착형)	교환	1.45		30,450	트렁크룸 내 트림 (우)	탈착	0.39		8,190
리어 도어 교환	도장	0.98	14,900	20,580	리어 휀더(우)판금	도장	1.37	17,000	28,770
백패널(리어 패널)	교환	2.66		55,860	리어 시트	탈착	0.52		10,920
하이마운팅 스톱 램프	탈착	0.2		4,200	트렁크바닥 패널	판금	4		94,500
리어 콤비네이션 램프(좌)	탈착	0.28		5,880	리어 사이드 멤버 ASS'Y(좌)	판금	1		31,500
리어 콤비네이션 램프(우)	탈착	0.28		5,880	리어 사이드 멤버 ASS'Y(우)	판금	1		21,000
콤비네이션 피니션(좌)	교환	0.15		3,150	배기파이프 3번 머플러	교환	0.57		11,970
컴비램프가니쉬(좌)교환	도장	0.19	2,200	3,990	공동시간작업	도장	2		42,000
콤비네이션 피니셔(우)	교환	0.15		3,150	가열건조비	도장	2		13,000
컴비램프가니쉬(우)	도장	0.19	2,200	3,990					
리어 휀더(좌)	판금	0.5		21,000					

사례 5 : 자기차량손해, 폐차(추정 전손)

사고 상황 및 보험계약사항

사고일	2010. 01	사고장소	고속도로
사고내용	1. #1차량 자차 단독사고. 고속도로 기타 2차선 이상 직진 중 측면 충돌 자차 빙판길에 미끄러져 가드레일에 충격 후 전복 2. 운전석 앞바퀴 꺾임, 범퍼, 휀더, 뒤쪽 창문, 휀더, 트렁크 부분 파손	차종	기아 - 카렌스 2
		과실	1. 도로교통법 제48조 안전운전의무위반 2. 자차의 과실 100%
손해배상책임	1. #1차량 안전운전주의의무 위반 과실로 자차 차량 손상		
보험회사의 보상책임	1. #1차량의 기명피보험자 약관 제13조2.의 피보험자 해당 2. #1차량 피보험자동차로서 보험금 청구권 발생 3. 자기차량손해가 발생하고 보험자의 면책사항에 해당하지 않음 4. #1차량의 부보사인 보험회사는 약관상 자기차량손해 1.보상책임 있음		
보험계약사항	개인용자동차종합보험	담보종목	자기차량손해
특약사항	1. 부부운전자한정운전특약, 연령한정 35세 이상. 2회납 2. 긴급출동서비스 특약, 법률플러스 특약(형사, 벌금, 방어)		
결정보험금	3,870,000원		

견적서

추정 전손 처리 내역서

차명	카렌스		차량가액(시세)	4,700,000원	
추정수리비	4,916,599원	지급보험금 (전손보험금)	4,500,000원	추정수리비율	109%
잔존물 환입		환입금 : 630,000원			
최종 결정보험금		지급보험금-환입금=3,870,000원			
보험회사 이익금		추정수리비-최종 결정보험금=1,046,599원			

수리사항 견적정보

제작사/차종	기아-RV	차량명칭		카렌스-Ⅱ	
모델명	2.0LX LPG	최초등록일	2004.11	부품적용일	2010.01
주행거리	km	입고일자	2010.01	출고일자	
탈부착 작업시간 종류	개정표준	탈부착 M/H	21,000원	판금 M/H	21,000원
도장 작업시간 종류		도장 M/H	21,000원	중복체크	검증완료

수리비 정산정보

공임		부품		합계		도장할증(C5-2코드)	
탈착교환	1,023,540	순정부품	2,155,820	합계	4,515,000	보카시	0
판금수리	220,500	할인율	0%	부가세	10% 451,509	투톤	0
견인구난	0	순정정산	2,155,820	과실상계	0%	폴리싱	0
재료대	314,200	중고부품		면책금	50,000	할증계	0
도장공임	513,030	유리부품	275,000	대차공제		전체도장	1,625,820
할증공임	0	부품소계	2,430,820				
가열건조비	13,000	청구부품	2,430,820				
도장정산	840,230	감가상각					
공임소계	2,084,270	잔존물		지급액	4,916,599		
청구공임	2,084,270	차감소계		청구액	4,916,599		

주요 작업항목(일부 소액/소규모작업 제외)

작업항목 및 부품명	작업	H.Q	부품	금액	작업항목 및 부품명	작업	H.Q	부품	금액
프론트 범퍼	교환	2.05		43,050	보닛 힌지(좌)	교환	0.47		9,870
프론트 범퍼 페이스		1	85,800		후드 힌지 앗세이(좌)		1	2,800	
그릴 범퍼		1	10,700		보닛 힌지(우)	탈착	0.47		9,870
프론트 범퍼 에너지 업소버		1	8,900		보닛 록크	탈착	0.29		6,090
포그램프(좌)	탈착	0			보닛 인슐레이션	교환	0		

포그램프(우)	탈착	0			후드 인슐레이터 앗세이		1	8,300	
프론트 범퍼 교환	도장	1.57	25,000	32,970	보닛 교환	도장	2.21	33,500	46,410
라디에이터 그릴	탈착	0.31		6,510	프론트 패널	판금	1.5		31,500
보닛	교환	0.86		18,060	헤드램프(좌)	교환	0.4		8,400
디플렉터 앗세이		1	2,600		헤드램프 어셈블리(좌)		1	66,500	
웨더스트립 앗세이		1	3,900		헤드램프(우)	탈착	0.4		8,400
프론트 워셔 노즐		1	2,900		프론트 휀더(좌)	교환	1.13		23,730
후드 앗세이		1	155,000		휀더 인슐레이터(좌)		1	4,200	
휀더 가니쉬 앗세이(좌)		1	2,300		사이드 리피터 램프 어셈블리		1	4,300	
프론트 휀더 패널(좌)		1	51,600		프론트 휠 가드(좌)	교환	0.38		7,980

작업항목 및 부품명	작업	H.Q	부품	금액	작업항목 및 부품명	작업	H.Q	부품	금액
프론트 휠 가드(좌)		1	7,200		리어 도어 웨더스트립		1	9,400	
프론트 머드 가드(좌)		1	2,300		리어 도어(좌) 판금	도장		44800	77,700
프론트 휀더(좌) 교환	도장	1.48	22,300	31,080	사이드스텝패널(좌)	판금	1		21,000
프론트 휠 하우스(좌)	판금	1.5		31,500	사이드스텝(좌) 판금	도장	0.91	11,000	19,110
카울그릴	탈착	0.4		8,400	루프패널	교환	8.1		170,100
윈도우 필러(좌)	판금	1		21,000	루프 몰딩(우)		1	6,000	
프론트 도어(좌)	1/20H	1.1		23,100	루프 몰딩(좌)		1	6,000	
프론트 도어(좌)	판금	2.5		52,500	루프 랙 앗세이(우)		1	23,200	
도어 웨더스트립 앗세이(좌)		1	7,900		루프 랙 앗세이(좌)		1	23,200	
사이드미러(전동식,좌)	교환	0			루프 레일 인(우)		1	9,700	
이너 가니쉬(좌)		1	1,530		루프 패널		1	118,000	
아웃사이드 미러 어셈블리		1	31,600		레일루프 앗세이 인너(좌)		1	9,600	
프론트 도어(좌) 판금	도장	3.56	43,100	74,760	루프 프론트 헤더 패널	교환	1.13		23,730
리어 도어(좌)	판금	1.5		31,500	루프 프론트 레일 어셈블리		1	4,600	
리어 도어 데코테이프(좌)		1	1,120		루프 리어 헤더 패널	교환	0.95		19,950
리어 헤더 앗세이		1	12,600		루프 톱실링 ASS'Y	교환	1.13		23,730

루프 크로스레일 #1	교환	0.29		6,090	룸 램프 브라켓		1	870	
루프 라인 포스먼트 NO.1		1	3,100		프론트 룸 램프 브라켓		1	3,300	
루프 라인 포스먼트 NO.2		1	8,400		루프 어시스트 핸들 어셈블리		1	3,400	
루프 라인 포스먼트 NO.3		1	4,200		루프 어시스트 핸들 어셈블리		1	3,400	
루프 라인 포스먼트 NO.4		1	3,300		루프 교환	도장	3.11	49,900	65,310
루프 라인 포스먼트 NO.5		1	3,300		리어 범퍼	교환	1.81		38,010
루프 크로스레일 #2	교환	0.29		6,090	리어 범퍼교환	도장	1.99	31,700	41,790
루프 크로스레일 #3	교환	0.29		6,090	리어 도어(와이퍼 모터 부착형)	교환	1.5		31,500
루프 크로스레일 #4	교환	0.29		6,090	CARENS II 오너먼트		1	3,700	
테일게이트 앗세이		1	155,000		테일게이트 브라켓		1	1,220	
테일게이트 래치		1	8,000		리어 도어 웨더스트립		1	8,400	
액츄에이터 앗세이		1	10,300		테일게이트 브래킷		1	1,220	
테일게이트 스트라이커 어셈블리		1	870		테일게이트 트림 어셈블리		1	1,730	
테일게이트 트림 어셈블리		1	1,730		테일게이트 트림 어셈블리		1	2,900	
기아 서브 로고		1	4,600		라이센스 플레이트		1	13,600	
LX 오너먼트		1	1,000		아우터 핸들		1	2,300	
리어 와이퍼		1	5,400		리어 도어 쇼버 (좌)	교환	0.2		4,200
리어 와이퍼 모터		1	34,800		테일게이트 리프터		1	8,300	
테일게이트 트림		1	24,800		리어 도어 쇼버 (우)	교환	0.2		4,200
테일게이트 리프터		1	8,300		리어 도어 힌지 (우)	교환	0.38		7,980
리어 도어 힌지(좌)	교환	0.39	7,980		테일게이트 힌지		1	1,630	
테일게이트 힌지		1		8,300	리어 도어 교환	도장	1.75	24,300	36,750

작업항목 및 부품명	작업	H.Q	부품	금액	작업항목 및 부품명	작업	H.Q	부품	금액
리어 엔드 크로스 멤버	판금	1.5		31,500	디스크 플레이트		1	35,300	
리어 콤비네이션 램프(좌)	교환	0.33		6,930	프론트 브레이크 어셈블리(좌)		1	62,100	
리어 콤비 아웃사이드 램프		1	34,300		어퍼 시트 러버		1	1,180	
리어 콤비네이션 램프(우)	탈착	0.33		6,930	로어 시트 러버		1	1.230	
리어 콤비네이션 패널(좌)	교환	0.95		19,950	컨트롤 링크(좌)		1	5,600	
드레인 아우터 패널 앗세이		1	12,300		로어 암 앗세이(좌)		1	37,600	
리어 휀더(좌)	교환	4.87		102,270	프론트 스트러트 마운팅 러버		1	9,200	
퓨얼 필러 리드 앗세이		1	6,300		프론트 쇽업소버 앗세이(좌)		1	41,400	
리어 휠 가드(좌)		1	1,940		프론트 코일 스프링		1	11,300	
리어 머드가드(좌)		1	1,650		프론트 휠 허브		1	19,300	
드레인 리어 호스		1	1,940		프론트 휠 베어링		1	20,400	
필러 박스		1	3,700		너클(좌)		1	20,300	
리어 휀더 패널(좌)		1	138,000		더스트 커버(좌)		1	1,730	
에어 익스트랙 그릴 어셈블리		1	1,240		ABS 휠 센서(앞,좌)	교환	0		
연료 필러 오프너		1	1,560		프론트 ABS 휠 센서(좌)		1	14,200	
안전벨트 (3점식, 뒤.좌#1)	탈착	0.48		10,080	타이어(앞,좌)	교환	0.33		6,930
안전벨트 (3점식, 뒤.좌#2)	탈착	0.48		10,080	허브 캡 앗세이		1	3,500	
리어 필라 트림(좌)	교환	0			디스크 휠 알루미늄		1	85,800	
C필라 트림 앗세이		1	15,200		스티어링 컬럼 ASS'Y	탈착	1.27		26,670
러기지 사이드 트림		1	45,100		콤비네이션 스위치	탈착	0		
쿼터 트림 (사이드트림, 좌)	교환	0			스티어링기어	탈착	1.71		35,910
고정유리(접착, 좌)	교환	0.72		15,120	프론트 서스펜션 ASS'Y(좌)	RYGH KS	3.61		75,810
쿼터 패널(좌) 교환	도장	1.95	28,600	40,950	휠 얼라이먼트 (전자식)	조정	1.9		39,900
리어 휀더 패널(좌)	교환	1.7		35,700	언더코팅작업		2	40,000	
쿼터 내측 패널(좌)		1	105,000		실리콘작업		4	40,000	

리어 휀더 패널(좌)	도장	1.95	28,600	40,950	타이어(앞,좌)		1	90,000	
쿼터 내측 패널(좌)		1	105,000		실리콘		2	30,000	
패키지 트레이 패널(조립식)	교환	0.32		6,720	뒤 유리		1	150,000	
프론트 시트(좌)	탈착	0.48		10,080	중간 몰딩(뒤,좌)		1	13,900	
프론트 시트(우)	탈착	0.48		10,080	유리		1	55,000	
리어 시트#1 일체형	탈착	0.57		11,970	중간몰딩		1	15,000	
리어 시트#2 일체형	탈착	0.57		11,970	유리몰딩		2	40,000	
안전벨트(2점식) NO.1	탈착	0.15		3,150	공통시간작업	도장	2.2		46,200
바닥매트(전체탈착)	탈착	1.13		23,730	가열건조비	도장			13,000
뒤 유리(접착식)	교환	1.16		24,360					
드라이브 샤프트(좌)	교환	0							
드라이브 샤프트(좌)		1	119,000						

2. 민법 관련 조항

제5장 불법행위

제750조 (불법행위의 내용)

고의 또는 과실로 인한 위법행위로 타인에게 손해를 가한 자는 그 손해를 배상할 책임이 있다.

제751조 (재산이외의 손해의 배상)

①타인의 신체, 자유 또는 명예를 해하거나 기타 정신상고통을 가한 자는 재산이외의 손해에 대하여도 배상할 책임이 있다.

②법원은 전항의 손해배상을 정기금채무로 지급할 것을 명할 수 있고 그 이행을 확보하기 위하여 상당한 담보의 제공을 명할 수 있다.

제752조 (생명침해로 인한 위자료)

타인의 생명을 해한 자는 피해자의 직계존속, 직계비속 및 배우자에 대하여는 재산상의 손해없는 경우에도 손해배상의 책임이 있다.

제753조 (미성년자의 책임능력)

미성년자가 타인에게 손해를 가한 경우에 그 행위의 책임을 변식할 지능이 없는 때에는 배상의 책임이 없다.

제754조 (심신상실자의 책임능력)

심신상실중에 타인에게 손해를 가한 자는 배상의 책임이 없다. 그러나 고의 또는 과실로 인하여 심신상실을 초래한 때에는 그러하지 아니하다.

제755조 (감독자의 책임)

① 다른 자에게 손해를 가한 사람이 제753조 또는 제754조에 따라 책임이 없는 경우에는 그를 감독할 법정의무가 있는 자가 그 손해를 배상할 책임이 있다. 다만, 감독의무를 게을리하지 아니한 경우에는 그러하지 아니하다.

② 감독의무자를 갈음하여 제753조 또는 제754조에 따라 책임이 없는 사람을 감독하는 자도 제1항의 책임이 있다.

[전문개정 2011.3.7][[시행일 2013.7.1]]

제756조 (사용자의 배상책임)

①타인을 사용하여 어느 사무에 종사하게 한 자는 피용자가 그 사무집행에 관하여 제삼자에게 가한 손해를 배상할 책임이 있다. 그러나 사용자가 피용자의 선임 및 그 사무감독에 상당한 주의를 한 때 또는 상당한 주의를 하여도 손해가 있을 경우에는 그러하지 아니하다.

②사용자에 갈음하여 그 사무를 감독하는 자도 전항의 책임이 있다. [개정 2014.12.30]

③전2항의 경우에 사용자 또는 감독자는 피용자에 대하여 구상권을 행사할 수 있다.

제757조 (도급인의 책임)

도급인은 수급인이 그 일에 관하여 제삼자에게 가한 손해를 배상할 책임이 없다. 그러나 도급 또는 지시에 관하여 도급인에게 중대한 과실이 있는 때에는 그러하지 아니하다.

제758조 (공작물등의 점유자, 소유자의 책임)

①공작물의 설치 또는 보존의 하자로 인하여 타인에게 손해를 가한 때에는 공작물점유자가 손해를 배상할 책임이 있다. 그러나 점유자가 손해의 방지에 필요한 주의를 해태하지 아니한 때에는 그 소유자가 손해를 배상할 책임이 있다.

②전항의 규정은 수목의 재식 또는 보존에 하자있는 경우에 준용한다.

③전2항의 경우에 점유자 또는 소유자는 그 손해의 원인에 대한 책임있는 자에 대하여 구상권을 행사할 수 있다.

제759조 (동물의 점유자의 책임)

①동물의 점유자는 그 동물이 타인에게 가한 손해를 배상할 책임이 있다. 그러나 동물의 종류와 성질에 따라 그 보관에 상당한 주의를 해태하지 아니한 때에는 그러하지 아니하다.

②점유자에 갈음하여 동물을 보관한 자도 전항의 책임이 있다. [개정 2014.12.30]

제760조 (공동불법행위자의 책임)

①수인이 공동의 불법행위로 타인에게 손해를 가한 때에는 연대하여 그 손해를 배상할 책임이 있다.

②공동 아닌 수인의 행위중 어느 자의 행위가 그 손해를 가한 것인지를 알 수 없는 때에도 전항과 같다.

③교사자나 방조자는 공동행위자로 본다.

제761조 (정당방위, 긴급피난)

①타인의 불법행위에 대하여 자기 또는 제삼자의 이익을 방위하기 위하여 부득이 타인에게 손해를 가한 자는 배상할 책임이 없다. 그러나 피해자는 불법행위에 대하여 손해의 배상을 청구할 수 있다.

②전항의 규정은 급박한 위난을 피하기 위하여 부득이 타인에게 손해를 가한 경우에 준용한다.

제762조 (손해배상청구권에 있어서의 태아의 지위)

태아는 손해배상의 청구권에 관하여는 이미 출생한 것으로 본다.

제763조 (준용규정)

제393조, 제394조, 제396조, 제399조의 규정은 불법행위로 인한 손해배상에 준용한다.

제764조 (명예훼손의 경우의 특칙)

타인의 명예를 훼손한 자에 대하여는 법원은 피해자의 청구에 의하여 손해배상에 갈음하거나 손해배상과 함께 명예회복에 적당한 처분을 명할 수 있다. [개정 2014.12.30]

[89헌마160 1991.4.1민법 제764조(1958. 2. 22. 법률 제471호)의 "명예회복에 적당한 처분"에 사죄광고

를 포함시키는 것은 헌법에 위반된다.]

제765조 (배상액의 경감청구)

①본장의 규정에 의한 배상의무자는 그 손해가 고의 또는 중대한 과실에 의한 것이 아니고 그 배상으로 인하여 배상자의 생계에 중대한 영향을 미치게 될 경우에는 법원에 그 배상액의 경감을 청구할 수 있다.

②법원은 전항의 청구가 있는 때에는 채권자 및 채무자의 경제상태와 손해의 원인등을 참작하여 배상액을 경감할 수 있다.

제766조 (손해배상청구권의 소멸시효)

①불법행위로 인한 손해배상의 청구권은 피해자나 그 법정대리인이 그 손해 및 가해자를 안 날로부터 3년간 이를 행사하지 아니하면 시효로 인하여 소멸한다.

②불법행위를 한 날로부터 10년을 경과한 때에도 전항과 같다.

제4편 친족

제767조 (친족의 정의) 관련판례관련주석

배우자, 혈족 및 인척을 친족으로 한다.

제768조 (혈족의 정의)

자기의 직계존속과 직계비속을 직계혈족이라 하고 자기의 형제자매와 형제자매의 직계비속, 직계존속의 형제자매 및 그 형제자매의 직계비속을 방계혈족이라 한다. [개정 1990.1.13]

제769조 (인척의 계원)

혈족의 배우자, 배우자의 혈족, 배우자의 혈족의 배우자를 인척으로 한다. [개정 90·1·13]

제770조 (혈족의 촌수의 계산)

①직계혈족은 자기로부터 직계존속에 이르고 자기로부터 직계비속에 이르러 그 세수를 정한다.

②방계혈족은 자기로부터 동원의 직계존속에 이르는 세수와 그 동원의 직계존속으로부터 그 직계비속에 이르는 세수를 통산하여 그 촌수를 정한다.

제771조 (인척의 촌수의 계산)

인척은 배우자의 혈족에 대하여는 배우자의 그 혈족에 대한 촌수에 따르고, 혈족의 배우자에 대하여는 그 혈족에 대한 촌수에 따른다.

[전문개정 90·1·13]

제772조 (양자와의 친계와 촌수)

①양자와 양부모 및 그 혈족, 인척사이의 친계와 촌수는 입양한 때로부터 혼인중의 출생자와 동일한 것으로 본다.

②양자의 배우자, 직계비속과 그 배우자는 전항의 양자의 친계를 기준으로 하여 촌수를 정한다.

제775조 (인척관계등의 소멸)

①인척관계는 혼인의 취소 또는 이혼으로 인하여 종료한다. [개정 90·1·13]

②부부의 일방이 사망한 경우 생존 배우자가 재혼한 때에도 제1항과 같다. [개정 90·1·13]

제776조 (입양으로 인한 친족관계의 소멸)

입양으로 인한 친족관계는 입양의 취소 또는 파양으로 인하여 종료한다.

제777조 (친족의 범위)

친족관계로 인한 법률상 효력은 이 법 또는 다른 법률에 특별한 규정이 없는 한 다음 각호에 해당하는 자에 미친다.

1. 8촌이내의 혈족

2. 4촌이내의 인척

3. 배우자

[전문개정 1990.1.13.]

제2절 상속인 [1990.1.13]

제1000조 (상속의 순위)

①상속에 있어서는 다음 순위로 상속인이 된다. [개정 90·1 ·13]

1. 피상속인의 직계비속

2. 피상속인의 직계존속

3. 피상속인의 형제자매

4. 피상속인의 4촌이내의 방계혈족

②전항의 경우에 동순위의 상속인이 수인인 때에는 최근친을 선순위로 하고 동친등의 상속인이 수인인 때에는 공동상속인이 된다.

③태아는 상속순위에 관하여는 이미 출생한 것으로 본다. [개정 90·1·13]

[본조제목개정 1990.1.13]

제1001조 (대습상속)

전조제1항제1호와 제3호의 규정에 의하여 상속인이 될 직계비속 또는 형제자매가 상속개시전에 사망하거나 결격자가 된 경우에 그 직계비속이 있는 때에는 그 직계비속이 사망하거나 결격된 자의 순위에 갈음하여 상속인이 된다. [개정 2014.12.30]

제1002조

삭제 [90·1·13]

제1003조 (배우자의 상속순위)

①피상속인의 배우자는 제1000조제1항제1호와 제2호의 규정에 의한 상속인이 있는 경우에는 그 상속인과 동순위로 공동상속인이 되고 그 상속인이 없는 때에는 단독상속인이 된다. [개정 90·1·13]

②제1001조의 경우에 상속개시전에 사망 또는 결격된 자의 배우자는 동조의 규정에 의한 상속인과 동순위로 공동상속인이 되고 그 상속인이 없는 때에는 단독상속인이 된다. [개정 90·1·13]

[본조제목개정 1990.1.13]

제1004조 (상속인의 결격사유)

다음 각 호의 어느 하나에 해당한 자는 상속인이 되지 못한다. [개정 1990.1.13, 2005.3.31]

1. 고의로 직계존속, 피상속인, 그 배우자 또는 상속의 선순위나 동순위에 있는 자를 살해하거나 살해하려한 자
2. 고의로 직계존속, 피상속인과 그 배우자에게 상해를 가하여 사망에 이르게 한 자
3. 사기 또는 강박으로 피상속인의 상속에 관한 유언 또는 유언의 철회를 방해한 자
4. 사기 또는 강박으로 피상속인의 상속에 관한 유언을 하게 한 자
5. 피상속인의 상속에 관한 유언서를 위조 · 변조 · 파기 또는 은닉한 자

3. 교통사고처리특례법

제1조 (목적)

이 법은 업무상과실(業務上過失) 또는 중대한 과실로 교통사고를 일으킨 운전자에 관한 형사처벌 등의 특례를 정함으로써 교통사고로 인한 피해의 신속한 회복을 촉진하고 국민생활의 편익을 증진함을 목적으로 한다.

[전문개정 2011.4.12]

제2조 (정의)

이 법에서 사용하는 용어의 뜻은 다음과 같다. [개정 2011.6.8 제10790호(도로교통법)] [[시행일 2011.12.9]]

1. "차"란 「도로교통법」 제2조제17호가목에 따른 차(車)와 「건설기계관리법」 제2조제1항제1호에 따른 건설기계를 말한다.

2. "교통사고"란 차의 교통으로 인하여 사람을 사상(死傷)하거나 물건을 손괴(損壞)하는 것을 말한다.

[전문개정 2011.4.12]

제3조 (처벌의 특례)

① 차의 운전자가 교통사고로 인하여 「형법」 제268조의 죄를 범한 경우에는 5년 이하의 금고 또는 2천만원 이하의 벌금에 처한다.

② 차의 교통으로 제1항의 죄 중 업무상과실치상죄(業務上過失致傷罪) 또는 중과실치상죄(重過失致傷罪)와 「도로교통법」 제151조의 죄를 범한 운전자에 대하여는 피해자의 명시적인 의사에 반하여 공소(公訴)를 제기할 수 없다. 다만, 차의 운전자가 제1항의 죄 중 업무상과실치상죄 또는 중과실치상죄를 범하고도 피해자를 구호(救護)하는 등 「도로교통법」 제54조제1항에 따른 조치를 하지 아니하고 도주하거나 피해자를 사고 장소로부터 옮겨 유기(遺棄)하고 도주한 경우, 같은 죄를 범하고 「도로교통법」 제44조제2항을 위반하여 음주측정 요구에 따르지 아니한 경우(운전자가 채혈 측정을 요청하거나 동의한 경우는 제외한다)와 다음 각 호의 어느 하나에 해당하는 행위로 인하여 같은 죄를 범한 경우에는 그러하지 아니하다. [개정 2016.1.27 제13829호(도로교통법)] [[시행일 2016.7.28]]

1. 「도로교통법」 제5조에 따른 신호기가 표시하는 신호 또는 교통정리를 하는 경찰공무원등의 신호를 위반하거나 통행금지 또는 일시정지를 내용으로 하는 안전표지가 표시하는 지시를 위반하여 운전한 경우

2. 「도로교통법」 제13조제3항을 위반하여 중앙선을 침범하거나 같은 법 제62조를 위반하여 횡단, 유턴 또는 후진한 경우

3. 「도로교통법」 제17조제1항 또는 제2항에 따른 제한속도를 시속 20킬로미터 초과하여 운전한 경우

4. 「도로교통법」 제21조제1항, 제22조, 제23조에 따른 앞지르기의 방법 · 금지시기 · 금지장소 또는 끼어들기의 금지를 위반하거나 같은 법 제60조제2항에 따른 고속도로에서의 앞지르기 방법을 위반하여 운전한 경우

5. 「도로교통법」 제24조에 따른 철길건널목 통과방법을 위반하여 운전한 경우

6. 「도로교통법」 제27조제1항에 따른 횡단보도에서의 보행자 보호의무를 위반하여 운전한 경우

7. 「도로교통법」 제43조, 「건설기계관리법」 제26조 또는 「도로교통법」 제96조를 위반하여 운전면허 또는 건설기계조종사면허를 받지 아니하거나 국제운전면허증을 소지하지 아니하고 운전한 경우. 이 경우 운전면허 또는 건설기계조종사면허의 효력이 정지 중이거나 운전의 금지 중인 때에는 운전면허 또는 건설기계조종사면허를 받지 아니하거나 국제운전면허증을 소지하지 아니한 것으로 본다.

8. 「도로교통법」 제44조제1항을 위반하여 술에 취한 상태에서 운전을 하거나 같은 법 제45조를 위반하여 약물의 영향으로 정상적으로 운전하지 못할 우려가 있는 상태에서 운전한 경우

9. 「도로교통법」 제13조제1항을 위반하여 보도(步道)가 설치된 도로의 보도를 침범하거나 같은 법 제13조제2항에 따른 보도 횡단방법을 위반하여 운전한 경우

10. 「도로교통법」 제39조제3항에 따른 승객의 추락 방지의무를 위반하여 운전한 경우

11. 「도로교통법」 제12조제3항에 따른 어린이 보호구역에서 같은 조 제1항에 따른 조치를 준수하고 어린이의 안전에 유의하면서 운전하여야 할 의무를 위반하여 어린이의 신체를 상해(傷害)에 이르게 한 경우

[전문개정 2011.4.12]

제3조 (처벌의 특례)

① 차의 운전자가 교통사고로 인하여 「형법」 제268조의 죄를 범한 경우에는 5년 이하의 금고 또는 2천만원 이하의 벌금에 처한다.

② 차의 교통으로 제1항의 죄 중 업무상과실치상죄(業務上過失致傷罪) 또는 중과실치상죄(重過失致傷罪)와 「도로교통법」 제151조의 죄를 범한 운전자에 대하여는 피해자의 명시적인 의사에 반하여 공소(公訴)를 제기할 수 없다. 다만, 차의 운전자가 제1항의 죄 중 업무상과실치상죄 또는 중과실치상죄를 범하고도 피해자를 구호(救護)하는 등 「도로교통법」 제54조제1항에 따른 조치를 하지 아니하고 도주하거나 피해자를 사고 장소로부터 옮겨 유기(遺棄)하고 도주한 경우, 같은 죄를 범하고 「도로교통법」 제44조제2항을 위반하여 음주측정 요구에 따르지 아니한 경우(운전자가 채혈 측정을 요청하거나 동의한 경우는 제외한다)와 다음 각 호의 어느 하나에 해당하는 행위로 인하여 같은 죄를 범한 경우에는 그러하지 아니하다. [개정 2016.1.27 제13829호(도로교통법), 2016.12.2] [[시행일 2017.12.3]]

1. 「도로교통법」 제5조에 따른 신호기가 표시하는 신호 또는 교통정리를 하는 경찰공무원등의 신호를 위반하거나 통행금지 또는 일시정지를 내용으로 하는 안전표지가 표시하는 지시를 위반하여 운전한 경우

2. 「도로교통법」 제13조제3항을 위반하여 중앙선을 침범하거나 같은 법 제62조를 위반하여 횡단, 유턴 또는 후진한 경우

3. 「도로교통법」 제17조제1항 또는 제2항에 따른 제한속도를 시속 20킬로미터 초과하여 운전한 경우

4. 「도로교통법」 제21조제1항, 제22조, 제23조에 따른 앞지르기의 방법·금지시기·금지장소 또는 끼어들기의 금지를 위반하거나 같은 법 제60조제2항에 따른 고속도로에서의 앞지르기 방법을 위반하여 운전한 경우

5. 「도로교통법」 제24조에 따른 철길건널목 통과방법을 위반하여 운전한 경우

6. 「도로교통법」 제27조제1항에 따른 횡단보도에서의 보행자 보호의무를 위반하여 운전한 경우

7. 「도로교통법」 제43조, 「건설기계관리법」 제26조 또는 「도로교통법」 제96조를 위반하여 운전면허 또는 건설기계조종사면허를 받지 아니하거나 국제운전면허증을 소지하지 아니하고 운전한 경우. 이 경우

운전면허 또는 건설기계조종사면허의 효력이 정지 중이거나 운전의 금지 중인 때에는 운전면허 또는 건설기계조종사면허를 받지 아니하거나 국제운전면허증을 소지하지 아니한 것으로 본다.

8. 「도로교통법」 제44조제1항을 위반하여 술에 취한 상태에서 운전을 하거나 같은 법 제45조를 위반하여 약물의 영향으로 정상적으로 운전하지 못할 우려가 있는 상태에서 운전한 경우

9. 「도로교통법」 제13조제1항을 위반하여 보도(步道)가 설치된 도로의 보도를 침범하거나 같은 법 제13조제2항에 따른 보도 횡단방법을 위반하여 운전한 경우

10. 「도로교통법」 제39조제3항에 따른 승객의 추락 방지의무를 위반하여 운전한 경우

11. 「도로교통법」 제12조제3항에 따른 어린이 보호구역에서 같은 조 제1항에 따른 조치를 준수하고 어린이의 안전에 유의하면서 운전하여야 할 의무를 위반하여 어린이의 신체를 상해(傷害)에 이르게 한 경우

12. 「도로교통법」 제39조제4항을 위반하여 자동차의 화물이 떨어지지 아니하도록 필요한 조치를 하지 아니하고 운전한 경우

[전문개정 2011.4.12]

제4조 (보험 등에 가입된 경우의 특례)

① 교통사고를 일으킨 차가 「보험업법」 제4조, 제126조, 제127조 및 제128조, 「여객자동차 운수사업법」 제60조, 제61조 또는 「화물자동차 운수사업법」 제51조에 따른 보험 또는 공제에 가입된 경우에는 제3조제2항 본문에 규정된 죄를 범한 차의 운전자에 대하여 공소를 제기할 수 없다. 다만, 다음 각 호의 어느 하나에 해당하는 경우에는 그러하지 아니하다.

1. 제3조제2항 단서에 해당하는 경우

2. 피해자가 신체의 상해로 인하여 생명에 대한 위험이 발생하거나 불구(不具)가 되거나 불치(不治) 또는 난치(難治)의 질병이 생긴 경우

3. 보험계약 또는 공제계약이 무효로 되거나 해지되거나 계약상의 면책 규정 등으로 인하여 보험회사, 공제조합 또는 공제사업자의 보험금 또는 공제금 지급의무가 없어진 경우

② 제1항에서 "보험 또는 공제"란 교통사고의 경우 「보험업법」에 따른 보험회사나 「여객자동차 운수사업법」또는 「화물자동차 운수사업법」에 따른 공제조합 또는 공제사업자가 인가된 보험약관 또는 승인된 공제약관에 따라 피보험자와 피해자 간 또는 공제조합원과 피해자 간의 손해배상에 관한 합의 여부와 상관없이 피보험자나 공제조합원을 갈음하여 피해자의 치료비에 관하여는 통상비용의 전액을, 그 밖의 손해에 관하여는 보험약관이나 공제약관으로 정한 지급기준금액을 대통령령으로 정하는 바에 따라 우선 지급하되, 종국적으로는 확정판결이나 그밖에 이에 준하는 집행권원(執行權原)상 피보험자 또는 공제조합원의 교통사고로 인한 손해배상금 전액을 보상하는 보험 또는 공제를 말한다.

③ 제1항의 보험 또는 공제에 가입된 사실은 보험회사, 공제조합 또는 공제사업자가 제2항의 취지를 적은 서면에 의하여 증명되어야 한다.

[전문개정 2011.4.12]

제5조 (벌칙)

① 보험회사, 공제조합 또는 공제사업자의 사무를 처리하는 사람이 제4조제3항의 서면을 거짓으로 작성한 경우에는 3년 이하의 징역 또는 1천만원 이하의 벌금에 처한다.

② 제1항의 거짓으로 작성된 문서를 그 정황을 알고 행사한 사람도 제1항의 형과 같은 형에 처한다.

③ 보험회사, 공제조합 또는 공제사업자가 정당한 사유 없이 제4조제3항의 서면을 발급하지 아니한 경우에는 1년 이하의 징역 또는 300만원 이하의 벌금에 처한다.

[전문개정 2011.4.12]

제6조 (양벌규정)

법인의 대표자, 대리인, 사용인, 그 밖의 종업원이 그 법인의 업무에 관하여 제5조의 위반행위를 하면 그 행위자를 벌하는 외에 그 법인에도 해당 조문의 벌금형을 과(科)한다. 다만, 법인이 그 위반행위를 방지하기 위하여 해당 업무에 관하여 상당한 주의와 감독을 게을리하지 아니한 경우에는 그러하지 아니하다.

[전문개정 2010.1.25]

부칙[81.12.31]

①(施行日) 이 법은 1982년 1월 1일부터 시행한다. 다만, 제4조 내지 제6조의 규정은 이 법 공포일로부터 6월이내의 범위안에서 대통령령으로 정하는 날로부터 시행한다.

②(適用例) 이 법 시행전에 형법 제268조의 죄를 범한 제차의 운전자에 대하여는 종전의 규정에 의한다.

부칙 [84·8·4]

제1조 (시행일) 이 법은 공포후 6월이 경과한 날로부터 시행한다. [단서 생략]

제2조 내지 제4조 생략

부칙 [93·6·11]

이 법은 1993년 7월 1일부터 시행한다.

부칙 [95·1·5]

제1조 (施行日) 이 법은 1995년 7월 1일부터 시행한다. [단서 생략]

제2조 및 제3조 생략

부칙 [96·8·14]

이 법은 공포한 날부터 시행한다.

부칙 [97·8·30]

제1조 (施行日) 이 법은 1998년 1월 1일부터 시행한다.

제2조 내지 제9조 생략

부칙 [2003.05.29.(보험업법)]

제1조 (시행일) 이 법은 공포후 3월이 경과한 날부터 시행한다. [단서 생략]

제2조 내제 제32조 생략

제33조 (다른 법률의 개정) ①교통사고처리특례법중 다음과 같이 개정한다.

제4조제1항 본문중 "보험업법 제5조 · 제7조"를 "보험업법 제4조 및 제126조 내지 제128조"로 한다.

②금융산업의구조개선에관한법률중 다음과 같이 개정한다.

제11조제5항중 "보험업법 제19조"를 "보험업법 제106조, 제108조 및 제109조"로 하고, 제14조제8항중 "보험업법 제116조"를 "보험업법 제139조"로 한다.

③기업구조조정촉진법중 다음과 같이 개정한다.

제34조제1항제2호중 "보험업법 제19조"를 "보험업법 제106조, 제108조 및 제109조"로 한다.

④기업구조조정투자회사법중 다음과 같이 개정한다.

제22조제1항제2호중 "보험업법 제19조"를 "보험업법 제106조, 제108조 및 제109조"로 한다.

⑤벤처기업육성에관한특별조치법중 다음과 같이 개정한다.

제4조제4항중 "보험업법 제2조제1항"을 "보험업법 제2조제5호"로, "동법 제19조"를 "동법 제106조, 제108조 및 제109조"로 한다.

⑥예금자보호법중 다음과 같이 개정한다.

제2조제1호 카목중 "보험업법 제5조제1항"을 "보험업법 제4조제1항"으로 하고, 제30조제1항 전단중 "보험업법 제98조"를 "보험업법 제120조"로 하며, 제30조의3제1항중 "보험업법 제98조"를 "보험업법 제120조"로 한다.

⑦우체국예금 · 보험에관한법률중 다음과 같이 개정한다.

제10조제2항 단서중 "보험업법 제22조"를 "보험업법 제127조제2항"으로 한다.

⑧화재로인한재해보상과보험가입에관한법률중 다음과 같이 개정한다.

제2조제1호중 "보험업법 제5조"를 "보험업법 제4조"로 하고, 제20조제1항중 "보험업법 제12조"를 "보험업법 제13조"로 한다.

제34조 생략

부칙 [2005.5.31 제7545호]

제1조 (시행일) 이 법은 공포 후 1년이 경과한 날부터 시행한다.

제2조 (특별한 교통안전교육에 관한 적용례) 제73조제2항제3호의 개정규정은 이 법 시행 후 최초로 초보운전자로서 운전면허효력 정지의 처분을 받은 사람부터 적용한다.

제3조 (술에 취한 상태에서의 운전금지 등에 관한 적용례) 제82조제2항제5호 및 제93조제1항제2호의 개정규정은 법률 6392호 도로교통법중개정법률의 시행일인 2001년 6월 30일 이후에 최초로 발생하는 위반행위부터 적용한다. 이 경우 2001년 6월 30일 이후에 최초로 발생하였거나 발생하는 위반행위를 그 첫번째 위반행위로 본다.

제4조 (종전의 면허 등에 관한 경과조치) 이 법 시행 당시 종전의 규정에 의한 행정기관의 행위 또는 행정기관에 대한 행위는 그에 해당하는 이 법에 의한 행정기관의 행위 또는 행정기관에 대한 행위로 본다.

제5조 (도로교통안전관리공단에 대한 경과조치) 이 법 시행 당시 종전의 규정에 의하여 설립된 도로교통안전관리공단은 이 법에 의한 도로교통안전관리공단으로 본다.

제6조 (분담금의 환급에 관한 경과조치) ①법률 제6565호 도로교통법중개정법률의 시행 전 종전의 제92조의2의 규정에 의하여 도로교통안전관리공단에 이미 납부한 분담금(이하 이 조에서 "기간 미경과 분담금"이라 한다) 중 법률 제6565호 도로교통법중개정법률의 시행일인 2002년 1월 1일부터 5년 이내에 환

급을 신청할 수 있다. 이 경우 그 신청기간 이내에 환급을 신청하지 아니한 기간 미경과 분담금에 대하여는 환급청구권이 시효로 소멸한다.

②제1항의 규정은 법률 제6565호 도로교통법중개정법률의 시행 전의 운전면허 취소 또는 자동차등록 말소로 인한 정산금액과 1999년 1월 1일부터 시행한 분담금 인하로 인한 정산금액에 대하여도 이를 적용한다.

제7조 (벌칙 또는 과태료에 관한 경과조치) 이 법 시행 전의 행위에 대한 벌칙 또는 과태료의 적용에 있어서는 종전의 규정에 의한다.

제8조 (다른 법률의 개정) 제1항 생략

제26조제1항 단서중 "제68조"를 "제80조"로 한다.

②교통사고처리특례법 일부를 다음과 같이 개정한다.

제2조제1호중 "제2조제13호"를 "제2조제16호"로 한다.

제3조제2항 각호외의 부분 본문중 "제108조"를 "제151조"로 하고, 동항 각호외의 부분 단서중 "제50조제1항"을 "제54조제1항"으로 한다.

제3조제2항제2호중 "제12조제3항"을 "제13조제3항"으로, "제57조"를 "제62조"로 한다.

제3조제2항제3호중 "제15조제1항 또는 제2항"을 "제17조제1항 또는 제2항"으로 한다.

제3조제2항제4호중 "제19조제1항 · 제20조 내지 제20조의3 또는 제56조제2항"을 "제21조제1항 · 제22조 · 제23조 또는 제60조제2항"으로 한다.

제3조제2항제5호중 "제21조"를 "제24조"로 한다.

제3조제2항제6호중 "제24조제1항"을 "제27조제1항"으로 한다.

제3조제2항제7호 전단중 "제40조제1항"을 "제43조제1항"으로, "제80조"를 "제96조"로 한다.

제3조제2항제8호중 "제41조제1항"을 "제44조제1항"으로, "제42조"를 "제45조"로 한다.

제3조제2항제9호중 "제12조제1항"을 "제13조제1항"으로, "제12조제2항"을 "제13조제2항"으로 한다.

제3조제2항제10호중 "제35조제2항"을 "제39조제2항"으로 한다.

제3항 내지 제7항 생략

부칙 [2007.12.21 제8718호]

이 법은 공포 후 2년이 경과한 날부터 시행한다.

부칙 [2008.3.21 제8979호(화물자동차 운수사업법)]

제1조 (시행일) 이 법은 공포한 날부터 시행한다.

제2조부터 제4조까지 생략

제5조 (다른 법률의 개정) ① 교통사고처리특례법 일부를 다음과 같이 개정한다.

제4조제1항 본문 중 "화물자동차운수사업법 제36조"를 "「화물자동차 운수사업법」 제51조"로 한다.

② 부터 ⑪ 까지 생략

제6조 생략

부 칙 [2010.1.25 제9941호]

①(시행일) 이 법은 공포한 날부터 시행한다.

②(적용례) 제3조제2항의 개정규정은 이 법 시행 후 최초로 발생한 교통사고부터 적용한다.

부 칙 [2011.4.12 제10575호]

이 법은 공포한 날부터 시행한다.

부 칙[2011.6.8 제10790호(도로교통법)]

제1조(시행일) 이 법은 공포 후 6개월이 경과한 날부터 시행한다.

제2조부터 제5조까지 생략

제6조(다른 법률의 개정) ① 교통사고처리 특례법 일부를 다음과 같이 개정한다.

제2조제1호 중 "「도로교통법」 제2조제16호가목"을 "「도로교통법」 제2조제17호가목"으로 한다.

② 생략

부 칙 [2016.1.27 제13829호(도로교통법)]

제1조(시행일) 이 법은 공포 후 6개월이 경과한 날부터 시행한다. <단서 생략>

제2조부터 제5조까지 생략

제6조(다른 법률의 개정) 「교통사고처리 특례법」 일부를 다음과 같이 개정한다.

제3조제2항제10호 중 "제39조제2항"을 "제39조제3항"으로 한다.

부 칙 [2016.12.2 제14277호]

제1조(시행일) 이 법은 공포 후 1년이 경과한 날부터 시행한다.

제2조(적용례) 제3조제2항의 개정규정은 이 법 시행 후 최초로 발생한 교통사고부터 적용한다.

4. 보험사기방지 특별법[시행 2016.9.30.] [법률 제14123호, 2016.3.29., 제정]

제1조(목적) 이 법은 보험사기행위의 조사·방지·처벌에 관한 사항을 정함으로써 보험계약자, 피보험자, 그 밖의 이해관계인의 권익을 보호하고 보험업의 건전한 육성과 국민의 복리증진에 이바지함을 목적으로 한다.

제2조(정의) 이 법에서 사용하는 용어의 뜻은 다음과 같다.

1. "보험사기행위"란 보험사고의 발생, 원인 또는 내용에 관하여 보험자를 기망하여 보험금을 청구하는 행위를 말한다.
2. "보험회사"란 「보험업법」 제4조에 따른 허가를 받아 보험업을 경영하는 자를 말한다.

제3조(다른 법률과의 관계) 보험사기행위의 조사·방지 및 보험사기행위자의 처벌에 관하여는 다른 법률에 우선하여 이 법을 적용한다.

제4조(보험사기행위의 보고 등) 보험회사는 보험계약의 보험계약자, 피보험자, 보험금을 취득할 자, 그밖에 보험계약 또는 보험금 지급에 관하여 이해관계가 있는 자(이하 "보험계약자등"이라 한다)의 행위가 보험사기행위로 의심할 만한 합당한 근거가 있는 경우에는 금융위원회에 보고할 수 있다.

제5조(보험계약자등의 보호) ① 보험회사는 보험사고 조사 과정에서 보험계약자등의 개인정보를 침해하지 아니하도록 노력하여야 한다.

② 보험회사는 대통령령으로 정하는 사유 없이 보험사고 조사를 이유로 보험금의 지급을 지체 또는 거절하거나 삭감하여 지급하여서는 아니 된다.

제6조(수사기관 등에 대한 통보) ① 금융위원회, 금융감독원, 보험회사는 보험계약자등의 행위가 보험사기행위로 의심할 만한 합당한 근거가 있는 경우에는 관할 수사기관에 고발 또는 수사의뢰하거나 그밖에 필요한 조치를 취하여야 한다.

② 제1항에 따라 관할 수사기관에 고발 또는 수사의뢰를 한 경우에는 해당 보험사고와 관련된 자료를 수사기관에 송부하여야 한다.

제7조(수사기관의 입원적정성 심사의뢰 등) ① 수사기관은 보험사기행위 수사를 위하여 보험계약자등의 입원이 적정한 것인지 여부(이하 "입원적정성"이라 한다)에 대한 심사가 필요하다고 판단되는 경우 「국민건강보험법」 제62조에 따른 건강보험심사평가원(이하 "건강보험심사평가원"이라 한다)에 그 심사를 의뢰할 수 있다.

② 건강보험심사평가원은 제1항에 따른 의뢰를 받은 경우 보험계약자등의 입원적정성을 심사하여 그 결과를 수사기관에 통보하여야 한다.

제8조(보험사기죄) 보험사기행위로 보험금을 취득하거나 제3자에게 보험금을 취득하게 한 자는 10년 이하의 징역 또는 5천만원 이하의 벌금에 처한다.

제9조(상습범) 상습으로 제8조의 죄를 범한 자는 그 죄에 정한 형의 2분의 1까지 가중한다.

제10조(미수범) 제8조 및 제9조의 미수범은 처벌한다.

제11조(보험사기죄의 가중처벌) ① 제8조 및 제9조의 죄를 범한 사람은 그 범죄행위로 인하여 취득하거나 제3자로 하여금 취득하게 한 보험금의 가액(이하 이 조에서 "보험사기이득액"이라 한다)이 5억원 이상일 때에는 다음 각 호의 구분에 따라 가중처벌한다.

1. 보험사기이득액이 50억원 이상일 때 : 무기 또는 5년 이상의 징역
2. 보험사기이득액이 5억원 이상 50억원 미만일 때 : 3년 이상의 유기징역

② 제1항의 경우 보험사기이득액 이하에 상당하는 벌금을 병과할 수 있다.

제12조(비밀유지의무) 보험사기행위 조사업무에 종사하는 자 또는 해당 업무에 종사하였던 자는 직무수행 중 취득한 정보나 자료를 타인에게 제공 또는 누설하거나 직무상 목적 외의 용도로 사용하여서는 아니 된다.

제13조(권한의 위탁) 금융위원회는 필요한 경우에는 이 법에 따른 권한의 일부를 대통령령으로 정하는 바에 따라 금융감독원의 원장에게 위탁할 수 있다.

제14조(벌칙) 제12조를 위반하여 직무수행 중 취득한 정보나 자료를 타인에게 제공 또는 누설하거나 목적 외의 용도로 사용한 자는 3년 이하의 징역 또는 3천만원 이하의 벌금에 처한다.

제15조(과태료) ① 제5조제2항을 위반하여 보험금의 지급을 지체 또는 거절하거나 보험금을 삭감하여 지급한 보험회사에게는 1천만원 이하의 과태료를 부과한다.

② 제1항에 따른 과태료는 대통령령으로 정하는 바에 따라 금융위원회가 부과 · 징수한다.

제16조(준용규정) 제11조를 위반하여 처벌받은 사람에 대하여는 「특정경제범죄 가중처벌 등에 관한 법률」 제14조를 준용한다.

펼침 부 칙 <법률 제14123호, 2016.3.29.> 부칙보기

제1조(시행일) 이 법은 공포 후 6개월이 경과한 날부터 시행한다.

제2조(벌칙 등에 관한 경과조치) 이 법 시행 전의 행위에 대한 벌칙과 과태료의 적용에 있어서는 종전의 규정에 따른다.

5. 보험사기방지 특별법 시행령[시행 2016.9.30.] [대통령령 제27532호, 2016.9.29., 제정]

제1조(목적) 이 영은 「보험사기방지 특별법」에서 위임된 사항과 그 시행에 필요한 사항을 규정함을 목적으로 한다.

제2조(보험사기행위의 보고 등) 「보험사기방지 특별법」(이하 "법"이라 한다) 제4조에 따른 보고는 금융위원회가 정하여 고시하는 서식에 따라 다음 각 호의 사항을 문서 · 전자기록매체, 그밖에 금융위원회가 정하는 방법으로 하여야 한다.

1. 보험회사의 명칭
2. 보고대상 행위가 발생한 날짜 및 장소
3. 보고대상 행위의 관련자
4. 보고대상 행위의 내용

제3조(보험금 지급지체 등 사유) 법 제5조제2항에서 "대통령령으로 정하는 사유"란 다음 각 호의 어느 하나에 해당하는 경우를 말한다.

1. 해당 보험계약의 약관 또는 다른 법령에서 보험금 지급을 지체 또는 거절하거나 삭감하여 지급하도록 정하는 경우

2. 보험회사가 보험사고 조사 과정에서 법 제4조에 따른 보험계약자등의 행위가 보험 사기행위로 의심할 만한 합당한 근거가 있는 경우로서 다음 각 목의 어느 하나에 해당하는 행위를 한 경우. 이 경우 보험금의 지급을 지체하는 경우로 한정한다.

가. 법 제4조에 따라 금융위원회에 보고한 경우

나. 법 제6조에 따라 관할 수사기관에 고발 또는 수사의뢰하거나 그밖에 필요한 조치를 한 경우

3. 보험회사가 보험사고 조사 결과에 따라 다음 각 목의 어느 하나에 해당하는 행위를 한 경우. 다만, 보험회사가 부당하게 보험금의 지급을 지체하거나 보험금의 감액 합의 또는 보험금 청구권의 포기를 유도하기 위한 목적으로 소(訴)를 제기하거나 조정을 신청한 것으로 인정되는 경우는 제외한다.

가. 소를 제기한 경우

나. 「민사조정법」 또는 「금융위원회의 설치 등에 관한 법률」에 따른 조정을 신청한 경우

4. 그밖에 보험회사가 보험금의 지급을 지체 또는 거절하거나 삭감하여 지급할 수 있는 합리적인 이유가 있는 경우로서 금융위원회가 정하여 고시하는 경우

제4조(업무의 위탁) 금융위원회는 법 제13조에 따라 법 제4조에 따른 보고의 접수에 관한 사항을 금융감독원의 원장(이하 "금융감독원장"이라 한다)에게 위탁한다.

제5조(민감정보 및 고유식별정보의 처리) 금융위원회(법 제13조에 따라 금융위원회의 업무를 위탁받은 자를 포함한다), 금융감독원장 및 「국민건강보험법」 제62조에 따른 건강보험심사평가원은 다음 각 호의 사무를 수행하기 위하여 불가피한 경우 「개인정보 보호법」 제23조에 따른 건강에 관한 정보, 같은 법 시행령 제18조제2호에 따른 범죄경력자료에 해당히는 정보, 「신용정보의 이용 및 보호에 관한 법률 시행

령」 제29조에 따른 주민등록번호, 여권번호, 운전면허의 면허번호, 외국인 등록번호 또는 국내거소신고번호가 포함된 자료를 처리할 수 있다.

1. 법 제4조에 따른 보고의 접수에 관한 사무
2. 법 제6조제1항에 따른 고발 등 조치에 관한 사무
3. 법 제7조제2항에 따른 입원적정성의 심사에 관한 사무

제6조(과태료의 부과기준) 법 제15조제1항에 따른 과태료의 부과기준은 별표와 같다.

부칙 부　　　칙 <대통령령 제27532호, 2016.9.29.>

이 영은 2016년 9월 30일부터 시행한다.

6. 손해사정사 시험 안내 및 기출문제(2017년도)

출처: 보험개발원https://www.insis.or.kr:8443/exam-guide/notice-view.jsp?idx=2541&pg=2

2017년도 제40회 보험계리사 및 손해사정사 시험 시행계획 공고

제40회 보험계리사 및 손해사정사 시험 시행계획을 다음과 같이 공고합니다.

2017년 1월 6일

금융감독원장

1. 응시자격

제1차시험	제2차시험
가. 보험계리사 - 학력, 성별, 연령, 경력, 국적 등에 관한 일체 제한이 없음	가. 보험계리사 (1) 제36회부터 제40회까지 보험계리사 제1차시험에 합격한 자 (1995년 이전 제1차시험에 합격한 자 포함) (2) 보험업법시행규칙 제47조의 규정에 의한 기관에서 보험수리업무에 5년 이상 종사한 경력이 있는 자
나. 손해사정사 - 학력, 성별, 연령, 경력, 국적 등에 관한 일체 제한이 없음	나. 손해사정사 (1) 제39회 또는 제40회 해당분야 손해사정사 제1차시험에 합격한 자 (1995년 이전 제1차시험에 합격한 자 포함) (2) 보험업법시행규칙 제53조의 규정에 의한 기관에서 해당분야의 손해사정업무에 5년이상 종사한 경력이 있는 자 (3) 타 종목의 손해사정사(재물, 차량, 신체) (4) 종전 규정에 따른 손해사정사(제1종~제4종) 다. 경력의 산출은 접수일 초일(2017.7.4.) 현재로 함

※ 손해사정사의 경우 1995년 이전 제1차시험 합격자 및 제1차시험 면제를 위한 '손해사정 업무경력확인서' 기 제출자(2003년~2013년)의 응시분야는 다음과 같습니다.

1995년도 이전 제1차시험 합격자	제2차시험 응시분야	'손해사정 업무경력확인서' 기 제출자(2003년~2013년)	제2차시험 응시분야
제1종 손해사정사	재물, 신체손해사정사	제1종, 제2종 손해사정 경력자	재물손해사정사
제2종 손해사정사	재물손해사정사	제3종 대인 손해사정 경력자	신체손해사정사
제3종 손해사정사 (1991년 이전 합격자)	신체, 차량손해사정사	제3종 대물 · 차량 손해사정 경력자	차량손해사정사
제3종 대인 손해사정사 (1992 ~ 1995년 합격자)	신체손해사정사	제4종 손해사정 경력자	신체손해사정사
제3종 대물.차량 손해사정사 (1992 ~ 1995년 합격자)	차량손해사정사		

※ 상기 제2차시험 응시자격 중 '나. 손해사정사'의 제3호 및 제4호의 '손해사정사'라 함은 당해연도 응시원서 접수초일(2017. 7. 4) 이전에 해당종목의 손해사정사 등록을 마친 응시자에 한합니다.

2. 응시원서 교부, 접수 기간 및 방법, 장소

구 분	제1차시험	제2차시험
영어성적 등록기간(인터넷)	2017. 1. 6(금) 09:30 ~ 2.21(화) 18:00	2017. 5. 8(월) 09:30 ~ 6. 20(화) 18:00
응시원서 접수기간	2017. 3. 7(화) 09:30 ~ 3.10(금) 18:00	2017. 7. 4(화) 09:30 ~ 7. 7(금) 18:00
접수 방법 및 장소	인터넷 : 보험개발원 홈페이지(www.kidi.or.kr) 서면(현장 및 우편) : 보험개발원(한국화재보험협회빌딩 내)	

※ 영어과목이 있는 종목의 응시자는 **2015년 1월 1일 이후** 국내 영어시험기관에서 실시된 시험에서 취득한 성적으로 대체합니다. 다만, 해당 영어성적은 영어성적 등록기간(인터넷) 안에 보험개발원 홈페이지에 본인의 성적을 등록하고, 영어시험기관에서 발급한 성적표(원본)를 우편으로 제출하여야만, 응시원서의 인터넷접수가 가능합니다. 이 기간 동안 등록을 하지 아니하거나 또는 성적표(원본) 미제출 시, 해당 성적표(원본)를 첨부하여 서면접수(현장, 우편)만 가능합니다.

○ **인터넷 등록** : 보험개발원 홈페이지(www.kidi.or.kr) -> 보험전문인시험 -> 영어성적등록

○ **우편송부주소** : (우 07328) 서울시 영등포구 국제금융로6길 38 보험개발원 약관업무팀

○ **영어과목 해당 종목**

- 제1차시험 : 보험계리사, 재물손해사정사
- 제2차시험 : 타 종목 손해사정사(차량, 신체)가 재물손해사정사를 응시하는 경우

○ 영어과목 대체를 위한 국내 **영어시험의 종류와 합격에 필요한 점수**는 아래와 같습니다.

영어시험의 종류	토 플(TOEFL)			토 익 (TOEIC)	텝 스 (TEPS)
	PBT	CBT	iBT		
합격에 필요한 점수	530점이상	197점이상	71점이상	700점이상	625점이상

○ 등록(제출)된 영어성적의 확인과정에서 허위 또는 착오기재 등이 발견되어 필요점수에 미달하는 경우, 해당자의 원서접수는 무효로 합니다.

※ 응시원서는 접수기간 내에 개별접수(단체접수 불허)하여야 하고, 응시원서 양식은 보험개발원 인터넷 홈페이지(www.kidi.or.kr)에서 다운로드 받아 사용할 수 있습니다.

※ 방문접수 시간은 접수기간 중 매일 09:30~18:00이며, 우편접수(등기)는 제출서류가 보험개발원의 주소지에 응시원서 접수마감일(접수마감일 이후에도 접수마감일까지의 소인이 찍힌 우편은 접수가능)까지 도착되고, 응시표를 송부하기 위한 반송용 주소가 기재된 규격봉투(등기우표 부착)와 응시수수료에 해당되는 통상환증서가 동봉된 것에 한합니다.

※ 인터넷을 이용한 원서접수는 제1차시험의 경우 모든 지원자가 가능하나, 영어과목 해당 종목에 응시하는 경우에는 영어성적 등록이 완료된 지원자만 가능하고, 제2차시험의 경우 제1차시험 합격자이거나, 업무경력에 의한 제1차시험 면제자 중 2003~2016년에 접수한 경력서류 기 제출자만 가능(2017년 신규접수자 및 2002년 이전 접수자는 서류에 의한 경력확인 필요에 따라 서면접수만 가능)합니다.

○ 다만, 차량손해사정사 제2차시험 응시와 관련하여 업무경력에 의한 제1차시험 면제자 중 2003~2013년에 접수한 '경력서류 기 제출자' 가운데 종전 규정에 따라 '국가기술자격법에 의한 2급이상의 자동차정비기능사 자격을 가진 자로서 해당분야의 손해사정업무에 3년 이상 종사한 경력이 있는 자'의 요건으로 경력서류(업무경력 3년이상 5년 미만)를 제출하신 응시자의 경우에는, 동 규정이 폐지됨에 따라, 기 제출 '손해사정 업무경력확인서'에 추가로 업무경력 인정기준인 5년에 부족한 기간만큼의 '손해사정 업무경력 확인서(원본)'와 '재직(경력)증명서'를 응시원서에 첨부하여 서면(현장, 우편)으로 접수하여야 합니다.

※ 응시원서 접수는 가급적 편리한 인터넷접수를 이용하여 주시고 자세한 접수방법은 보험개발원 인터넷 홈페이지를 참조하시기 바라며, 인터넷접수는 가급적 접수문의에 대한 전화응대가 가능한 시간(09:00~18:00)을 이용해 주시기 바랍니다.

3. 시험일자, 장소 및 시험방법

구 분	제1차시험	제2차시험
시험일자	2017. 4. 23(일)	2017. 8. 19(토) : 보험계리사 3과목 2017. 8. 20(일) : 보험계리사 2과목 2017. 8. 20(일) : 손해사정사 전과목 (세부사항은 '5.시험과목' 참고)
장소공고	2017. 4. 14(금) 예정	2017. 7. 28(금) 예정
시험방법	선택형(객관식 4지선택형 택1)	논문형(약술형 또는 주관식 풀이형)

※ 시험장소(서울특별시 소재) 안내는 보험개발원 인터넷홈페이지(www.kidi.or.kr)에 공고할 예정입니다.

4. 합격자 결정방법 및 선발예정인원

<table>
<tr><th colspan="2">구 분</th><th>제1차시험</th><th colspan="2">제2차시험</th></tr>
<tr><td colspan="2">보 험
계리사</td><td rowspan="4">매과목
40점이상 전과목
평균 60점 이상
득점한 자를
합격자로 결정</td><td>매과목 60점 이상 득점한 자를 합격자로 결정. 단, 일부과목을 60점 이상 득점한 경우에는 그 과목을 제1차시험 합격년도부터 5년간 부분합격과목으로 함</td><td>선발예정인원은 별도로 정하지 않음</td></tr>
<tr><td rowspan="3">손해
사정사</td><td>재물</td><td rowspan="3">매과목 40점 이상, 전과목 평균 60점 이상 득점한 자를 합격자로 결정(단, 매과목 40점 이상, 전과목 평균 60점 이상 득점한 자가 선발예정인원에 미달하는 경우에는 매과목 40점 이상 득점한 자중 전과목 평균점수에 의한 고득점자 순으로 선발예정인원 이내에서 합격자 결정)</td><td>선발예정인원 :
40명</td></tr>
<tr><td>차량</td><td>선발예정인원 :
100명</td></tr>
<tr><td>신체</td><td>선발예정인원 :
320명</td></tr>
</table>

※ 보험계리사 제2차시험 응시자는 제1차시험에 합격한 해를 포함하여 5년간 제2차 시험에 응시할 수 있으며, 이 기간 내에 제2차시험의 모든 과목에 대하여 60점 이상을 득점한 자를 최종합격자로 결정합니다.

※ 종전 규정에 따른 손해사정사(1종~4종)가 개정 규정에 따른 손해사정사로의 등록을 위하여 시험에 응시하는 경우, 2018년까지 제1차시험을 면제하며, 제2차시험의 경우에도 아래와 같이 종전의 규정에 따른 제2차시험 과목과 동일한 제2차시험 과목의 시험을 면제(다만, 면제과목임에도 불구하고 해당과목에 응시할 경우, 이를 전체 응시과목 평균점수 산출에 산입)하고, 응시한 매과목에 대하여 40점 이상 득점한 자 중에서 전체 응시과목 평균점수가 여타 일반 응시자 중 합격자의 최저점수(평균점수, 소수점 둘째자리까지 계산) 이상을 득점한 경우에 합격자로 결정하며, 이 경우 손해사정사의 선발예정인원에서는 제외됩니다.

<table>
<tr><th>종전 규정에 따른
손해사정사 구분</th><th colspan="2">개정 규정에 따른 손해사정사의 해당종목 응시 시 제2차시험 면제과목</th></tr>
<tr><td rowspan="2">제1종</td><td>재물</td><td>책임 · 화재 · 기술보험 등의 이론과 실무</td></tr>
<tr><td>신체</td><td>책임보험 · 근로자재해보상보험의 이론과 실무</td></tr>
<tr><td>제2종</td><td>재물</td><td>해상보험의 이론과 실무(상법 해상편 포함)</td></tr>
<tr><td>제3종대인</td><td>신체</td><td>자동차보험의 이론과 실무(대인배상 및 자기신체손해)</td></tr>
<tr><td>제4종</td><td>신체</td><td>제3보험의 이론과 실무</td></tr>
</table>

5. 시험과목

□ 제1차시험

구 분	1 교 시	2 교 시
	09:00~10:20(80분)	10:50~12:50(120분)
보험계리사	○ 보험계약법(상법 중 보험편), 보험업법 및 근로자퇴직급여 보장법 ○ 경제학원론	○ 보험수학 ○ 회계원리

구 분	1 교 시	2 교 시
	09:00~10:20(80분)	10:50~11:30(40분)
손해사정사	○ 보험업법 ○ 보험계약법(상법 중 보험편)	○ 손해사정이론

□ 제2차시험

구 분		1 교 시	2 교 시	3 교 시
		10:00 ~ 12:00(120분)	13:00 ~ 15:00(120분)	15:30 ~ 17:30(120분)
보험계리사	2017. 8. 19(토)	계리리스크관리	보험수리학	연금수리학
	2017. 8. 20(일)	계리모형론	재무관리 및 금융공학	

구 분	시 간	과 목
재물손해사정사 2017. 8. 20(일)	1교시 (09:00 ~ 10:30, 90분)	- 회계원리
	2교시 (10:50 ~ 12:20, 90분)	- 해상보험의 이론과 실무 (상법 해상편 포함)
	3교시 (13:20 ~ 14:50, 90분)	- 책임 · 화재 · 기술보험 등의 이론과 실무
차량손해사정사 2017. 8. 20(일)	1교시 (09:00 ~ 10:30, 90분)	- 자동차보험의 이론과 실무 (대물배상 및 차량손해)
	2교시 (10:50 ~ 12:20, 90분)	- 자동차 구조 및 정비이론과 실무
신체손해사정사 2017. 8. 20(일)	1교시 (09:00 ~ 10:30, 90분)	- 의학이론
	2교시 (10:50 ~ 12:20, 90분)	- 책임 · 근로자재해보상보험의 이론과 실무
	3교시 (13:20 ~ 14:50, 90분)	- 제3보험의 이론과 실무
	4교시 (15:10 ~ 16:40, 90분)	- 자동차보험의 이론과 실무 (대인배상 및 자기신체손해)

6. 제출서류

제1차시험	제2차시험
가. 응시원서 (소정양식) ········ 1통 나. 반명함판 사진(최근 6개월이내 촬영한 탈모 상반신 칼라사진) ········ 2매 다. 영어성적표(원본, 해당종목 응시자에 한함) ········ 1부 라. 응시수수료 ········ 30,000원(원서접수시 납부)	가. 응시원서 (소정양식) ········ 1통 나. 반명함판 사진(최근 6개월이내 촬영한 탈모 상반신 칼라사진) ········ 2매 다. 업무경력확인서 및 재직증명서(제1차시험 업무경력 면제자에 한함) ········ 각1통 라. 영어성적표(원본, 해당자에 한함) ········ 1부 마. 응시수수료 ········ 50,000원(원서접수시 납부)

※ 인터넷 접수시에는 보험개발원 인터넷 홈페이지에 게재된 방법으로 응시수수료를 납부해야 하며, 응시원서 부착용 사진파일(JPG) 규격은 해상도 100dpi에 3.5㎝×4.5㎝입니다.

※ 1차시험 및 2차시험의 접수관련 서류는 일체 반환불가합니다.

7. 합격자 공고

제1차시험	제2차시험
가. 일자 : 2017. 6. 9(금) 예정 나. 방법 : 서울신문, 금감원 홈페이지(www.fss.or.kr) 및 보험개발원 홈페이지(www.kidi.or.kr)	가. 일자 : 2017. 10. 27(금) 예정 나. 방법 : 서울신문, 금감원 홈페이지(www.fss.or.kr) 및 보험개발원 홈페이지(www.kidi.or.kr)

8. 응시자 준수사항

제1차시험 / 제2차시험
가. 응시자는 시험당일 응시표, 신분증(주민등록증, 유효기간내의 운전면허증.여권) 및 필기구(제1차시험 - 컴퓨터용 수성사인펜, 제2차시험 - 흑색 또는 청색 필기구(동일종류에 한함. 사인펜이나 연필종류 등은 사용할 수 없음))를 지참하고, 시험시작 30분전까지 지정된 고사실에 입실하여 시험안내에 따라야 합니다.
나. 지각한 응시자(문제지 배포 후 입실자)에 대하여는 시험응시를 불허합니다.
다. 보험계리사 시험의 전과목 및 재물손해사정사시험(2차)의 "회계원리" 과목에서는 자료를 저장할 수 없는 단순계산기를 개별 지참하여 사용가능합니다.
라. 접수된 서류의 기재사항은 변경할 수 없으며, 허위 또는 착오기재 등으로 발생하는 불이익은 일체 응시자 책임으로 합니다.
마. 응시자가 응시원서접수를 취소하고자 하는 경우에는 시험실시일 전일까지 보험개발원 인터넷 홈페이지(www.kidi.or.kr)에 접속하여 정해진 방법에 따라 응시취소 요청서(원서접수시 입력한 비밀번호 기입)를 작성하여야 합니다. 이 경우 납입하신 응시수수료 환불은 응시원서 접수마감일로부터 시험실시 15일전까지 응시를 취소하는 경우에는 응시수수료 전액을, 시험실시 14일전부터 시험실시일 전일까지 응시를 취소하는 경우에는 응시수수료의 50%를 환불하여 드립니다. 또한, 응시수수료 환불은 시험이 종료된 후 15일 이내에 응시취소 요청 시에 기입하신 계좌로 입금하여 드립니다.
바. 응시자 본인의 부주의로 인하여 답안지 기재에 오류(제1차시험의 경우 지정필기구 미사용으로 전산기기에 의한 채점이 불가하거나, 제2차시험의 경우 답안지의 지정된 곳 이외에 성명 등을 기재하여 응시자를 인지할 수 있게 하는 경우 포함)를 범하여 불이익이 발생할 경우, 이는 일체 응시자 책임으로 합니다.
사. 시험시간 중에 휴대전화기 등 무선통신기기를 소지할 수 없고, 위반시 부정행위로 간주합니다.
아. 시험시작 후 당해 시험종료 시간까지 임의 퇴장할 수 없고 부정행위자, 응시자 준수사항 또는 감독관 지시에 순응하지 아니하는 자는 당해시험을 정지하거나 무효로 할 수 있으며, 부정행위자는 그 행위가 있은 날로부터 5년간 동 시험에 응시할 수 없습니다.

9. 기타사항

가. 시험일정 등은 사정에 의하여 변경될 수 있으며, 변경사항은 보험개발원 홈페이지(www.kidi.or.kr)에 별도 공고할 예정입니다.

나. 시험시행과 관련하여 특별한 조치가 필요한 경우 등 기타 시험에 관한 사항은 보험개발원 약관업무팀(☏ 02-368-4060)으로 문의하시기 바랍니다.

※ 보험개발원 주소 및 위치
- 주소 : (우 07328) 서울시 영등포구 국제금융로6길 38 (여의도동 35-4)
  보험개발원 기획관리부문 약관업무팀
- 위치 : 지하철 5호선 여의도역 5번출구 한국화재보험협회빌딩(9층)

손해사정사 2017년 제40회 1차시험 기출문제

[제40회1차] 손해사정사 - 보험업법

1. 다음 중 현행 보험업법에 관한 설명으로 옳은 것을 모두 고른 것은?

> 가. 보험업법은 보험업을 경영하는 자의 건전한 운영을 도모함을 목적으로 한다.
> 나. 보험업법은 보험회사, 보험계약자, 피보험자, 기타 이해관계인의 권익보호를 목적으로 한다.
> 다. 보험업법은 건강보험, 산업재해보상보험, 원자력 손해배상보험에는 적용되지 않는다.
> 라. 보험업법은 보험업의 허가부터 경영전반에 걸쳐 계속 감독하는 방식을 택하고 있다.
> 마. 보험업법에 의한 손해보험 상품에는 보증보험계약, 권리보험계약, 날씨보험계약 등이 포함된다.

① 가, 나, 다　　② 나, 다, 라
③ 나, 라, 마　　④ 가, 라, 마

2. 보험업법 제2조에서 정의하고 있는 용어 가운데 옳지 않은 것은?

① "외국보험회사"라 함은 대한민국 이외의 국가의 법령에 따라 설립되어 대한민국 이외의 국가에서 보험업을 경영하는 자이다.
② "모집"이라 함은 보험회사를 위하여 보험계약의 체결을 중개 또는 대리하는 것을 말한다.
③ "보험설계사"라 함은 보험회사·보험대리점·보험중개사에 소속되어 보험계약의 체결을 중개하는 자로서 금융위원회에 등록된 자이다.
④ "보험대리점"이라 함은 보험회사를 위하여 보험계약의 체결을 대리하는 자로서 금융위원회에 등록된 자이다.

3. 보험업법 제3조의 단서에 따라 보험회사가 아닌 자와 보험계약을 체결할 수 있는 경우에 해당하지 않는 것은?

① 외국보험회사와 항공보험계약, 여행보험계약, 선박보험계약, 장기화재보험계약 또는 재보험계약을 체결하는 경우
② 외국보험회사와 생명보험계약, 수출적하보험계약, 수입적하보험계약을 체결하는 경우
③ 우리나라에서 취급되지 아니하는 보험종목에 관하여 외국보험회사와 보험계약을 체결하는 경우
④ ①~③에 해당하지 않으나 금융위원회의 승인을 얻어 보험계약을 체결하는 경우

4. 보험업의 예비허가 신청에 관한 다음 설명 중 옳은 것은 몇 개인가?

> 가. 보험업의 예비허가 신청을 받은 금융위원회는 6개월 내에 예비허가 여부를 통지하여야 한다.
> 나. 금융위원회는 예비허가에 조건을 붙일 수 없다.
> 다. 보험업의 예비허가를 받은 자는 3개월 이내에 예비허가의 내용 및 조건을 이행한 후에 본허가를 신청하여야 한다.
> 라. 금융위원회는 예비허가 신청에 대하여 이해관계인의 의견을 요청하거나 공청회를 개최할 수 있다.

① 0개 ② 1개
③ 2개 ④ 3개

5. 보험업의 허가를 받으려는 자가 보험업법 제6조 제1항 제2호 단서에 따라 특정 업무를 외부에 위탁하는 경우 업무와 관련된 전문 인력과 물적 시설을 갖춘 것으로 보는데, 그 특정 업무에 해당하지 않는 것은?

① 보험상품개발업무
② 보험계약 심사를 위한 조사업무
③ 보험금 지급심사를 위한 보험사고 조사업무
④ 전산설비의 개발 · 운영 및 유지 · 보수에 관한 업무

6. 다음 설명 중 옳지 않은 것은?

① 보험계약자의 보호가 가능하고 그 경영하려는 보험업을 수행하기 위하여 필요한 전문 인력과 전산설비 등 물적 시설을 갖추고 있어야 한다는 보험허가의 요건은 보험회사가 보험업의 허가를 받은 이후에도 계속 유지하여야 한다.
② 대한민국에서 보험업의 허가를 받으려는 외국보험회사는 보험업법 제9조 제3항의 영업기금 납입 외에 자산상황·재무건전성 및 영업건전성이 국내에서 보험업을 경영하기에 충분하고 국제적으로 인정받고 있을 것이 요구된다.
③ 보험업법 제6조 제1항 제3호의 사업계획은 지속적인 영업을 수행하기에 적합하고 추정재무제표 및 수익 전망이 사업계획에 비추어 타당성이 있어야 한다.
④ 보험회사가 보험업 허가를 받은 이후 전산설비의 성능 향상이나 보안체계의 강화 등을 위하여 그 일부를 변경하면 보험업법 제6조 제4항의 물적 시설을 유지하지 못하는 것으로 본다.

7. 다음 설명 중 ( ) 안에 들어갈 것끼리 올바르게 짝지어진 것은?

> 어느 보험회사가 보험업법 제9조 제1항 단서에 따라 자동차보험만을 취급하려는 경우 (a) 이상의 자본금 또는 기금을 확보하면 되고 여기에 질병보험을 동시에 취급하려는 경우 그 합계액이 (b) 이상일 것이 요구되지만, 만일 동 보험회사가 전화 · 우편 · 컴퓨터통신 등 통신수단을 이용하여 대통령령으로 정하는 바에 따라 모집을 하는 회사인 경우 앞의 자본금 또는 기금의 (c) 이상을 납입함으로써 보험업을 시작할 수 있다.

① a : 100억원, b : 200억원, c : 2분의 1 ② a : 200억원, b : 300억원, c : 2분의 1
③ a : 200억원, b : 300억원, c : 3분의 2 ④ a : 200억원, b : 400억원, c : 3분의 2

8. 손해보험의 보험종목 전부를 취급하는 손해보험회사가 질병을 원인으로 하는 사망을 제3보험의 특약형식으로 담보하는 보험을 겸영하기 위해 충족하여야 하는 요건에 해당하지 않는 것은?

① 납입보험료가 일정액 이하일 것
② 보험만기는 80세 이하일 것
③ 보험금액의 한도는 개인당 2억원 이내일 것
④ 만기 시에 지급하는 환급금은 납입보험료 합계액의 범위 내 일 것

9. 금융위원회는 보험회사가 보험업법 제11조의2 제1항에 따라 보험업에 부수(附隨)하는 업무를 신고한 경우 그 신고일로부터 7일 이내에 인터넷 홈페이지 등에 공고하여야 하는 사항에 해당하지 않는 것은?

① 보험업종
② 부수업무의 신고일
③ 부수업무의 개시 예정일
④ 부수업무의 내용

10. 보험회사인 주식회사의 조직변경에 관한 다음 설명 중 옳지 않은 것은?

① 보험업법상 조직변경은 주식회사가 그 조직을 변경하여 상호회사로 되는 것만을 의미하며, 주식회사의 보험계약자는 조직변경에 의한 상호회사의 사원이 된다.
② 조직변경 시 보험계약자나 보험금을 취득할 자는 피보험자를 위하여 적립한 금액을 다른 법률에 특별한 규정이 없으면 주식회사의 자산에서 우선하여 취득하게 된다.
③ 주식회사가 그 조직을 변경한 경우에는 그 조직을 변경한 날부터 본점과 주된 사무소에서는 2주 이내에, 지점과 종된 사무소 소재지에서는 3주 이내에 주식회사의 해산등기, 상호회사의 설립등기를 마쳐야 한다.
④ 상호회사로 조직을 변경한 보험회사는 손실의 보전에 충당하기 위하여 금융위원회가 필요하다고 인정하는 금액을 준비금으로 적립하여야 하고, 300억원 이상의 기금을 납입하여야 한다.

11. 주식회사와 상호회사의 특성에 관한 설명 중 옳지 않은 것은?

가. 주식회사의 주주와 상호회사의 사원은 모두 회사채권자에 대하여 간접 · 유한책임을 진다. 나. 주식회사와 상호회사 모두 금전 이외의 출자는 금지된다. 다. 주식회사와 상호회사 모두 그 설립에 있어서 100인 이상의 사원을 필요로 한다. 라. 상호회사의 채무에 관한 사원의 책임은 보험료를 한도로 하며, 보험료 납입에 관하여 상계로써 회사에 대항할 수 있다. 마. 주식회사의 구성원은 주주이나 상호회사의 구성원은 보험계약자인 사원이다.

① 가, 나, 다
② 나, 다, 라
③ 나, 라, 마
④ 가, 라, 마

12. 금융위원회는 외국보험회사의 본점에 다음의 어느 하나에 해당하는 사유가 발생한 때에는 청문을 거쳐 그 외국보험회사 국내지점의 보험업 허가를 취소할 수 있는데, 취소사유에 해당하지 않는 것은?

① 합병, 영업양도 등으로 소멸한 경우
② 위법행위, 불건전한 영업행위 등의 사유로 외국감독기관으로부터 영업정지나 허가취소 조치를 당한 경우
③ 휴업하거나 영업을 중지한 경우
④ 대표자가 퇴임하고 후임 대표자가 선임되지 않은 경우

13. 모집할 수 있는 자에 관한 설명 중 옳은 것(O)과 옳지 않은 것(X)을 올바르게 조합한 것은?(다툼이 있는 경우 통설 · 판례에 의함)

가. 모집할 수 있는 자는 보험설계사, 보험대리점, 보험회사의 대표이사 등이 있다. 나. 보험대리점 또는 보험중개사로 등록한 금융기관은 모집과 관련이 없는 금융거래를 통하여 취득한 개인정보를 미리 그 개인의 동의를 받지 아니하고 모집에 이용하는 행위를 하지 못한다. 다. 보험설계사와 보험중개사는 보험계약의 체결을 중개하는 자이다. 라. 보험업법상의 보험대리점은 체약대리상으로서 고지의무 수령권한이 있으나, 보험설계사 및 보험중개사는 고지의무 수령권한이 없다.

① 가(○), 나(○), 다(○), 라(○)
② 가(○), 나(×), 다(○), 라(○)
③ 가(×), 나(○), 다(○), 라(×)
④ 가(×), 나(○), 다(○), 라(○)

14. 보험모집에 관한 설명 중 옳은 것(O)과 옳지 않은 것(X)을 올바르게 조합한 것은?(다툼이 있는 경우 통설, 판례에 의함)

가. 보험모집에 관한 규제는 처음에는 보험업법에 의하여 규율하지 아니하였고, 「보험모집단속법」(제정 1962.1.20 법률 제990호)이라는 별도의 법률에 의하여 규율되었다. 나. 보험회사.보험대리점 및 보험중개사는 대통령령으로 정하는 바에 따라 소속 보험설계사에게 보험계약의 모집에 관한 교육을 하여야 한다. 다. 2003년 개정 보험업법에 의하여 보험대리점의 특수한 형태로서 금융기관보험대리점제도가 도입되었다. 라. 사외이사는 직무수행의 독립성과 중립성을 담보하기 위하여 모집할 수 있는 자에서 제외되었다.

① 가(○), 나(○), 다(○), 라(○)
② 가(○), 나(○), 다(×), 라(○)
③ 가(○), 나(×), 다(○), 라(○)
④ 가(×), 나(○), 다(○), 라(○)

15. 보험설계사에 대한 불공정 행위 금지 유형에 해당하는 것으로 옳은 것은?

가. 보험모집 위탁계약서를 교부하는 행위 나. 위탁계약서상 계약사항을 이행하지 아니하는 행위 다. 위탁계약서에서 정한 해지요건의 사유로 위탁계약을 해지하는 행위 라. 정당한 이유로 보험설계사에게 지급한 수수료를 환수하는 행위 마. 보험설계사에게 보험료 대납(代納)을 강요하는 행위

① 가, 나, 다
② 나, 마
③ 가, 나, 다, 라
④ 나, 라, 마

16. 보험설계사에 대해 6개월 이내의 기간을 정하여 그 업무의 정지를 명하거나 그 등록을 취소할 수 있는 경우를 모두 고른 것은?

> 가. 보험설계사가 금고 이상의 형의 집행유예를 선고받은 경우
> 나. 보험업법에 따라 업무정지 처분을 2회 이상 받은 경우
> 다. 모집에 관한 보험업법의 규정을 위반한 경우
> 라. 보험계약자, 피보험자 또는 보험금을 취득할 자로서 보험업법 제102조의2(보험계약자의 의무)를 위반한 경우
> 마. 보험업법에 따라 과태료 처분을 2회 이상 받은 경우

① 가, 나, 다, 라, 마　② 가, 나, 다, 라
③ 나, 다, 라　④ 다, 라, 마

17. 보험안내자료에 관한 설명 중 옳지 않은 것은?

① 보험안내자료라 함은 모집을 위하여 사용하는 각종의 자료를 말한다.
② 보험안내자료에는 보험회사의 상호나 명칭 또는 보험설계사 · 보험대리점 또는 보험중개사의 이름 · 상호나 명칭, 보험 가입에 따른 권리 · 의무에 관한 주요 사항 등을 명백하고 알기 쉽게 적어야 한다.
③ 보험회사의 장래의 이익 배당 또는 잉여금 분배에 대한 예상에 관한 사항은 원칙적으로 적지 못한다.
④ 해약환급금에 관한 사항, 「예금자보호법」에 따른 예금자보호와 관련된 사항은 보험안내자료에 기재할 필요가 없다.

18. 다음 <사례>에 관한 설명 중 옳은 것(O)과 옳지 않은 것(X)을 올바르게 조합한 것은?

> <사례>
> 보험대리점 A는 보험회사와 모집위탁계약을 체결하고 있다. A는 자신의 친구 B, C와 실손의료보험계약을 체결하고자 한다. 또한 A는 ㈜미래, 서울시와 단체 상해보험계약을 체결하려고 한다. ㈜ 미래는 주권상장법인이고, 서울시는 지방자치단체이다.

> <설명>
> 가. 친구 B와 C는 일반보험계약자이다.
> 나. A는 보험계약 체결을 권유하는 경우에는 보험료, 보장범위, 보험금 지급제한 사유 등 대통령령으로 정하는 보험계약의 중요 사항을 B와 C에게 이해할 수 있도록 설명하여야 한다.
> 다. 보험업법에 따라 A는 ㈜미래, 서울시에 대하여 계약의 중요사항을 설명하여야 한다.
> 라. 보험회사는 보험계약의 체결 시부터 보험금 지급 시까지의 주요 과정을 대통령령으로 정하는 바에 따라 B와 C에게 설명하여야 한다. 그리고 B와 C가 설명받기를 거부하더라도 이들을 보호하기 위하여 설명을 하여야 한다.

① 가(○), 나(○), 다(×), 라(○)
② 가(○), 나(×), 다(○), 라(×)
③ 가(○), 나(○), 다(×), 라(×)
④ 가(×), 나(○), 다(○), 라(○)

19. 보험모집에 관한 설명 중 옳지 않은 것은?

① 보험의 모집에 종사하는 자는 전문보험계약자와 보험계약을 체결하기 전에 면담 또는 질문을 통하여 보험계약자의 연령, 재산상황, 보험가입의 목적 등 대통령령으로 정하는 사항을 파악하여야 한다.
② 보험의 모집에 종사하는 자는 일반보험계약자의 연령, 재산상황, 보험가입의 목적 등에 비추어 그 일반보험계약자에게 적합하지 아니하다고 인정되는 보험계약의 체결을 권유하여서는 아니 된다.
③ 보험의 모집에 종사하는 자가 보험상품에 관하여 광고를 하는 경우에는 보험계약 체결 전에 상품설명서 및 약관을 읽어 볼 것을 권유하는 내용 등이 포함되어 있어야 한다.
④ 보험협회는 필요하면 보험회사 또는 보험의 모집에 종사하는 자로부터 광고물을 미리 제출받아 보험회사 등의 광고가 보험업법이 정한 광고기준을 지키는지를 확인할 수 있다.

20. 보험계약의 체결 또는 모집에 관한 설명 중 옳은 것을 모두 고른 것은?

가. 보험대리점은 보험계약자나 피보험자에게 보험상품의 내용을 사실과 다르게 알리거나 그 내용의 중요한 사항을 알리지 아니하는 행위를 할 수 없다.
나. 보험중개사는 보험계약자나 피보험자에게 보험상품 내용의 일부에 대하여 비교의 대상 및 기준을 분명하게 밝히지 아니할 수 있다.
다. 보험설계사는 보험계약자나 피보험자가 중요한 사항을 보험회사에 알리는 것을 방해하거나 알리지 아니할 것을 권유하는 행위를 할 수 없다.
라. 보험중개사는 다른 모집 종사자의 명의를 이용하여 보험계약을 모집할 수 있다.
마. 보험대리점은 보험계약의 청약철회 또는 계약 해지를 방해하는 행위를 할 수 없다.

① 가, 나, 다
② 나, 다
③ 가, 다, 마
④ 가, 다, 라

21. 보험업법 제98조의 특별이익 제공 금지규정에 위반한 것을 모두 고른 것은?

가. 보험대리점 A는 보험계약자 B에게 보험계약 체결에 대한 대가로 5만원을 제공하였다.
나. 보험설계사 C는 피보험자 D에게 보험계약 체결에 대한 대가와 고마움의 표시로 10만원의 상당액을 주기로 약속하였다.
다. 보험중개사 E는 보험계약자 F를 위하여 제1회 보험료 5만원을 대납하였다.
라. 보험회사 직원 G는 피보험자 H가 보험회사로부터 받은 대출금에 대한 이자를 대납하였다.

① 가, 나
② 가, 나, 다, 라
③ 가, 나, 라
④ 가, 라

22. 보험회사 등의 모집위탁 및 수수료 지급 등에 관한 설명 중 옳지 않은 것은?

① 보험회사는 원칙적으로 모집할 수 있는 자 이외의 자에게 모집을 위탁하거나 모집에 관하여 수수료, 보수, 그 밖의 대가를 지급하지 못한다.
② 보험회사는 기초서류에서 정하는 방법에 따른 경우에는 모집할 수 있는 자 이외의 자에게 모집을 위탁할 수 있다.
③ 보험회사는 대한민국 밖에서 외국의 모집조직(외국법령에서 허용하는 경우)을 이용하여 원보험계약 또는 재보험계약을 인수할 수 있다.
④ 보험중개사는 어떠한 경우에도 보험계약체결의 중개와 관련된 수수료나 그 밖의 대가를 보험계약자에게 청구할 수 없다.

23. 보험대리점 또는 보험중개사로 등록한 금융기관의 금지행위 유형에 해당하는 것을 모두 고른 것은?

가. 대출 등 해당 금융기관이 제공하는 용역을 제공하는 조건으로 대출 등을 받는 자에게 그 금융기관이 대리 또는 중개하는 보험계약을 체결할 것을 요구하거나 특정한 보험회사와 보험계약을 체결할 것을 요구하는 행위
나. 대출 등을 받는 자의 동의를 미리 받고 보험료를 대출 등의 거래에 포함시키는 행위
다. 해당 금융기관의 임직원 중 모집할 수 있는 자에게 모집을 하도록 하거나 이를 용인하는 행위
라. 해당 금융기관의 점포 내의 장소에서 모집을 하는 행위

① 가 ② 가, 나
③ 가, 나, 다 ④ 가, 나, 다, 라

24. 다음 <사례>에 관한 설명 중 옳은 것(O)과 옳지 않은 것(X)을 올바르게 조합한 것은?(다툼이 있는 경우 판례에 의함)

<사례>
(i) 보험계약자 A는 보험회사 B와 2017년 3월 2일 종신보험계약을 체결하였다. 그리고 보험증권은 2017년 3월 15일에 보험회사 B로부터 A에게 전달되었다.
(ii) 보험계약자 한국산업은행은 보험회사 B와 단체 상해보험계약을 체결하였다.

<설명>
가. 보험계약자 A와 한국산업은행은 보험계약의 청약을 철회할 수 있다.
나. 보험계약자 A는 2017년 3월 2일부터 15일 이내에 청약을 철회하여야 한다.
다. 보험회사 B는 보험계약자 A로부터 청약의 철회를 접수한 날로부터 5일 이내에 이미 납입 받은 보험료를 반환하여야 한다.
라. 보험계약자 A가 보험계약 청약의 철회 당시 보험금의 지급사유가 발생한 사실을 알지 못하고 청약 철회를 한 경우 그 효력은 발생하지 아니한다.

① 가(×), 나(○), 다(○), 라(○) ② 가(○), 나(×), 다(○), 라(×)
③ 가(×), 나(×), 다(×), 라(○) ④ 가(○), 나(×), 다(×), 라(×)

25. 보험회사의 자산운용에 대한 설명 중 옳지 않은 것은?

① 보험회사는 그 자산을 운용할 때 안정성 · 유동성 · 수익성 및 공익성이 확보되도록 하여야 한다.
② 자산운용비율을 초과하게 된 경우에는 해당 보험회사는 그 비율을 초과하게 된 날부터 2년 이내(대통령령으로 정하는 사유에 해당하는 경우에는 금융위원회가 정하는 바에 따라 그 기간을 연장할 수 있다)에 보험업법 제106조에 적합하도록 하여야 한다.
③ 보험회사가 취득 · 처분하는 자산의 평가방법, 채권 발행 또는 자금차입의 제한 등에 관하여 필요한 사항은 대통령령으로 정한다.
④ 보험회사는 타인을 위하여 그 소유자산을 담보로 제공하거나 채무보증을 할 수 없는 것이 원칙이다.

26. 보험업법 제111조의 대주주와 거래제한 등에 관한 설명 중 옳지 않은 것은?

① 보험회사는 직접 또는 간접으로 대주주가 다른 회사에 출자하는 것을 지원하기 위한 신용공여를 하여서는 아니된다.
② 보험회사는 자산을 대통령령으로 정하는 바에 따라 무상으로 양도하거나 일반적인 거래 조건에 비추어 해당 보험회사에 뚜렷하게 불리한 조건으로 자산에 대하여 매매 · 교환 · 신용공여 또는 재보험계약을 하는 행위를 하여서는 아니된다.
③ 보험회사는 그 보험회사의 대주주와 대통령령으로 정하는 금액 이상의 신용공여 행위를 하였을 때에는 14일 이내에 그 사실을 금융위원회에 보고하고 인터넷 홈페이지 등을 이용하여 공시하여야 한다.
④ 보험회사의 대주주는 해당 보험회사의 이익에 반하여 대주주 개인의 이익을 위하여 경제적 이익 등 반대급부를 제공하는 조건으로 다른 주주 또는 출자자와 담합(談合)하여 해당 보험회사의 인사 또는 경영에 부당한 영향력을 행사하는 행위를 하여서는 아니 된다.

27. 금융위원회의 승인을 받아 보험회사가 자회사로 소유할 수 있는 경우를 모두 고른 것은?

가. 「금융산업의 구조개선에 관한 법률」 제2조 제1호에 따른 금융기관이 경영하는 금융업
나. 「신용정보의 이용 및 보호에 관한 법률」에 따른 신용정보업
다. 보험계약의 유지 · 해지 · 변경 또는 부활 등을 관리하는 업무
라. 보험회사의 사옥관리업무
마. 보험수리업무

① 가, 나 ② 가, 다, 라
③ 다, 라, 마 ④ 가, 나, 다

28. 보험회사의 책임준비금 등의 적립에 관한 설명으로 옳지 않은 것은?

① 보험회사는 결산기마다 대통령령으로 정하는 책임준비금과 비상위험준비금을 계상하고 따로 작성한 장부에 각각 기재하여야 한다.
② 책임준비금과 비상위험준비금은 보험계약의 종류에 따라 각각 계상하여야 한다.
③ 책임준비금과 비상위험준비금의 계상에 관하여 필요한 사항은 대통령령으로 정한다.
④ 책임준비금과 비상위험준비금의 적정한 계상과 관련하여 필요한 경우 금융위원회는 보험회사의 자산 및 비용, 그밖에 대통령령으로 정하는 사항에 관한 회계처리기준을 정할 수 있다.

29. 다음은 보험회사가 금융위원회에 제출하여야 하는 서류이다. 이 중 보험업법이 전자문서로 제출할 수 있도록 규정하고 있는 것이 아닌 것은?

① 보험업 허가신청서
② 재무제표(부속명세서를 포함한다)
③ 사업보고서
④ 월간업무내용보고서

30. 배당보험계약의 회계처리 등에 관한 설명으로 옳지 않은 것은?

① 보험회사는 대통령령으로 정하는 바에 따라 배당보험계약을 다른 보험계약과 구분하여 회계처리할 수 있다.
② 보험회사는 대통령령으로 정하는 바에 따라 배당보험계약의 보험계약자에게 배당을 할 수 있다.
③ 보험계약자에 대한 배당기준은 배당보험계약자의 이익과 보험회사의 재무건전성 등을 고려하여 정하여야 한다.
④ 보험회사가 「자산재평가법」에 따른 재평가를 한 경우 그 재평가에 따른 재평가적립금은 금융위원회의 허가를 받아 보험계약자에 대한 배당을 위하여도 처분할 수 있다.

31. 다음 중 보험업법에 따라 보험금의 지급이 보장되는 보험을 모두 고른 것은?

가. 「자동차손해배상 보장법」 제5조에 따른 책임보험계약
나. 「자동차손해배상 보장법」에 따라 가입이 강제되지 아니한 자동차보험계약
다. 「청소년활동 진흥법」 제25조에 따라 가입이 강제되는 손해보험계약
라. 「유류오염손해배상 보장법」 제14조에 따라 가입이 강제되는 유류오염 손해배상 보장계약

① 가, 다
② 가, 나, 다
③ 가, 다, 라
④ 가, 나, 다, 라

32. 다음 중 보험업법상 보험조사협의회 위원으로 명시된 자로 옳지 않은 것은?

① 보건복지부장관이 지정하는 소속 공무원 1명
② 국민안전처장관이 지정하는 소속 공무원 1명
③ 경찰청장이 지정하는 소속 공무원 1명
④ 소비자보호원장이 추천하는 사람 1명

33. 보험회사는 기초서류를 신고하는 경우 보험료 및 책임준비금 산출방법서에 대하여 독립계리업자의 검증확인서를 첨부할 수 있다. 다음 중 독립계리업자가 될 수 있는 자에 해당하는 것은?

① 해당 보험회사로부터 보험계리에 관한 업무를 위탁받아 수행 중인 보험계리업자
② 대표자가 최근 2년 이내에 해당 보험회사에 고용된 사실이 있는 보험계리업자
③ 대표자나 그 배우자가 해당 보험회사의 소수주주인 보험계리업자
④ 보험회사의 자회사인 보험계리업자

34. 다음 중 보험회사가 그 사유가 발생한 날부터 5일 이내에 금융위원회에 보고하여야 하는 경우로 옳지 않은 것은?

① 상호나 명칭을 변경한 경우
② 정관의 변경
③ 본점의 영업을 중지하거나 재개(再開)한 경우
④ 대주주가 소유하고 있는 주식 총수가 의결권 있는 발행주식 총수의 100분의 1 이상만큼 변동된 경우

35. 보험회사에 대한 제재조치 중 금융감독원장이 할 수 있는 조치로 옳은 것은?

① 보험회사에 대한 주의 · 경고 또는 그 임직원에 대한 주의 · 경고 · 문책의 요구
② 해당 위반행위에 대한 시정명령
③ 임원의 해임권고 · 직무정지의 요구
④ 6개월 이내의 영업의 일부정지

36. 다음 중 보험회사의 해산사유에 해당하지 않는 것은?

① 주주총회의 결의
② 회사의 합병
③ 회사의 분할
④ 보험계약 전부의 이전

37. 다음 중 보험업법상 가능한 합병으로 옳지 않은 것은?

① A상호회사와 B상호회사가 합병 후 A상호회사가 존속하는 경우
② A상호회사와 B주식회사가 합병 후 B주식회사가 존속하는 경우
③ A상호회사와 B상호회사가 합병 후 C주식회사를 설립하는 경우
④ A상호회사와 B주식회사가 합병 후 D주식회사를 설립하는 경우

38. 손해보험회사가 「예금자보호법」 제2조 제8호의 사유로 손해보험계약의 제3자에게 보험금을 지급하지 못하게 된 경우 보험업법에 따라 그 제3자에게 대통령령으로 정하는 보험금을 지급하는 기관으로 옳은 것은?

① 금융위원회
② 금융감독원
③ 예금보험공사
④ 손해보험협회

39. 다음 중 보험업법상 손해사정사의 업무로 옳지 않은 것은?

① 손해 발생 사실의 확인
② 보험약관 및 관계 법규 적용의 적정성 판단
③ 손해액 및 보험금의 사정
④ 당해 손해에 관한 당사자간 합의의 중재

40. 다음 중 보험업법에 규정된 벌칙으로 옳지 않은 것은?

① 과태료
② 징역과 벌금의 병과규정
③ 법인과 개인의 양벌규정
④ 징벌적 손해배상제도

[제40회1차] 손해사정사 - 보험계약법

41. 다음 중 대표자책임이론과 관련 있는 것은?

① 기업보험의 피보험자 확정
② 이득금지원칙의 적용
③ 임원배상책임보험의 보험료 결정
④ 보험자면책의 논거

42. 다음 설명 중 옳은 것은?(다툼이 있는 경우 판례에 따름)

① 사용 중인 기계(중고가격 1천만원)가 멸실된 경우 새 기계를 구입할 비용을 손해액으로 산정하기로 약정하여 신품가격 1천5백만원을 보험금액으로 지급하는 것은 실손해 이상의 보상이어서 이득금지 원칙에 반하는 것으로 무효이다.
② 상해보험은 상법상 인보험이므로 정액형 상품과 실손형 상품을 구별하지 않고 생명보험에 관한 상법규정이 모두 준용된다.
③ 보험자는 약관에 없는 사항이라도 보험계약자가 알아야 할 중요사항은 보험계약체결시에 설명하여야 하며 그 근거는 보험업법이 아니라 상법상 약관의 교부·설명의무에 있다.
④ 보험가입 당시 유흥업소에서 일하던 가정주부가 생명보험 가입 시 직업란에 '가정주부'라고만 기재한 것은 비록 가정주부의 지위를 겸하고 있었다고 하더라도 고지의무 위반이다.

43. 다음 설명 중 옳지 않은 것은?

① 보험자는 일정한 보험상품을 특정하여 보험대리상의 보험증권 발행권한을 제한할 수 있다.
② 보험자는 보험대리상의 권한 제한을 이유로 그러한 제한이 있음을 알지 못하는 보험계약자에게 대항할 수 없다.
③ 보험대리상이 아니면서 특정한 보험자를 위하여 계속적으로 보험계약의 체결을 중개하는 자는 보험료수령권이 있으나 이 때 보험자가 작성한 영수증을 보험계약자에게 교부하여야 한다.
④ 보험중개사는 자신이 중개하는 보험계약의 제1회 보험료를 수령하여 보험자에게 전달하거나 보험자로부터 받을 중개수수료와 상계할 수 없다.

44. 다음 설명 중 옳지 않은 것은?

① 소급보험은 보험계약 성립 이전의 어느 시기부터 보험기간이 시작되는 것으로 약정한 것이며 최초보험료 지급여부는 상관없다.
② 보험계약 당시에 이미 출항한 선박이 침몰한 사실을 보험자와 보험계약자가 알지 못한 채 적하보험계약을 체결하였다면 비록 피보험자가 침몰사실을 알고 있더라도 보험계약은 유효하다.
③ 보험계약자가 이미 전소한 사실을 알면서 건물을 다시 화재보험에 붙이는 계약은 보험사고가 이미 발생한 것이어서 무효이다.
④ 저당권자인 은행이 저당물을 화재보험에 가입할 것을 요구하여, 대출채무자가 존재하지 아니하는 가공의 건물을 보험에 붙인다면 그 보험계약은 보험사고가 발생할 수 없어 무효이다.

45. 고지의무에 관한 설명으로 옳은 것은?(다툼이 있는 경우 판례에 의함)

① 멀리 사는 출가한 딸을 피보험자로 하는 보험계약을 체결하면서 딸이 갑상선결절진단을 받은 사실을 알지 못하여 고지하지 못하였다는 사안에서, 딸에게 전화로라도 적극적으로 확인하지 아니하였다고 하여 중대한 과실이 있다고 단정할 수는 없다.
② 위 사안에서, '예' 와 '아니오' 중에서 택일하는 방식으로 고지하도록 되어있다면, 보험계약자가 '아니오'에 표기하여 답변한 것은 질문 받은 사실의 부존재를 확인하는 것이라고 보아야 한다.
③ 청약서상 질문표의 질문에 정직하게 답변하였고 보험자가 보험계약 체결을 승낙한 이상 고지의무 위반이 될 수 없으므로, 보험자는 "질병이 보험기간 개시 등의 일정시점 이후에 발생할 것"이라는 약관조항을 들어 보험금지급을 거절할 수 없다.
④ 상법상 고지의무는 '보험계약 당시에' 이행하도록 규정되어 있으므로 보험계약자가 적격피보험체로서 전화로 청약하고 동시에 제1회 보험료를 송금한 후 승낙의제 전에 질병진단을 받았다면 그 사실을 숨긴 것은 고지의무 위반이 아니다.

46. 보험증권에 대한 설명으로 옳은 것은?(다툼이 있는 경우 판례에 의함)

① 보험계약자가 생명보험증권을 멸실 또는 현저히 훼손하거나 점유를 상실한 경우에 증권의 재교부를 받기 위해서는 공시최고절차를 밟아 제권판결을 받아야 한다.
② 보험증권이 보험계약자의 의사에 반하여 보험계약자의 구상의무에 관하여 담보를 제공한 제3자에게 교부되었다면 보험자는 보험증권교부의무 위반이 된다.
③ 단체보험계약에서 단체 구성원 또는 그 유족을 보험수익자로 지정한 때에는 보험증권을 단체 구성원 또는 그 유족에게 교부하여야 한다.
④ 보험증권 내용의 정부에 대하여 이의할 수 있음을 약정한 경우에 그 이의기간은 보험계약이 성립한 날로부터 1월을 내리지 못한다.

47. 보험금청구자가 서류 또는 증거를 위조 또는 변조하여 과도한 보험금지급을 청구하는 경우에 대한 설명으로 옳은 것은?(다툼이 있는 경우 판례에 의함)

① 상법은 이 경우 모든 보험금청구권이 아니라 피보험자가 허위청구를 한 당해 보험목적물에 대한 청구권만 상실하는 것으로 규정한다.
② 약관의 사기적 청구조항은 거래상 일반인들이 당연히 예상할 수 있는 내용이어서 보험계약체결시 보험자가 고객에게 설명하지 않아도 된다.
③ 피보험자가 실손해액에 관한 증빙서류 구비의 어려움 때문에 구체적인 내용이 일부 사실과 다른 내용을 제출한 경우도 실손 이상으로 청구하면 사기적 청구로 본다.
④ 표준약관에 따르면 보험사기방지특별법에 의하여 형사처벌을 받은 자의 유죄판결의 기초가 된 청구는 사기적 청구로 간주된다.

48. 수표에 의한 보험료지급에 관하여 판례가 취하고 있는 입장은?

① 수표는 현금의 지급에 갈음하여 교부한 것이므로 수표를 받는 날부터 보험자의 책임은 개시되지만 이는 해제조건부대물변제이므로 부도시에는 보험료지급효과도 소급하여 소멸한다.
② 보험자가 수표를 받은 것은 보험료지급을 미루어준 것으로 수표교부시부터 보험자의 책임은 개시되

지만 부도시에는 그때부터 보험자의 책임도 소멸한다.

③ 수표와 어음은 부도확률이 다르므로 달리 보아야 하며 전자는 해제조건부대물변제설에 따르고 후자는 유예설에 따라 보험자의 책임을 확정하여야 한다.

④ 수표가 보험료지급에 갈음하여 교부되면 교부시부터 보험자책임이 개시되지만 당사자 간의 의사가 분명하지 않을 때에는 지급을 위하여 교부한 것으로 보아야 한다.

49. 보험료지급의무에 관한 설명으로 옳지 않은 것은?(다툼이 있는 경우 판례에 의함)

① 보험계약자가 제1회보험료를 지급하지 아니하는 경우에는 다른 약정이 없는 한 계약 성립 후 2월이 경과하면 그 계약은 해제된 것으로 보는데, 이때에 보험자는 따로 이행을 최고할 필요가 없다.

② 타인을 위한 보험계약에서 그 타인이 동거가족인 경우에도 보험자는 해지예고부 최고를 그 타인에게 따로 하여야 한다.

③ 타인을 위한 생명보험계약에서 오랫동안 피보험자가 실제로 보험료를 지급해왔다고 하여도 보험료 지급지체시의 해지예고부 최고는 보험계약자와 보험수익자에게 하여야 한다.

④ 피보험자가 타인의 명의를 빌려 보험계약을 체결한 후 보험료를 지급하여 왔다면 그 피보험자는 실질적인 보험계약자이므로 보험계약 해지 시 해지환급금은 명의차용자에게 지급하여야 한다.

50. 전쟁위험에 대한 설명으로 옳은 것은?(다툼이 있는 경우 판례에 의함)

① 전속보험설계사와 보험계약자가 개별 약정한 경우에는 전쟁위험을 담보할 수 있으나 그와 같은 약정이 없으면 보험자는 전쟁위험으로 인한 보험사고에 대하여 면책한다.

② 전쟁위험 담보를 개별약정하거나 특약에 가입하는 보험계약자는 전쟁위험담보가 없는 보험계약자와 달리 추가보험료를 내야 한다.

③ 보험기간 중 전쟁위험이 소멸한 때에는 보험자는 그 후의 보험금의 감액을 청구할 수 있으며 그 청구권은 형성권이다.

④ 대학생들이 집회참가를 봉쇄하는 경찰의 저지선을 뚫기 위하여 경찰차 내에 화염병을 투척한 것은 보험자의 면책사유인 전쟁 기타 이와 유사한 사태에 해당한다.

51. 보험금청구권의 소멸시효에 관한 설명으로 옳지 않은 것은?(다툼이 있는 경우 판례에 의함)

① 보험금청구권의 소멸시효가 완성된 후라도 보험자가 시효완성을 주장하는 것이 신의칙에 반하는 특별한 사정이 있는 때에는 권리남용으로서 허용될 수 없다.

② 피보험자가 실종선고를 받은 경우 보험수익자의 보험금청구권의 소멸시효의 기산일은 피보험자가 사망한 것으로 보는 실종기간만료일이 아니라 법원의 실종선고일이다.

③ 상해보험의 소멸시효의 기산점과 중단, 중단된 시효가 다시 진행하는 시기는 모두 민법규정이나 해석에 따라야 한다.

④ 상법에서 보험금액지급유예기간을 명정하고 있지만 보험금청구권의 소멸시효는 이 지급유예기간이 경과한 다음날부터 진행하는 것은 아니다.

52. 상법 보험편이 개정된 2014. 3. 11.의 다음 날인 2014. 3. 12. 체결된 생명보험계약의 피보험자가 2015. 3. 11. 사망하는 보험사고가 발생한 경우, 이 사건의 사망보험금청구권의 소멸시효 완성일은?(단, 위의 각 날짜가 영업일인지 여부는 고려하지 않으며 청구권행사의 장애사유는 없다고 전제함)

① 2017. 3. 10. ② 2018. 3. 10.
③ 2020. 3. 10. ④ 2016. 3. 10.

53. 다음 중 상법상 보험계약자 등의 불이익 변경 금지원칙과 관련하여 허용되지 아니하는 것은?(표준약관의 규정은 고려하지 않음)

① 항공기기체보험에서 고지의무 위반시의 계약해지권 행사 기간을 2년으로 규정한 약관조항
② 자살은 고의사고이므로 보험계약 체결시부터 자살할 의도가 명백하였던 피보험자가 자살한 때에는 보험효력발생일로부터 2년이 경과하여 자살한 때에도 보험금을 지급하지 아니하겠다는 생명보험 약관조항
③ 단체가 사망보험계약을 체결할 당시 피보험자인 15세 미만의 자가 단체보험의 구성원으로서 의사능력이 있었다면 사망사고 발생시점에서 15세를 넘어 선 경우에는 당해 보험계약은 유효한 것으로 본다는 약관조항
④ 생명보험계약자가 보험증권의 멸실 또는 현저한 훼손으로 인하여 증권의 재교부를 청구할 때에 증권작성의 비용을 보험자가 부담하겠다는 취지의 약관조항

54. 대법원 전원합의체의 약관대출에 대한 설명으로 옳은 것은?

① 대출금에 대하여 이자계산이 이루어지고 보험기간 내에 변제가 이루어지므로 특수한 금전소비대차계약이다.
② 대출금의 경제적 실질은 보험자가 장차 지급하여야 할 보험금이나 해약환급금을 미리 지급하는 것이므로 선급에 해당한다.
③ 보험계약자를 대상으로 이루어지지만 모든 보험계약자가 약관대출을 실행하는 것은 아니므로 보험계약과는 별개의 독립된 계약이다.
④ 상법의 규정보다 엄격한 대출 및 상환조건을 약관에서 정하는 경우 보험계약자에게 불이익변경이 될 수 있다.

55. 손해보험에서 보험가액의 결정에 관한 설명으로 옳지 않은 것은?(다툼이 있는 경우 판례에 의함)

① 당사자간에 보험가액을 정한 때에는 그 가액을 사고발생 시의 가액으로 정한 것으로 추정한다.
② 운송보험, 선박보험, 적하보험 등은 보험가액불변경주의를 택하고 있다.
③ 보상최고한도액을 기재한 것만으로는 기평가보험이 되지 않는다.
④ 기평가보험계약의 경우에는 추가보험계약으로 평가액을 감액 또는 증액할 수 없다.

56. 중복보험에 관한 설명으로 옳은 것은?(다툼이 있는 경우 판례에 의함)

① 중복보험이 성립하려면 동일한 보험계약의 목적에 관하여 보험사고 및 피보험자, 그리고 보험기간이 완전히 일치하여야 한다.

② 중복보험계약을 체결한 수인의 보험자 중 그 1인에 대한 권리의 포기는 다른 보험자의 권리의무에 영향을 미친다.
③ 보험계약자가 통지의무를 게을리 하였다는 사유만으로 사기로 인한 중복보험계약이 체결되었다고 추정되지 않는다.
④ 중복보험이 성립되면 각 보험자는 보험가액의 한도에서 연대책임을 부담한다.

57. 상법상 방어비용에 관한 설명으로 옳지 않은 것은?(다툼이 있는 경우 판례에 의함)

① 피보험자가 제3자의 청구를 방어하기 위하여 지출한 재판상 또는 재판외의 필요비용 및 필요 또는 유익하였던 비용은 보험의 목적에 포함된 것으로 한다.
② 피보험자는 보험자에 대하여 그 비용의 선급을 청구할 수 있다.
③ 피보험자가 담보의 제공 또는 공탁으로써 재판의 집행을 면할 수 있는 경우에는 보험자에 대하여 보험금액의 한도내에서 그 담보의 제공 또는 공탁을 청구할 수 있다.
④ 피보험자가 지급한 소송비용, 변호사비용, 중재, 화해 또는 조정에 관한 비용을 보험자의 사전동의 없이 지급한 경우에 피보험자의 방어비용으로 볼 수 없다는 약관조항은 상법 제663조에 의하여 무효이다.

58. 보증보험계약에 대한 설명으로 옳지 않은 것은?

① 보증보험계약의 경우에 보험계약자가 그 타인에게 보험사고의 발생으로 생긴 손해의 배상을 한 때에는 보험계약자는 그 타인의 권리를 해하지 아니하는 범위 안에서 보험자에게 보험금액의 지급을 청구할 수 있다.
② 보증보험계약의 보험자는 보험계약자가 피보험자에게 계약상의 채무불이행 또는 법령상의 의무불이행으로 입힌 손해를 보상할 책임이 있다.
③ 보증보험계약은 그 성질에 반하지 아니하는 한 보증채무에 관한 「민법」의 규정을 준용한다.
④ 보증보험계약은 보험계약자에게 사기, 고의 또는 중대한 과실이 있는 경우에도 이에 대하여 피보험자에게 책임 있는 사유가 아닌 한 보험자는 보험금액의 지급책임을 면하지 못한다.

59. 책임보험에 관한 설명으로 옳은 것은?

① 책임보험의 경우에도 중복보험에 관한 상법규정이 준용됨으로 피보험자가 동일한 사고로 제3자에게 배상책임을 짐으로써 입은 손해를 보상하는 수개의 책임보험계약이 동시 또는 순차적으로 체결된 경우에 그 보험금액의 총액이 피보험자의 제3자에 대한 손해배상액을 초과하는 경우, 각 보험자는 보험금액의 범위내에서 연대책임을 부담한다.
② 피보험자가 보험자의 지시에 의하여 제3자의 청구를 방어하기 위하여 지출한 재판상 또는 재판외의 필요비용에 손해액을 가산한 금액이 보험가액을 초과하는 때에도 보험자는 이를 부담한다.
③ 보험자는 피보험자가 책임을 질 사고로 인하여 생긴 손해에 대하여 제3자가 그 배상을 받기 전이라도 제3자의 피해구제를 위해 보험금액의 전부 또는 일부를 피보험자에게 지급할 수 있다.
④ 제3자는 피보험자가 책임을 질 사고로 입은 손해에 대하여 보험가액의 한도내에서 보험자에게 직접 보상을 청구할 수 있다.

60. 운송보험에 관한 설명으로 옳지 않은 것은?

① 운송보험계약의 보험기간은 운송인이 운송물을 수령한 때로부터 수하인에게 인도될 때까지이다.
② 운송보험증권은 요식증권이기 때문에 상법에 규정된 기재사항의 일부를 기재하지 않으면 보험계약은 무효이다.
③ 운송보험계약 중 보험계약자나 피보험자의 고의 또는 중대한 과실로 위험이 현저하게 변경 · 증가되었음이 입증된 때에는 보험자는 계약을 해지할 수 있다.
④ 운송보험계약은 다른 약정이 없으면 운송의 필요에 의하여 일시 운송을 중지하거나 운송의 노순 또는 방법을 변경하더라도 보험계약은 유효하다.

61. 해상보험계약상 보험자의 면책사유에 관한 설명으로 옳지 않은 것은?

① 선박 또는 운임을 보험에 붙인 경우에는 발항 당시 안전하게 항해를 하기에 필요한 준비를 하지 아니하거나 필요한 서류를 비치하지 않음으로 생긴 손해
② 적하를 보험에 붙인 경우에는 용선자, 송하인 또는 수하인의 고의 또는 중대한 과실로 생긴 손해
③ 적하보험에서 운송인의 감항능력주의의무 위반으로 생긴 손해
④ 보험약관상 공제소손해면책약관이 규정되어 있다면 보험사고로 인하여 생긴 손해가 보험가액의 일정한 비율 또는 일정한 금액 이하인 소손해

62. 해상보험에 있어 항해의 변경과 항로의 변경에 관한 설명 중 옳지 않은 것은?

① 선박보험계약에서 정한 발항항을 변경하는 경우에 보험자는 면책된다.
② 선박보험계약에서 책임개시 후 보험계약에서 정하여진 도착항이 보험계약자의 책임없는 사유인 전쟁이나 항구의 봉쇄로 변경된 경우 보험자는 그 후의 사고에 대하여 면책된다.
③ 선박이 인명구조나 불가항력 없이 보험계약에서 정하여진 항로를 이탈한 경우에 보험자는 그 때부터 면책된다.
④ 적하보험에서 선박을 변경한 경우에 그 변경이 보험계약자 또는 피보험자의 책임있는 사유로 인한 경우에는 보험자는 그 변경 후의 사고에 대하여 면책된다.

63. 보험자대위에 관한 설명으로서 옳지 않은 것은?(다툼이 있는 경우 판례에 의함)

① 보험자가 대위에 의하여 취득한 권리는 상법 제662조의 소멸시효가 적용되지 아니하고 개별 채권의 소멸시효에 관한 규정이 적용된다.
② 상법 제682조 소정의 "제3자의 행위"란 피보험이익에 대하여 손해를 일으키는 행위를 의미하며, 제3자의 고의 · 과실은 묻지 아니한다.
③ 자동차종합보험 보통약관에 "피보험자를 위하여 자동차를 운전중인 자"도 피보험자의 개념에 포함시킨다는 규정이 있다하더라도 자동차종합보험에 가입한 피보험자의 피용운전기사는 상법 제682조의 제3자에 해당한다.
④ 상법 제682조 소정의 "제3자의 행위"란 불법행위뿐만 아니라 채무불이행 또는 적법행위도 포함한다.

64. 보험위부에 관한 설명으로 옳지 않은 것은?

① 보험위부가 이루어지면 보험자는 그 보험의 목적에 관한 피보험자의 모든 권리를 취득하며, 일부보험의 경우에도 같다.
② 위부에 대한 보험자의 승인은 입증상의 문제일 뿐 위부의 요건이 아니다.
③ 선박이 보험사고로 인하여 심하게 훼손되어 이를 수선할 경우에 그 비용이 보험가액을 초과하리라고 예상될 때에는 피보험자는 보험의 목적을 보험자에게 위부하고 보험금액의 전부를 청구할 수 있다.
④ 위부는 어떤 조건이나 기한을 정할 수 없다.

65. 책임보험에 있어 피보험자의 변제 등의 통지와 보험금액의 지급에 관한 설명으로 옳지 않은 것은?

① 피보험자가 제3자에 대하여 변제, 승인, 화해 또는 재판으로 인하여 채무를 이행한 때에는 지체없이 보험자에게 그 통지를 발송하여야 한다.
② 피보험자가 보험자의 동의없이 독자적으로 제3자에 대하여 변제, 승인 또는 화해를 한 경우에 그 행위가 현저하게 부당한 것이 아니면 보험자는 면책되지 아니한다.
③ 보험자는 특별한 기간의 약정이 없으면, 피보험자가 제3자와의 채무확정을 통지 받은 날로부터 10일 이내에 보험금액을 지급하여야 한다.
④ 보험자는 피보험자가 제3자와 채무확정시 보험금액의 지급에 관하여 약정기간이 있는 경우에는 그 기간내에 보험금액을 지급하여야 한다.

66. 화재보험에 관한 설명으로 옳지 않은 것은?

① 화재보험자는 화재의 소방 또는 손해의 감소에 필요한 조치로 인하여 생긴 손해를 보상할 책임이 있다.
② 집합된 물건을 일괄하여 보험의 목적으로 한 때에는 그 목적에 속한 물건이 보험기간중에 수시로 교체된 경우에도 보험계약의 체결시에 현존한 물건은 보험의 목적에 포함된 것으로 한다.
③ 화재보험증권에는 무효와 실권의 사유를 기재하여야 한다.
④ 보험자가 보상할 손해의 범위에 관하여는 화재와 손해와의 사이에 상당인과관계가 있어야 한다는 것이 통설이다.

67. 손해보험에서 보험계약자와 피보험자의 손해방지 · 경감의무에 관한 설명으로서 옳지 않은 것은?(다툼이 있는 경우 판례에 의함)

① 보험자가 손해방지비용을 부담하지 아니한다는 비용상환의무배제약관조항이나 손해방지비용과 보상액의 합계액이 보험금액을 넘지 않는 한도 내에서만 보상한다는 약관조항은 상법 제680조에 위배되어 무효이다.
② 피보험자의 보험자에 대한 소송통지의무는 피보험자의 손해방지 · 경감의무에 해당하며, 이는 보험자에게 소송에 관여할 기회를 주기 위한 것으로, 보험자는 적정손해액 이상의 손해액에 대하여는 보상의무가 없다.
③ 손해방지 · 경감의무를 부담하는 시기에 관하여 명문의 규정이 없다면, 약관에 의하여 대체로 보험사고가 생긴 때와 이와 동일시할 수 있는 상태가 발생한 때부터 이를 부담한다.

④ 보험사고가 발생하였다 하더라도 피보험자의 법률상 책임 여부가 판명되지 아니한 상태에서는 피보험자는 손해확대 방지를 위한 긴급한 행위를 하여서는 아니되며, 비록 손해방지비용이 발생하였다 하더라도 보험자는 손해방지비용을 부담하지 아니한다.

68. 상해보험과 질병보험에 관한 설명으로 옳지 않은 것은?(다툼이 있는 경우 판례에 의함)

① 만취상태에서 잠을 자다가 구토 중에 구토물이 기도를 막아 피보험자가 사망한 경우에, 상해보험의 외래성이 인정되지 않는다.
② 상해보험에서 담보되는 위험으로서 상해는 그 사고의 원인이 피보험자 신체의 외부로부터 작용하는 것을 말하고, 신체의 질병 등과 같은 내부적 원인에 기한 것은 질병보험의 대상이 된다.
③ 피보험자가 방안에서 술에 취한 채 선풍기를 틀어놓고 자다가 사망한 경우에, 주취와 선풍기를 틀고 잔 것은 모두 외래의 사고로 해석한다.
④ 질병보험에 관하여는 상해보험과 유사하다는 점을 고려하여 상해보험의 규정을 일부 준용토록 하고 있다.

69. 다음 중 인보험계약에 관한 설명으로 옳지 않은 것은?

① 보험계약자 등의 고의로 인한 사고에 대해서 생명 보험자는 책임을 부담하지 않는다.
② 피보험자가 자살한 경우에 보험금을 지급하는 생명보험 약관 규정은 보험계약자 등의 불이익변경금지원칙에 반하는 것이 아니다.
③ 승낙 전 사고 담보의 요건과 관련하여, 인보험의 경우 피보험자가 적격피보험체가 아니라는 사실은 청약을 거절할 사유에 해당되지 않는다.
④ 사망을 보험사고로 하는 인보험계약에서 사고가 보험수익자의 중대한 과실로 인한 경우에는 보험자 면책이 인정되지 않는다.

70. 약관의 유.무효에 관한 설명으로 옳지 않은 것은?(다툼이 있는 경우 판례에 의함)

① 자동차 무면허운전면책약관이 보험사고가 전체적으로 보아 고의로 평가되는 행위로 인한 경우에는 유효한 것으로 적용될 수 있지만, 중과실로 평가되는 행위로 인한 사고에 대하여는 효력이 없는 것으로 보아야 한다.
② 음주운전자의 경우는 비음주 운전자의 경우에 비하여 보험사고발생의 가능성이 많음은 부인할 수 없는 일이나 그 정도의 사고발생가능성에 관한 개인차는 보험에 있어서 구성원 간의 위험의 동질성을 해칠 정도는 아니라는 근거 하에, 음주운전면책약관에 대하여 한정적 무효라고 본다.
③ 피보험자가 운전안전띠를 착용하지 않은 것이 보험사고의 발생원인으로서 고의에 의한 것이라고 할 수 없으므로 이 사건 미착용감액약관은 상법 규정들에 반하여 무효인 것으로 본다.
④ 계속보험료 지급지체의 경우 보험자의 최고 후 해지권 행사의 법규는 보험계약자에게 보험료 미납 사실을 알려주어 이를 납부할 기회를 줌으로써 불측의 손해를 방지하고자 하는 차원에서, 보험료의 납입을 최고하면서 보험료가 납입되지 않고 납입유예기간을 경과하면 별도의 의사표시 없이 보험계약이 해지되는 해지예고부최고약관은 무효인 것으로 본다.

71. 생명보험계약에 관한 설명으로 옳지 않은 것은?

① 사망과 생존에 관한 보험사고가 발생한 경우 보험금액을 지급해야 할 의무가 있는 자는 생명보험자이다.
② 생명보험자에 대하여 보험료를 지급해야 할 의무가 있는 자는 자연인으로서 보험계약자이어야 한다.
③ 생명보험에서 피보험자는 생존이나 사망에 관하여 보험이 붙여진 자로 자연인만을 의미한다.
④ 생명보험에서 보험금청구권을 행사하는 자는 보험수익자로서 그 수에 제한이 없는 것이 원칙이다.

72. 생명보험증권에 관한 설명으로 옳지 않은 것은?

① 생명보험증권에는 보험계약의 종류가 기재되어야 한다.
② 생명보험계약이 체결된 후 보험계약자가 보험료를 지급하지 아니하면 보험자는 보험증권을 교부할 필요가 없다.
③ 생명보험증권에 보험수익자를 기재하는 경우에는 그 주소와 성명을 기재하는 것으로 족하다.
④ 생명보험증권은 보험계약에 관한 증거증권에 해당한다.

73. 보험수익자의 지정.변경에 관한 설명으로 옳지 않은 것은?

① 보험수익자의 지정 · 변경권은 형성권에 해당하므로, 보험자에게 대항하기 위해서는 보험자에게 통지하여야 한다.
② 보험수익자가 보험 존속 중에 사망한 때에는 보험계약자는 다시 보험수익자를 지정할 수 있다.
③ 보험기간 중 보험수익자가 사망한 후 보험계약자가 보험수익자 지정권을 행사하지 않고 사망한 경우에, 보험수익자의 상속인이 보험수익자가 된다.
④ 보험계약자가 계약체결 후에 보험수익자를 지정 또는 변경하고 이를 보험자에 대하여 통지하지 않은 경우에는, 그 효력이 발생하지 아니하므로 그 지정 또는 변경 자체가 무효이다.

74. 타인을 위한 생명보험계약에 대한 설명으로 옳지 않은 것은?

① 타인을 위한 생명보험은 보험계약자가 자신을 피보험자로 하여 계약을 체결하는 자기의 생명보험계약으로 할 수 있다.
② 타인을 위한 생명보험계약에서 그 타인의 권리가 발생하기 위해서는 수익의 의사표시를 필요로 한다.
③ 타인을 위한 생명보험은 보험계약자가 자신이 아닌 타인을 피보험자로 하여 계약을 체결하는 타인의 생명보험계약으로 할 수 있다.
④ 타인을 위한 보험도 보험료지급의무는 보험계약자가 부담하는 것이 원칙이지만, 피보험자 또는 보험수익자는 보험료를 지급해야 하는 경우도 있다.

75. 인보험에 관한 설명으로 옳지 않은 것은?(다툼이 있는 경우 판례에 의함)

① 보험계약체결 시에 보험자가 특정 약관조항에 대한 설명의무를 위반하여 해당 약관조항이 배제되고 나머지 부분으로 계약이 존속하게 된 경우에 보험계약의 내용은 나머지 부분의 보험약관에 대한 해석을 통하여 확정되어야 하고, 만일 보험계약자가 확정된 보험계약의 내용과 다른 내용을 보험계약

의 내용으로 주장하려면 보험자와의 사이에 다른 내용을 보험계약의 내용으로 하는 합의가 있었다는 사실을 증명해야 한다.

② 피보험자가 사고로 추간판탈출증을 입고, 그 외에 신경계 장애인 경추척수증 및 경추척수증의 파생 장해인 우측 팔, 우측 손가락, 좌측 손가락의 각 운동장해를 입은 사건에서, 위 사고로 인한 피보험자의 후유장해 지급률은 우측 팔, 우측 손가락 및 좌측 손가락 운동장해의 합산 지급률과 신경계 장해인 경추척수증의 지급률 중 더 높은 지급률을 구한 다음, 그 지급률에 추간판탈출증의 지급률을 합하여 산정해야 한다.

③ 생명보험계약을 체결한 보험계약자이자 피보험자가 계약의 책임개시일로부터 2년 후 자살 후 보험수익자가 재해사망특약에 기한 보험금지급청구를 한 경우, 보험자가 특약에 기한 재해사망보험금 지급의무가 있음에도 지급을 거절하였다면, 보험수익자의 재해사망보험금청구권이 시효의 완성으로 소멸하였더라도 보험자의 소멸시효 항변은 권리남용에 해당한다.

④ 보험금을 지급하지 않는 경우의 하나로 "피보험자가 고의로 자신을 해친 경우. 그러나 피보험자가 정신질환상태에서 자신을 해친 경우와 계약의 책임개시일로부터 2년이 경과된 후에 자살하거나 자신을 해침으로써 제1급의 장해상태가 되었을 때는 그러하지 아니하다."라고 규정한 약관조항과 관련하여, 위 조항은 고의에 의한 자살 또는 자해는 원칙적으로 재해사망특약의 보험사고인 재해에 해당하지 않지만, 예외적으로 단서에 정하는 요건에 해당하면 이를 보험사고에 포함시켜 보험금 지급사유로 본다는 것이다.

76. 생명보험계약에서 피보험자의 사망사고에 관한 설명으로 옳지 않은 것은?(다툼이 있는 경우 판례에 의함)

① 자살면책기간이 경과한 후 피보험자가 자살한 경우에 생명보험약관에 따르면 피보험자의 자살이 고의로 인한 보험사고일지라도, 보험자는 보험금지급책임을 진다.

② 피보험자가 술에 취한 나머지 판단능력이 극히 저하된 상태에서 신병을 비관하는 넋두리를 하고 베란다에서 뛰어내린다는 등의 객기를 부리다가 마침내 음주로 인한 병적인 명정으로 인하여 충동적으로 베란다에서 뛰어내려 사망한 경우에 이는 보험약관상 재해에 해당하지 않아 사망보험금의 지급대상이 되지 않는다.

③ 판단능력을 상실 내지 미약하게 할 정도로 술에 취한 피보험자가 출입이 금지된 지하철역 승강장의 선로로 내려가 지하철역을 통과하는 전동열차에 부딪혀 사망한 경우, 이러한 피보험자의 사망은 보험사고에 해당한다.

④ 피보험자가 자살 전날 우울증 진단을 받았고 평소 정신과 치료를 받은 적은 없지만 유서 등을 미리 준비한 경우라 하면, 자유로운 의사결정을 할 수 있는 상태에서 자살한 것으로 볼 수 있다.

77. 인보험에 대한 설명으로 옳지 않은 것은?

① 질병보험계약의 보험자는 피보험자의 질병에 관한 보험사고가 발생할 경우에 보험금이나 그 밖의 급여를 지급할 책임이 있다.

② 상법의 규정에 따르면 상해보험에 관하여는 상법 제732조를 제외하고 생명보험에 관한 규정을 준용한다.

③ 사망을 보험사고로 한 보험계약에서는 사고가 보험계약자 등의 중대한 과실로 인하여 발생한 경우에도 보험자는 보험금지급책임이 있다.

④ 단체보험계약은 반드시 그 구성원인 피보험자 전원의 서면동의가 있어야 효력이 발생한다.

78. 자동차보험에 대한 설명으로 옳지 않은 것은?

① 대물배상책임보험이란 피보험자가 자동차의 사고로 타인의 재화에 손해를 일으켜 제3자에게 배상책임을 짐으로써 입은 손해를 보험자가 보상하는 책임보험이고, 여기에는 자동차에 싣고 있는 물건 또는 운송중인 물건에 생긴 손해도 포함된다.

② 대인배상책임보험이란 자동차의 운행 또는 소유·사용·관리 중에 있는 제3자에게 사망 또는 상해를 입힌 사고로 말미암아 피보험자가 제3자에게 배상책임을 짐으로써 입은 손해를 보험자가 보상하는 책임보험이다.

③ 자동차보험계약이라 함은 피보험자가 자동차를 소유, 사용 또는 관리하는 동안에 발생한 사고로 인하여 생길 손해의 보상을 목적으로 하는 손해보험계약이다.

④ 무보험자동차상해보험은 자동차보험의 대인배상 II에 가입되지 아니하거나, 대인배상 II에 의하여 보호되지 아니하는 자동차사고로 손해를 입은 피보험자를 보호하기 위한 보험이다.

79. 인보험에 관한 설명으로 옳은 것은 ?

① 인보험계약의 보험사고는 상해와 질병이며, 보험사고가 발생할 경우에 보험금지급책임이 있다.

② 단체생명보험의 경우 구성원이 단체에서 탈퇴하면, 그 구성원에 대한 보험관계는 자동으로 개인보험으로 전환된다.

③ 상해보험계약은 당사자간의 다른 약정이 있더라도 보험자의 제3자에 대한 보험대위를 인정하지 아니한다.

④ 타인의 사망을 보험사고로 하는 보험계약에서 피보험자의 서면동의를 얻도록 한 상법의 규정은 강행규정이다.

80. 상해보험과 관련된 내용 중 옳지 않은 것은?(다툼이 있는 경우 판례에 의함)

① 피보험자가 원룸에서 에어컨을 켜고 자다 사망한 경우, 최근의 의학적 연구와 실험 결과 등에 비추어 망인의 사망 원인이 에어컨에 의한 저체온증이라거나 망인이 에어컨을 켜 둔 채 잠이 든 것과 사망 사이에 상당한 인과관계가 있다고 볼 수 없고, 이 경우 의사의 사체 검안만으로 망인의 사망원인을 밝힐 수 없음에도 부검을 반대하여 사망의 원인을 밝히려는 증명책임을 다하지 않은 유족이 그로 인한 불이익을 감수해야 한다.

② 종합건강검진을 위하여 전신마취제인 프로포폴을 투여받고 수면내시경 검사를 받던 중 검사 시작 5분 만에 프로포폴의 호흡억제 작용으로 호흡부전 및 의식불명 상태가 되어 사망한 사건에서, 질병 등을 치료하기 위한 외과적 수술 등에 기한 상해가 아니라 건강검진 목적으로 수면 내시경 검사를 받다가 마취제로 투여된 프로포폴의 부작용으로 사망사고가 발생한 것으로 보아 보험자의 면책이 인정되지 않는다.

③ 지역병원에서 실시한 복부CT촬영결과 후복막강에서 종괴가 발견되어 대학병원에 입원하여 후복막 악성신생물 진단을 받아 종양절제수술을 받았다가 감염으로 인하여 상세불명의 패혈증과 폐렴을 원인으로 피보험자가 사망한 경우, 보험자가 보상하지 아니하는 질병인 암의 치료를 위한 개복수술로 인하여 증가된 감염의 위험이 현실화됨으로 발생한 것이므로, 이 사건 사고 발생에 병원 의료진의 의료과실이 기여하였는지 여부와는 무관하게 이 사건 보험자는 면책된다.

④ 외래의 사고라는 것은 상해 또는 사망의 원인이 피보험자의 신체적 결함 즉 질병이나 체질적 요인

등에 기인한 것이 아닌 외부적 요인에 의해 초래된 모든 것을 의미하고, 이러한 사고의 외래성 및 상해 또는 사망이라는 결과와 사이의 인과관계에 대하여는 보험자가 증명책임을 부담해야 한다.

[제40회1차] 손해사정사 - 손해사정이론

81. 손해배상금 산정 시의 중간이자 공제에 관한 다음 설명 중 옳은 것은?

① 상실수익액에 대한 중간이자 공제는 약관에서 정하는 약관대출이자율을 적용한다.
② 여타의 조건이 동일한 경우 호프만 방식보다 라이프니츠 방식에서 배상금이 더 많이 산정된다.
③ 국가배상법에서는 5% 복리 할인법에 의거하여 배상금을 산정할 것을 규정하고 있다.
④ 중간이자 공제는 일시금 배상에 따른 과잉배상을 방지하기 위한 것이다.

82. 역선택(adverse selection) 문제의 발생시점과 발생원인을 순서대로 바르게 배열한 것은?

	발생시점	발생원인
①	보험계약 체결이후	숨겨진 행동
②	보험계약 체결시점	숨겨진 행동
③	보험계약 체결이후	숨겨진 속성
④	보험계약 체결시점	숨겨진 속성

83. 쌍방 간의 과실로 보험사고가 발생하였을 경우 당사자들은 과실비율에 대한 규명 없이 각자의 보험회사로부터 손실을 보상 받을 수 있도록 하는 배상책임제도는?

① 손익상계제도　　② 교차책임제도
③ 과실상계제도　　④ 무과실책임제도

84. 다음에서 설명하는 보상책임에 관한 원칙은?

> (1) 손해의 결과에 대하여 선행하는 위험이 면책위험이 아닐 경우 보험자는 면책을 주장할 수 없다.
> (2) 화재보험에서 발화의 원인을 불문하고 그 화재로 인하여 보험목적물에 손해가 생긴 때에는 보험자는 그 손해를 보상할 책임이 있다.
> (3) 일반화재보험에서 폭발손해 자체는 화재로 인한 것이든 아니든 면책이지만, 폭발로 발생한 화재손해에 대해서는 보험자의 책임이 발생한다.

① 위험보편의 원칙　　② 위험개별의 원칙
③ 우선효력의 원칙　　④ 분담주의 원칙

85. 다음 중 보험회사의 지급여력비율 산출 시 지급여력금액 항목에 포함되지 않는 것은?

① 책임준비금
② 비상위험준비금
③ 후순위차입금
④ 자본잉여금

86. 기대효용가설(expected utility hypothesis) 관점에서 개인의 보험구매의사결정에 관한 설명으로 적절하지 않은 것은?

① 위험회피형 개인은 부가보험료가 존재하더라도 보험을 구매할 수 있다.
② 위험중립형 개인은 부가보험료가 존재할 경우 보험을 구매하지 않는다.
③ 위험회피형 개인의 리스크 프리미엄(risk premium)이 부가보험료보다 크면 보험을 구매하지 않는다.
④ 위험선호형 개인은 부가보험료가 없더라도 보험을 구매하지 않는다.

87. 다음은 보험에 대한 설명이다. ( ) 안에 들어갈 단어를 순서대로 바르게 배열한 것은?

계약자의 입장에서 보면 보험은 ( ) 제도이지만, 기술적인 측면에서 보면 보험은 다수의 위험단위를 집단화함으로써 개별 계약자의 손실에 대한 불확실성을 경감하는 ( ) 제도이다.

① 위험통제, 위험전가
② 위험전가, 위험결합
③ 위험분담, 위험전가
④ 위험전가, 위험보유

88. 보험회사의 경영성과지표에 관한 다음 설명 중 가장 적절한 것은?

① 보험회사의 자산운용수익은 합산비율에 영향을 미친다.
② 실제사업비율이 예정사업비율보다 낮으면 효율적 경영이 이루어졌다고 할 수 있다.
③ 재보험거래 결과는 경과손해율에 영향을 미치지 않는다.
④ 손해사정비용은 사업비율에 영향을 미친다.

89. 보험기간 중 보험계약자나 피보험자의 행위로 위태가 증가되었을 때 이 위태가 증가된 상태에 있는 한 보험효력이 일시 정지되고, 증가된 위태가 제거되거나 원상으로 복귀되었을 때 보험효력이 재개되도록 규정하는 계약조항은?

① grace period clause('유예기간'조항)
② if clause('만약'조항)
③ while clause('동안'조항)
④ floater clause('유동'조항)

90. 다음에서 설명하는 보험계약의 법적 성격은?

보험자의 관점에서 볼 때 동일한 보험목적물이라도 피보험자가 누구냐에 따라 손실 발생 위험이 달라지는 것이기 때문에 보험계약의 내용이 달라질 수 있고 계약의 인수가 거절될 수도 있다.

① 인적계약(personal contract)
② 부합계약(adhesive contract)
③ 조건부계약(conditional contract)
④ 사행계약(aleatory contract)

91. 다음 중 기업신용보험(commercial credit insurance)에 대한 설명으로 옳지 않은 것은?

① 기업신용보험은 기업이 다른 기업과의 신용거래에 따른 외상매출금의 회수불능위험을 관리하는 보험으로서 기업의 신용손실을 보상하는 것이다.
② 기업신용보험은 비정상적 신용손실(abnormal credit loss)이 아니라 정상적 사업과정에서 발생하는 통상적 신용손실(normal credit loss)을 보상하는 것이다.
③ 기업신용손실의 원인은 채무자의 파산 또는 지급불능이어야 하고, 그 밖의 원인에 의한 신용손실은 보상에서 제외된다.
④ 기업신용보험은 기업의 불량채무손실을 감소시키고 거래 상대방의 지급불능 시 효율적인 회수 및 구조서비스를 제공한다.

92. 책임보험의 일반적 성질과 거리가 가장 먼 것은?

① 손해를 보상하는 손해보험의 성질을 가진다.
② 피해자가 보험자에게 손해의 전보를 직접 청구할 수 있다.
③ 피보험자에게 발생하는 적극적 손해를 보상하는 적극보험의 성질을 가진다.
④ 원칙적으로 보험가액이라는 개념이 존재하지 않는다.

93. 다음 손실통제(loss control) 활동 중 손실감소(loss reduction)에 해당하는 것은?

① 안전교육
② 금연과 금주
③ CCTV 설치
④ 에어백 설치

94. 보험가입 후 위험관리를 소홀히 한다거나 사고발생 후 적극적으로 손해방지활동을 하지 않는 것은 다음 중 무엇에 해당하는가?

① 실체적 위태(physical hazard)
② 도덕적 위태(moral hazard)
③ 정신적 위태(morale hazard)
④ 법률적 위태(legal hazard)

95. 다음 중 위험보유의 형태라 할 수 없는 것은?

① 공제조항(deductible clause)
② 자가보험(self-insurance)
③ 캡티브보험(captive insurance)
④ 타보험조항(other insurance)

96. 다음 중 전쟁 · 천재지변 등으로 인한 손해를 면책하는 내용은?

① 제외손인(excluded perils)
② 제외손실(excluded losses)
③ 제외재산(excluded property)
④ 제외지역(excluded locations)

97. 다음 중 피보험이익에 관한 설명으로 옳지 않은 것은?

① 보험목적물의 가치를 말한다.
② 피보험이익의 원칙은 도덕적 위태를 감소시키는 기능을 한다.
③ 반드시 현존하는 이익일 필요는 없다.
④ 하나의 보험목적물에 복수의 피보험이익이 존재할 수 있다.

98. 다음 중 보험자가 보험계약을 해지할 수 있는 사유에 해당하지 않는 것은?

① 위험의 변경 · 증가 통지의무 위반
② 계속보험료의 미지급
③ 사고발생의 통지의무 위반
④ 고지의무 위반

99. 다음 중 공동보험조항(co-insurance clause)에 대한 설명으로 적절하지 않은 것은?

① 손실발생 시 피보험자로 하여금 손실의 일부를 부담하게 하는 조항이다.
② 보험계약자간 보험요율의 형평성을 유지하는 데 주된 목적이 있다.
③ 소액보상청구를 줄임으로써 손실처리비용을 감소시킬 수 있다.
④ 위험관리를 유도함으로써 손실발생 방지의 효과를 거둘 수 있다.

100. 다음은 보험가액 5억원인 주택의 화재발생 시 손해액에 대한 확률분포이다. 80% 공동보험조항 하에서 보험가입금액을 2억원으로 했을 때 예상 지급보험금은 얼마인가?

손해액	5억원	3억원	1억원	0원
확률	0.1	0.1	0.2	0.6

① 1,600만원 ② 4,000만원
③ 4,500만원 ④ 5,000만원

101. A보험회사는 자사가 인수한 보험계약에 대하여 매 위험당 20% 출재, 특약한도액 50만원으로 하는 비례분할 재보험특약(quota share reinsurance treaty)을 운용하고 있다. 재보험계약 담보기간 중 아래와 같은 3건의 손해가 발생하였을 때 재보험자로부터 회수할 수 있는 재보험금은 얼마인가?

원보험계약	1	2	3
손해액	150만원	200만원	300만원

① 120만원 ② 130만원
③ 520만원 ④ 530만원

102. 다음 중 소급보험과 승낙전보호제도에 대한 설명으로 옳지 않은 것은?

① 양자 모두 보험계약이 성립하기 전 일정 시점부터 보험자의 책임이 개시된다.
② 소급보험은 당사자의 합의에 의하여 효력이 발생하나, 승낙전보호제도는 당사자의 합의에 관계없이 법률규정에 의하여 보호된다.
③ 소급보험은 보험계약이 성립되어야 적용되나, 승낙전보호제도는 보험계약이 성립되기 전 단계에서 적용되는 제도이다.
④ 소급보험에서는 청약일 이후에야 보험자의 책임이 개시되나, 승낙전보호제도에서는 보험자의 책임이 청약일 이전에 개시된다.

103. 자가보험(self-insurance)에 대한 다음 설명 중 옳지 않은 것은?

① 보험자의 전문적인 위험관리서비스를 받을 수 있다.
② 부가보험료를 절감할 수 있어 위험비용을 낮출 수 있다.
③ 대수의 법칙에 의하여 미래손실을 비교적 정확하게 예측할 수 있는 경우에 활용된다.
④ 보험료가 사외로 유출되지 않아 유동성을 확보하고 투자이익을 얻을 수 있는 이점이 있다.

104. 이미 사고는 발생하였으나 아직 보험회사에 보고되지 아니한 손해에 대하여 보험회사가 미래에 청구될 보험금 지급에 충당하기 위하여 적립하는 준비금은?

① 우발적 준비금
② IBNR준비금
③ 미경과보험료준비금
④ 비상위험준비금

105. 손해사정업무는 통상 검정업무(survey)와 정산업무(adjustment)로 구분된다. 다음 중 검정업무에 해당하지 않는 것은?

① 보험계약사항의 확인
② 현장조사 및 사고사실 확인
③ 대위 및 구상
④ 손해액 산정

106. 열거위험담보계약(named-perils policy)과 포괄위험담보계약(all-risks policy)에 대한 다음 설명 중 옳지 않은 것은?

① 열거위험담보계약에서는 필요한 위험만을 선택하여 가입할 수 있다.
② 열거위험담보계약에서 보험자로부터 손해보상을 받기 위해서 피보험자는 손해의 발생사실만을 입증하면 된다.
③ 포괄위험담보계약에서는 다른 보험계약에서 담보된 위험이 중복 가입될 가능성이 있다.
④ 포괄위험담보계약이 열거위험담보계약보다 일반적으로 담보범위가 넓고 보험료가 비싸다.

107. 사건발생기준(occurrence basis) 배상책임보험과 배상청구기준(claims-made basis) 배상책임보험에 대한 다음 설명 중 옳지 않은 것은?

① 사건발생기준 배상책임보험은 불법행위와 그 결과가 시간적으로 근접해 있을 때 적용이 용이하다.
② 배상청구기준 배상책임보험은 보험기간 중에 피보험자로부터 청구된 사고를 기준으로 배상책임을 결정한다.
③ 사건발생기준 배상책임보험은 장기성 배상책임(long-tail liability)의 특성을 갖는 전문직 배상책임보험 등에 적용된다.
④ 배상청구기준 배상책임보험에서는 보험급부 여부를 결정할 때 보험사고를 둘러싼 분쟁을 줄일 수 있다.

108. 다음 중 보험료불가분의 원칙과 가장 밀접한 관련이 있는 개념은?

① 보험계약기간
② 보험기간
③ 보험책임기간
④ 보험료기간

109. 금융재보험(finite reinsurance)을 소급형(retrospective)과 장래형(prospective)으로 구분할 때 다음 중 장래형 금융재보험에 해당하는 것은?

① 지급준비금할인 재보험(time and distance policy : TDP)
② 보험금분산특약 재보험(spread loss treaties : SLT)
③ 손실금이전 재보험(loss portfolio transfers : LPT)
④ 역진전 준비금담보(adverse development covers : ADC)

110. 실손보상의 원칙에서의 실제현금가치(actual cash value)에 대한 일반적인 계산식으로 옳은 것은?

① 보험가액 − 감가상각액
② 보험금액 − 감가상각액
③ 보험가액 − 대체비용 − 감가상각액
④ 대체비용 − 감가상각액

111. 다음 중 보험업법을 통하여 보험사업을 감독하고 규제하는 이유로 가장 적절한 것은?

① 보험계약자의 도덕적 위태 문제 완화
② 역선택 문제 완화
③ 정부의 실패에 대한 대응
④ 보험상품에 관한 정보 면에서 불리한 위치에 있는 소비자 보호

112. 다음에서 설명하는 보험증권의 법적 성격은?

보험자는 보험금 등의 급여를 지급함에 있어 보험증권 제시자의 자격 유무를 조사할 권리는 있으나 의무는 없다. 그 결과 보험자는 보험증권을 제시한 사람에 대해 악의 또는 중대한 과실이 없이 보험금 등을 지급한 때에는 증권 제시자가 권리자가 아니라 하더라도 그 책임을 부담하지 않는다.

① 유가증권성　　② 상환증권성
③ 증거증권성　　④ 면책증권성

113. 다음 중 우리나라에서 현재 시행 중인 사회보험을 모두 고른 것은?

ⓐ 고용보험	ⓑ 산업재해보상보험	ⓒ 질병보험
ⓓ 간병보험	ⓔ 장애인복지보험	

① ⓐ, ⓑ　　② ⓑ, ⓔ
③ ⓑ, ⓓ　　④ ⓐ, ⓔ

114. 다음 중 해당 보험종목의 초과손해액재보험특약(excess of loss reinsurance treaty)의 내용에 통상적으로 지수조항(index clause)을 포함하고 있는 것은?

① 화재보험(fire insurance)
② 적하보험(cargo insurance)
③ 선박보험(hull insurance)
④ 일반배상책임보험(general liability insurance)

115. 다음 중 보험사기방지 특별법의 내용으로 옳지 않은 것은?

① 보험사기 행위로 보험금을 취득한 자에 대하여는 10년 이하의 징역 또는 2천만원 이하의 벌금에 처한다.
② 보험회사는 보험계약자 등의 행위가 보험사기행위로 의심할 만한 합당한 근거가 있는 경우에는 관할 수사기관에 고발 등의 필요한 조치를 취하여야 한다.
③ 보험사기 미수범에 대하여도 보험사기죄를 적용하여 처벌한다.
④ 보험사기를 범한 자가 그 범죄행위로 인하여 취득한 보험사기이득액이 일정금액 이상일 때에는 가중처벌을 하고 그 이득액 이하에 상당하는 벌금도 병과할 수 있다.

116. 보험계약이 체결되고 일정한 기간이 경과한 후에는 보험계약자의 착오나 허위진술 등을 이유로 보험자가 보험금의 지급을 거절할 수 없음을 규정하고 있는 약관조항은?

① 계약구성조항(entire contract clause)
② 불몰수조항(non-forfeiture clause)
③ 금반언조항(estoppel clause)
④ 불항쟁조항(incontestable clause)

117. 아래의 사례에서 피해자인 환자가 치과의사를 상대로 제기한 손해배상청구소송에서 주장할 수 있는 배상책임의 법리는?

치아를 뽑기 위해 치과의사를 방문한 환자가 일반적인 마취제를 사용하여 치료를 받은 후 마취에서 깨어났을 때 턱뼈가 부러져 있었다.

① 기여과실책임(contributory negligence) ② 전가과실책임(imputed negligence)
③ 최종적 명백한 기회(last clear chance) ④ 과실추정의 원칙(res ipsa loquitur)

118. 아래에서 설명하는 내용은 무엇에 관한 것인가?

보험요율의 적정성(rate adequacy)과 언더라이팅 손익(underwriting profits or losses) 사이의 밀접한 관계에 따라 나타나는 보험요율과 손익의 기복현상으로서 주로 재산·배상책임보험분야에서 나타난다. 이는 감독기관의 규제·간섭에 의해 야기되기도 하고, 보험회사간의 극심한 경쟁이나 보험수요 측면에서의 보험가격의 비탄력성으로 인해 나타나기도 한다.

① 역선택(adverse selection)
② 시장세분화(market segmentation)
③ 수지상등의 원칙(equivalence principle)
④ 언더라이팅 주기(underwriting cycle)

119. A와 B의 쌍방과실로 인한 양측의 손해액과 과실비율이 다음과 같을 때 단일책임주의(principle of single liability) 방식에 의한 상호 배상책임액 정산으로 옳은 것은?

A의 손해액 : 500만원	B의 손해액 : 200만원
A의 과실비율 : 60%	B의 과실비율 : 40%

① A가 B에게 120만원을 배상하여야 한다.
② A가 B에게 140만원을 배상하여야 한다.
③ B가 A에게 80만원을 배상하여야 한다.
④ B가 A에게 200만원을 배상하여야 한다.

120. 다음에 주어진 조건 하에서 순보험료방식(pure premium method)에 따라 산출한 영업보험료는?(단, 예정이익률은 고려하지 않는다.)

- 1년간 총발생손실액 : 300억원
- 총계약건수 : 50만건
- 예정사업비율 : 40%

① 36,000원 ② 60,000원
③ 84,000원 ④ 100,000원

손해사정사(차량손해사정사) 2016년 2차시험 기출문제

第38회 보험계리사 및 손해사정사 제2차 시험문제(2015년도 시행)

[자동차보험의 이론과 실무(대물배상 및 차량손해)]

1. 아파트 지하 주차장에서 시동을 켜고 정차 중 엔진과열로 화재가 발생하여 차량이 전소되었고, 화염에 의해 주차장 내부 시설에 연소손해가 발생하였다. 화재 당시 주차장 내부 소방설비(스프링쿨러) 고장으로 손해가 확대되었을 때, 손해배상 책임에 대하여 서술하시오.

(20점)

2. 장마철 또는 폭설 이후 포트홀(Pot hole)에 의한 사고가 빈번하다. 노면에 포트홀이 생성되는 원인과 포트홀에 의한 사고 시 차량 손상형태와 사고조사 요령 및 보상처리 과정을 서술하시오.

(20점)

3. 주유소에서 주유를 하고 주행중 엔진이 정지하는 상황이 발생되어 보험회사에 사고접수를 하였다(혼유사고). 이러한 상황에서 초동조사 및 자기차량손해의 보상처리 여부에 대하여 서술하시오.

(20점)

4. A캐피탈 소유차량을 B가 리스(Lease) 계약을 체결하고 자동차종합보험을 가입할 경우, 리스자동차의 종류와 피보험자 선정방법 및 질권설정 차량의 보험금 지급시 유의사항에 대하여 약술하시오.

(10점)

5. 대체부품 및 대체부품 인증제도의 도입 배경에 대하여 약술하고, 현행 대체부품 인증 품목으로 선정된 부품을 열거하시오.

(10점)

6. 다른 자동차운전담보 특별약관에서 보상책임 요건과 피보험자 범위를 약술하고, 보상하지 않는 손해를 5가지 이상 열거하시오.

(10점)

7. 자동차사고 시 인양 및 견인비 인정기준과 견인료 할증기준에 대하여 약술하시오.

(10점)

자동차사고와 차량손해사정

지 은 이 | 김혜란 · 나완용 · 정태훈 · 한창평

펴 낸 이 | 김형근

펴 낸 곳 | 도서출판 기한재

주　　소 | 경기도 파주시 회동길 56 (파주출판도시)

전　　화 | 031)955-0900~2

팩　　스 | 031)955-0100

등　　록 | 1990년 3월 15일 제2-968호

발　　행 | 2018년 9월 20일 1판 2쇄

정　　가 | 17,000원

Published by Kihanjae Co.

ISBN 978-89-7018-781-5

http://www.kihanjae.com

E-mail : kihanjae@hanmail.net